ISNM

INTERNATIONAL SERIES OF NUMERICAL MATHEMATICS
INTERNATIONALE SCHRIFTENREIHE ZUR NUMERISCHEN MATHEMATIK
SÉRIE INTERNATIONALE D'ANALYSE NUMÉRIQUE

VOL. 38

Numerik und Anwendungen von Eigenwertaufgaben und Verzweigungsproblemen

Vortragsauszüge
der Tagung über Numerik und Anwendungen von
Eigenwertaufgaben und Verzweigungsproblemen
vom 14. bis 20. November 1976
im Mathematischen Forschungsinstitut Oberwolfach (Schwarzwald)

Herausgegeben von
E. Bohl, Münster, L. Collatz, Hamburg, K. P. Hadeler, Tübingen

1977
Birkhäuser Verlag Basel
und Stuttgart

CIP-Kurztitelaufnahme der Deutschen Bibliothek

Numerik und Anwendungen von Eigenwertaufgaben und Verzweigungsproblemen: Vortragsausz. d. Tagung über Numerik u. Anwendungen von Eigenwertaufgaben u. Verzweigungsproblemen vom 14.–20. November 1976 im Mathemat. Forschungsinst. Oberwolfach (Schwarzwald)/hrsg. von E. Bohl ... – 1. Aufl. – Stuttgart, Basel: Birkhäuser, 1977.
(International series of numerical mathematics; Vol. 38)
ISBN 3-7643-0938-5
NE: Bohl, Erich [Hrsg.]; Tagung über Numerik und Anwendungen von Eigenwertaufgaben und Verzweigungsproblemen ‹1976, Oberwolfach›; Mathematisches Forschungsinstitut ‹Oberwolfach›

ISBN 3-7643-0938-5

Vorwort

Aus dem weiten Gebiet, welches das Thema der Tagung beschreibt, wurden folgende Schwerpunkte behandelt: Numerik von Eigenwertaufgaben bei Matrizen, Differenzenapproximation und Methode der finiten Elemente, Aufgaben mit einem nichtlinear auftretenden Parameter, inverse und singuläre Eigenwertaufgaben, Verzweigungsprobleme. Die Vorträge behandelten sowohl Gesichtspunkte der numerischen Berechnung als auch die theoretische Durchdringung der Probleme. Die grosse Beteiligung aus dem In- und Ausland - es waren 11 Länder vertreten - und die Anzahl der angemeldeten Vorträge unterstrichen die Aktualität des Themas, welches z.Z. Ziel einer regen Forschungstätigkeit ist.

Trotz der Komplexität vieler Fragestellungen wurden auf allen oben genannten Gebieten von interessanten Fortschritten berichtet. Dabei sind eine Reihe von in der Praxis auftretenden Problemstellungen zusammengetragen worden, welche für den jeweiligen allgemeinen Fragenkreis Modellcharakter haben.

Die schon fast zur Gewohnheit werdende vorzügliche Unterbringung und das ständige Bemühen der Institutsleitung um das Wohl der Gäste trugen sehr zum Erfolg der Veranstaltung bei. Wir möchten der Leitung des Oberwolfacher Instituts, Herrn Prof. Dr. M. Barner, dem ganzen Personal des Institutes, und ferner dem Birkhäuser-Verlag für die wie stets so auch diesmal sehr gute Ausstattung dieses Bandes unseren herzlichen Dank aussprechen.

E. Bohl	L. Collatz	K.P. Hadeler
(Münster)	(Hamburg)	(Tübingen)

Inhaltsverzeichnis

ISNM 38 Birkhäuser Verlag, Basel und Stuttgart, 1977

Verzweigungsdiagramme und Hypergraphen

L. Collatz, Hamburg

Zusammenfassung: Verzweigungspunkte können auf verschiedene Weise definiert werden. Hier werden Verzweigungsdiagramme als Hypergraphen betrachtet. Dabei erscheinen die verschiedenen Äste der Verzweigungsdiagramme als die Kanten und die Verzweigungspunkte als die Ecken des Hypergraphen. Bei Zugrundelegung eines Dimensionsbegriffes und eines Glattheitsbegriffes, der z.B. bei Funktionen oft als Begriff der Analytizität gewählt werden kann, erhält man eine etwas andere Mannigfaltigkeit von Verzweigungsaufgaben als gewöhnlich betrachtet. Einerseits ist der hier verwendete Begriff wegen der Glattheitsforderung etwas enger als sonst in der Literatur üblich (er erfaßt aber wohl doch noch die meisten Anwendungen), andererseits aber gestattet er, da die betrachteten Elemente nicht einmal einem linearen Raum angehören müssen, bisher meines Wissens nicht studierte Anwendungen wie z.B. Eigenwertaufgaben bei geometrischen Figuren (vgl. Nr. 3). Bei endlichen Hypergraphen führen die Begriffe der Hypergraphentheorie zu einer Klassifikation der Verzweigungsaufgaben. Es werden zahlreiche Beispiele aus verschiedenen Gebieten, z.B. aus Geometrie, Zahlentheorie, Analysis, Differential- und Integralgleichungen gegeben. Der Autor glaubt, daß der Begriff des Hypergraphen den Verzweigungsdiagrammen besser angepaßt ist als der Begriff des Graphen.

1. Einführung des Hypergraphen H

Es sei M eine Menge von Elementen u,v,... und λ eine reelle Zahl (Parameter) oder ein Vektor von endlich vielen reellen Zahlen. Es braucht M nicht notwendig ein linearer Raum zu sein (vgl. Beispiel Nr. 3). Wenn zwischen gewissen Elementen u und gewissen λ eine "Beziehung" erfüllt ist, die häufig die Form einer Gleichung

$$F(u,\lambda) = 0 \qquad (1.1)$$

hat, so heißt (u, λ) eine "Lösung". Es sei S die Menge aller Lösungen, und N die Menge aller Paare (u, λ).

Nun mögen folgende Annahmen getroffen werden:

1.) Es gibt in N gewisse Teilmengen Q, welchen eine ganze

nicht negative Zahl d = dim Q als Dimension zugeordnet werden kann und welche als "glatt" bezeichnet werden können. Der Begriff "glatt" wird jeweils der betreffenden Problemklasse entsprechend gewählt.

2.) Für die Menge S aller Lösungen gibt es eine Darstellung

$$(1.2) \qquad S = \sum_{j=1}^{p} S_j ,$$

wobei p auch ∞ sein darf. Die S_j werden "Äste" genannt. Jeder Ast S_j soll glatt sein und eine positive Dimension $d_j > 0$ besitzen mit der Eigenschaft:

Der Durchschnitt zweier Äste soll eine kleinere Dimension haben als jeder der Äste, d.h.

$$(1.3) \qquad \dim (S_j \cap S_k) < \mathrm{Min}\,(d_j, d_k) \text{ für } j = k .$$

Abb.1 zeigt als Beispiel eine zweidimensionale Fläche S_j und einen eindimensionalen Kurvenbogen S_k, deren Schnittpunkt P die Dimension Null hat.

Abb.1

Definition: Ein Punkt P heißt "Bifurkationspunkt" ("Verzweigungspunkt"), kurz "B-Punkt", wenn er zwei verschiedenen Ästen S_j, S_k angehört.

Wiederholung: Hypergraphen. Hypergraphen sind schon seit langer Zeit betrachtet worden (vgl. z.B. Levi [29], bevor das Wort "Hypergraph" bekannt war. Cl. Berge [73] , [74] entwickelt eine systematische Theorie der Hypergraphen. Hier soll kurz die Definition wiederholt werden:

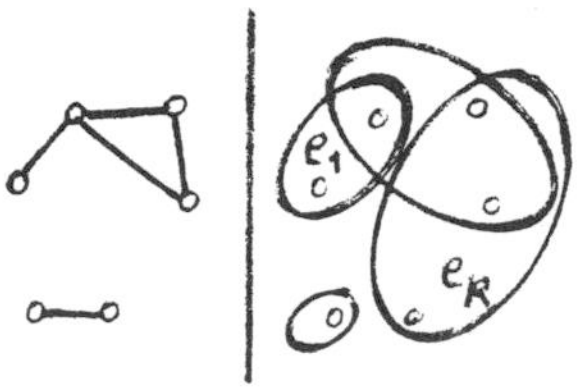

Abb. 2a 2b

Ein "Graph" besteht aus einer Menge von Punkten, die auch "Ecken" heißen, bei welchen gewisse Paare von Ecken durch eine "Kante" miteinander verbunden werden, Abb. 2a . Ein "Hypergraph" besteht aus einer endlichen oder unendlichen Menge V von Ecken v_j ($j = 1,.., n$; n evtl. ∞) und einer Familie E von q nicht leeren Teilmengen e_r von V($r = 1,.., k$; k evtl. ∞) mit der Bedingung, daß V die Vereinigung aller e_r ist. Die e_r heißen "Kanten" des Hypergraphen, Abb. 2b. Sind in einem Hypergraphen H die Ecken jeder Kante geordnet (nicht notwendig total geordnet), so heißt H ein Hyperdigraph. Bei den Anwendungen hat man häufig eine natürliche Ordnung, indem ein Parameter λ eine z.B. physikalische Bedeutung hat und wo man sich für das Verhalten des betreffenden physikalischen Systems bei wachsendem λ interessiert, wodurch eine Ordnung im Hypergraphen induziert wird. Ist der Hypergraph H endlich, d.h. sind Eckenanzahl n und Kantenanzahl k endliche positive ganze Zahlen, so wird ihm das Symbol $\textcircled{n|k}$ gegeben, welches in den Abbildungen benutzt ist.

2. Vergleich mit anderen Definitionen eines Verzweigungspunktes.

Wir werden im folgenden stets, wenn die Elemente Funktionen sind, den Begriff der Analytizität als Glattheitsbegriff verwenden und 2 Teile S_1, $\widetilde{S}_1$ einer analytischen Mannigfaltigkeit, die analytische Fortsetzungen voneinander sind, als zu einem Ast gehörig betrachten. Das hat unter anderem die Konsequenzen (zur Veranschaulichung werden Äste in einer λ-a-Ebene betrachtet):

a) In Collatz [76a], wurde ein Verzweigungspunkt als gemeinsamer Punkt von 3 Ästen definiert, also z.B. in Abb. 3a bei den Lösungen: $a = 0, \lambda$ beliebig und $\lambda = 0$, $a > 0$ wurden die 3 von $P = (0,0)$ ausgehenden Halbstrahlen als Äste angesehen, während jetzt ein Verzweigungspunkt als gemeinsamer Punkt von 2 Ästen eingeführt wird, wobei im vorliegenden Fall die ganze Gerade $a = 0$ als ein Ast gezählt wird.

b) Bei den Lösungen $a = 0, \lambda$ beliebig und $\lambda > 0$, $a^2 = \lambda$, a beliebig zählen die beiden Teile $\lambda = a^2$, $a \geq 0$ und $\lambda = a^2$, $a \leq 0$ nur als ein Ast, Abb. 3b.

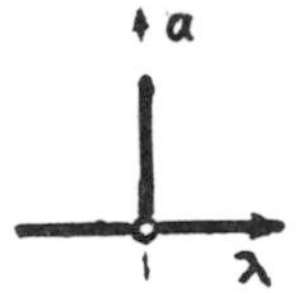

Abb. 3a

c) Bei einem Verzweigungsdiagramm wie in Abb. 3c mit den Lösungen $a + \lambda = 2$ und $a = |\lambda|$, λ beliebig, hat man zwei Verzweigungspunkte $P_1 = (0,0)$ und $P_2 = (1,1)$, während man verschiedener Ansicht sein kann, ob der Punkt $P_1 = (0,0)$ Verzweigungspunkt im üblichen Sinne sein soll oder nicht.

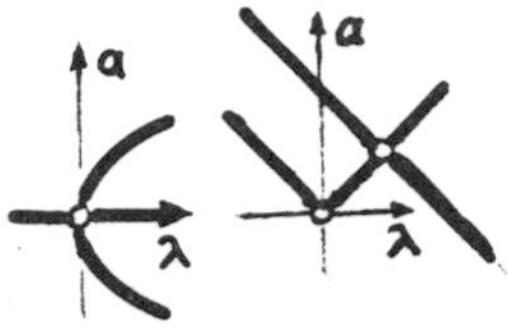

3b 3c

Die hier gegebene Definition von Verzweigungspunkten hat Vorteile und Nachteile gegenüber anderen Definitionen. Ein Nachteil besteht in der Einführung eines geeigneten Glattheitsbegriffes, der z.B. bei empirisch gegebenen Daten Sorgfalt erfordert. Als Vorteile führe ich an:

α) Es können ganz andersartige Erscheinungen als sonst üblich erfaßt werden, vergl. Nr. 3.

β) Es läßt sich für endliche Hypergraphen eine Klassifikation durchführen, worauf schon hingewiesen wurde. Man hat in der Theorie der Graphen und Hypergraphen die Begriffe "Kette" und "Zyklus" und kann damit wie in Collatz [76] auch hier die Einteilung in Bäume, Geflechte ("web", alle Äste haben Dimension 1 und es tritt mindestens 1 Zyklus auf), Gespinste ("cocoon", Äste mit Dimension zwei)usw. durchführen.

3. Verzweigung bei einer geometrischen Eigenwertaufgabe

Für Polygone P mit doppelpunktfreiem Rande wird eine Transformation T auf folgende Weise eingeführt: Bei Durchlaufen des Randes werden die Ecken mit $P_1, P_2, \ldots, P_n$ bezeichnet und $P_j = P_{n+j}$ für alle j gesetzt. Es seien alle n Ecken voneinander verschieden. Die Transformation T ordnet dem Polygon P ein Polygon $Q = TP$ mit den Ecken $Q_1, Q_2, \ldots, Q_n$ zu, wobei Q_j der Umkreismittelpunkt des Dreiecks mit den Ecken

P_{j-1}, P_j, P_{j+1} ist. Der Fall, daß diese drei Punkte auf einer Geraden liegen, möge ausgeschlossen werden. Die Punkte Q_j können teilweise zusammenfallen. Läßt sich das Polygon Q aus P durch eine Ähnlichkeitstransformation mit dem Faktor λ (und eventuell durch eine anschließende Bewegung in der Ebene) erhalten, so werde dafür

(3.1) $$Q = \lambda P$$

geschrieben. Z.B. bedeutet $\lambda = 0$, daß Q nur aus einem Punkt besteht, daß also alle Q_j zusammenfallen.

Nun läßt sich die Eigenwertaufgabe

(3.2) $$TP = \lambda P$$

formulieren; man fragt also nach Polygonen P mit voneinander verschiedenen Ecken, welche mit einem passenden λ die Gleichung (3.2) erfüllen. Abb. 4 zeigt als Eigenelement ein Achteck P, welches zum Eigenwert $\lambda = 1/\sqrt{2}$ gehört.

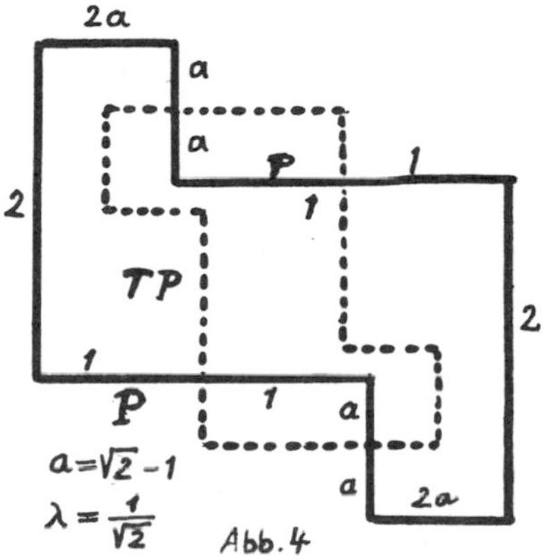

Abb. 4

Nun soll ein spezieller Fall herausgegriffen werden, für den man die Lösung der Eigenwertaufgabe unmittelbar angeben kann. Es wird jetzt als Menge M nur noch die Menge der Vierecke P mit drei gleichlangen Seiten betrachtet. Da ein Maßstabsfaktor belanglos ist, möge das Viereck die vier Seitenlängen 1, 1, 1, a haben; nicht ein beliebiges Viereck dieser Art ist Eigenelement, aber es gibt drei Scharen A_1, A_2, A_3 von Eigenlösungen, Rhomben u. Trapeze, vgl. Abb.5.

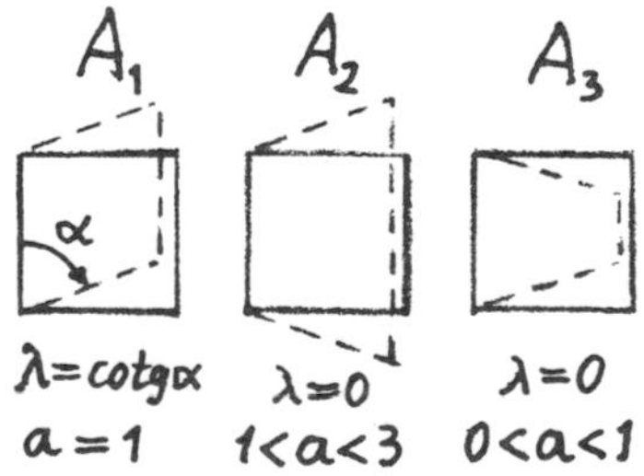

Abb.5

Das dazugehörige Verzweigungsdiagramm in Abb. 6 zeigt 2 Äste: ein endliches Geradenstück $\lambda = 0$, $0 < a < 3$, welches den Trapezen entspricht, und eine Halbgerade $\lambda > 0$, $a = 1$, welche zu den Rhomben gehört. Der Verzweigungspunkt $\lambda = 0$, $a = 1$, entspricht dem Quadrat als Verzweigungselement.

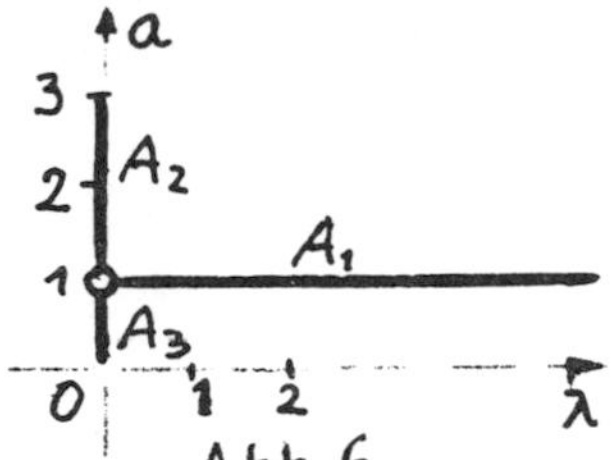

Abb. 6.

4. Gewöhnliche Differentialgleichung 1. Ordnung

Für eine auf der reellen x-Achse definierte reelle Funktion y(x) liege die Differentialgleichung

(4.1) $$y'(x) = \lambda$$

und die Randbedingung

(4.2) $$\prod_{j=1}^{n} (y(x_j) - a_j) = 0$$

vor. Dabei sind die x_j, $a_j (j=1,..,n)$ gegebene reelle Zahlen; die x_j brauchen nicht notwendig voneinander verschieden zu sein, wohl aber seien die Punkte

(4.3) $$P_j = (x = x_j, y = a_j)$$

in der x-y-Ebene paarweise voneinander verschieden. Die Lösungen der Differentialgleichung lauten

$y = c + \lambda x$ mit

(4.4) $$c = a_j - \lambda x_j \ .$$

Man hat somit für jedes $j = 1,..,n$ eine Geradenschar von Lösungen, und zwar die durch den Punkt P_j gehenden Geraden, Abb.7. Dieser Geradenschar entspricht im Verzweigungsdiagramm in der

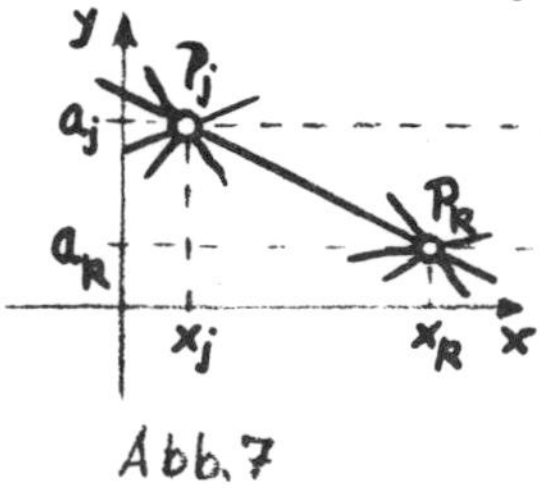

Abb.7

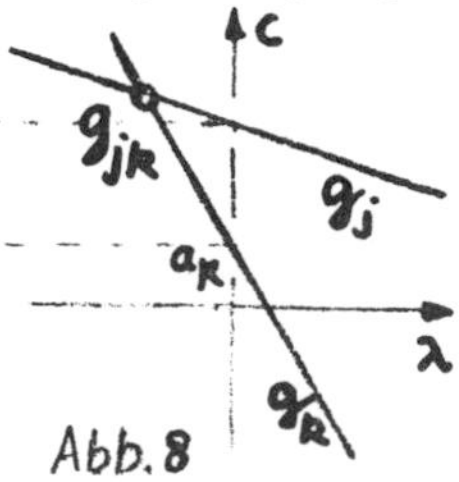

Abb.8

c-λ-Ebene eine Gerade g_j mit der Gleichung (4.4), Abb.8 . Die Gesamtheit aller Lösungen der Randwertaufgabe wird somit im Verzweigungsdiagramm durch die n Geraden $g_j (j=1,..,n)$ repräsentiert. Die Schnittpunkte g_{jk} der Geraden g_j und g_k sind die Verzweigungspunkte. Dem Verzweigungspunkt g_{jk} entspricht als Verzweigungselement die Verbindungsgerade zwischen den Punkten P_j und P_k als Lösung der Differentialgleichung. Es liegt ein geometrischer Punkt-Geradendualismus zwischen Abb.7 und Abb.8 vor, den Punkten P_j entsprechen die Geraden g_j und den Verbindungsgeraden P_jP_k entsprechen die Punkte g_{jk} . Abb. 9 gibt einige spezielle Beispiele.

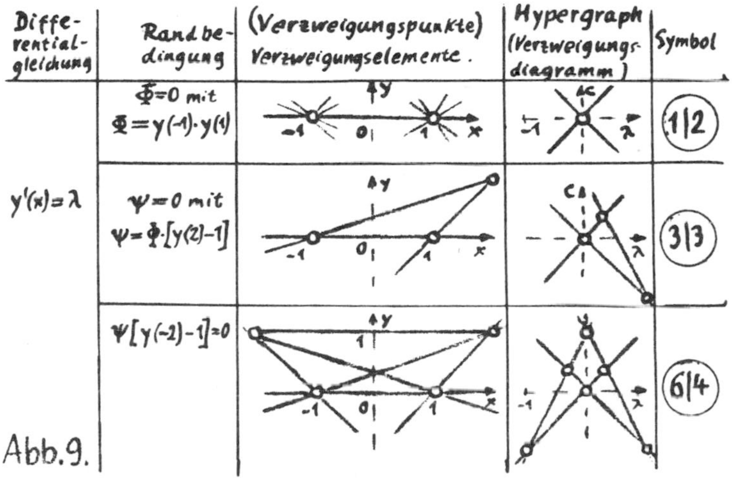

Abb.9.

Im Verzweigungsdiagramm sind die Geraden g_j die "Kanten" des Hypergraphen H, und die Verzweigungspunkte g_{jk} sind die "Ecken" von H. Die Anzahl der Kanten ist n, die der Ecken sei m, so daß dem Hypergraphen das Symbol $m|n$ zugeordnet wird. Nun werde definiert: Zwei Punkte P_j und P_k liegen "entartet" oder haben "S-Lage" genau dann, wenn $x_j = x_k$ ist, anderenfalls haben sie "V-Lage". Es gilt

(4.5) $$m \leq \binom{n}{2}$$

Bei gegebenem n nimmt m seinen Maximalwert $\binom{n}{2}$ genau dann an, wenn keine zwei der Punkte P_S in S-Lage sind und wenn keine drei der Punkte P_S in einer Geraden liegen. Die für $1 < n \leq 4$ möglichen Lagen und damit möglichen Symbole (m|n) sind in Abb.10 zusammengestellt.

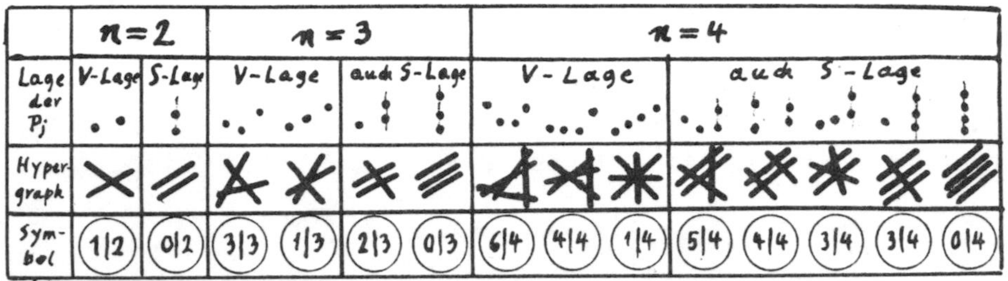
n=2
n=3
n=4
Lage der P_j
V-Lage
S-Lage
V-Lage
auch S-Lage
V-Lage
auch S-Lage
Hypergraph
Symbol
1|2
0|2
3|3
1|3
2|3
0|3
6|4
4|4
1|4
5|4
4|4
3|4
3|4
0|4
Abb.10

Abb.10 zeigt für kleine Werte von n, nämlich n = 2,3,4 in symbolischer Skizze jeweils die Lage der Punkte P_j, die Lage der Geraden G_j im Hypergraph und das zugehörige Symbol.

Dieses Beispiel zeigt zugleich, daß für Verzweigungsdiagramme der Begriff des Hypergraphen die Verzweigungsverhältnisse viel besser beschreibt, als der Begriff des Graphen.

5. Zahlentheoretische Funktionen

I. Einschrittformeln

Es werden zahlentheoretische Funktionen m = f(n) betrachtet, bei welchen jeder natürlichen Zahl n eine natürliche Zahl m zugeordnet wird. Die Zahlen n werden nun als "Punkte" oder "Ecken" in einer Ebene dargestellt, wobei man die Zahl f(n) unter n schreibt oder von n einen "nach abwärts" führenden Strich zur Zahl f(n) zeichnet oder einen Pfeil von der Zahl n zur Zahl f(n) führen läßt. Es liegt ein Hyperdigraph vor. Es können an den "Zusammenflußpunkten" Verzweigungen auftreten. Diese sind im landläufigen Sinne "Verzweigungspunkte" für die inverse Funktion f^{-1}. Es ist f^{-1} im Allgemeinen nicht eindeutig und auch nicht für alle n definiert. Wenn man beim Hypergraphen die "Kanten" so definieren kann, daß die Zusammenflußpunkte in dem oben festgelegten Sinne Verzweigungspunkte werden, so möge, um ein kurzes Wort zu haben, der Graph dann als "Eckenhypergraph" bezeichnet werden. Beim Zeichnen kann man dann nach Möglichkeit das Prinzip verwenden, immer genau durch diejenigen Punkte, die zu einer Kante gehören, eine gerade Linie zu legen, wie es in Abb.11 geschehen ist.

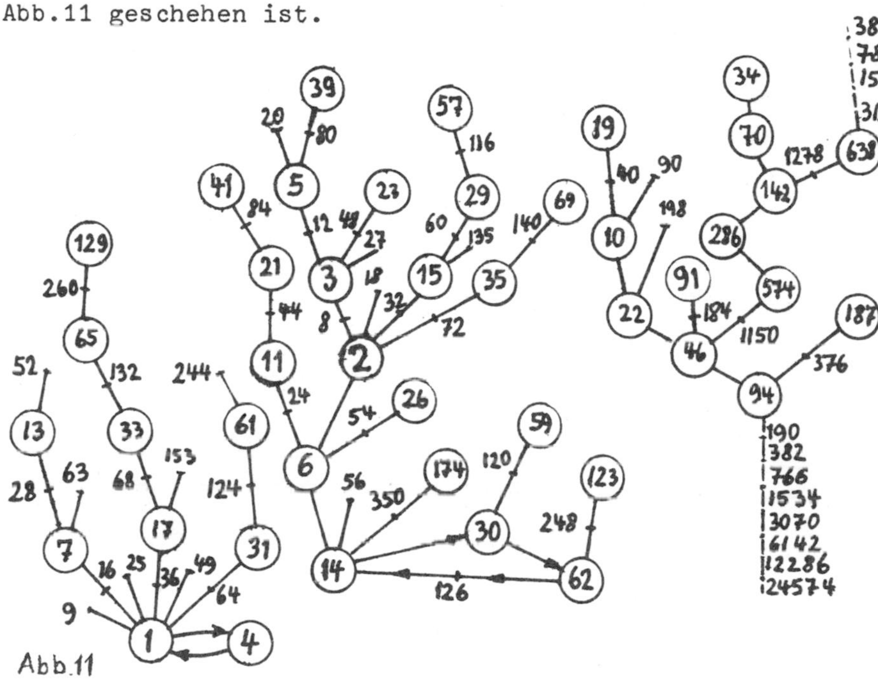

Abb.11

<u>Beispiel:</u> Eine natürliche Zahl heiße "quadratfrei", wenn sie außer der Zahl 1 keine andere Quadratzahl als Teiler enthält. Dann werde die Funktion f(n) definiert durch

$$(5.1) \qquad f(n) = \begin{cases} 2+2n, & \text{wenn } n \text{ quadratfrei ist} \\ q, & \text{wenn } n=k^2q \text{ ist, } q \text{ quadratfrei, } k \text{ ganzzahlig} > 1 . \end{cases}$$

Zu dieser Funktion gehört ein Eckenhypergraph, von welchem in Abb.11 ein Teil gezeichnet ist. Da Zyklen auftreten, liegt ein "Geflecht" vor. Zur Definition der "Kanten" werde (5.1) als Iteration gedeutet: einer Zahl a_n entspricht das Bild $a_{n+1} = f(a_n)$. Dann werden genau in folgenden drei Fällen Mengen als Kanten eingeführt:

1) Die Zahlen a_n, a_{n+1} bilden eine Kante, wenn beide quadratfrei sind

2) Die Zahlen a_n, a_{n+1} bilden eine Kante, wenn a_n eine Quadratzahl > 1 enthält und a_{n-1} nicht existiert

3) Die Zahlen a_n, a_{n+1}, a_{n+2} bilden eine Kante, wenn a_n quadratfrei ist und a_{n+1} eine Quadratzahl > 1 enthält.
Die Kanten werden als glatt definiert und die Dimension einer Kante als Anzahl der an der Kante beteiligten Zahlen. Dem Durchschnitt zweier Kanten wird die Dimension 1 zugeordnet. Dann ist die Bedingung (1.3) erfüllt und die Zusammenflußpunkte sind genau die Verzweigungspunkte des Hypergraphen in dem eingangs definierten Sinn.

II. Mehrschrittformeln

Es sei M eine endliche oder unendliche Menge nicht notwendig voneinander verschiedener natürlicher Zahlen:

$$M = \{k_1, k_2, \dots\}$$

Jedem k_j ist eine endliche oder unendliche Folge F_j zugeordnet

$$F_j = \{k_{j0}, k_{j1}, k_{j2}, \dots\} \quad (j = 1,2,\dots) \tag{5.2}$$

Es sei $k_j = k_{j0}$. Man stellt die k_{jn} als Punkte (Ecken des Graphen) in einer Ebene dar und zieht einen Strich "nach abwärts" oder einen Pfeil von k_{jm} nach k_{jm+1}.

Damit erhält man einen Hyperdigraph mit den F_j als Kanten vgl. Abb.12.

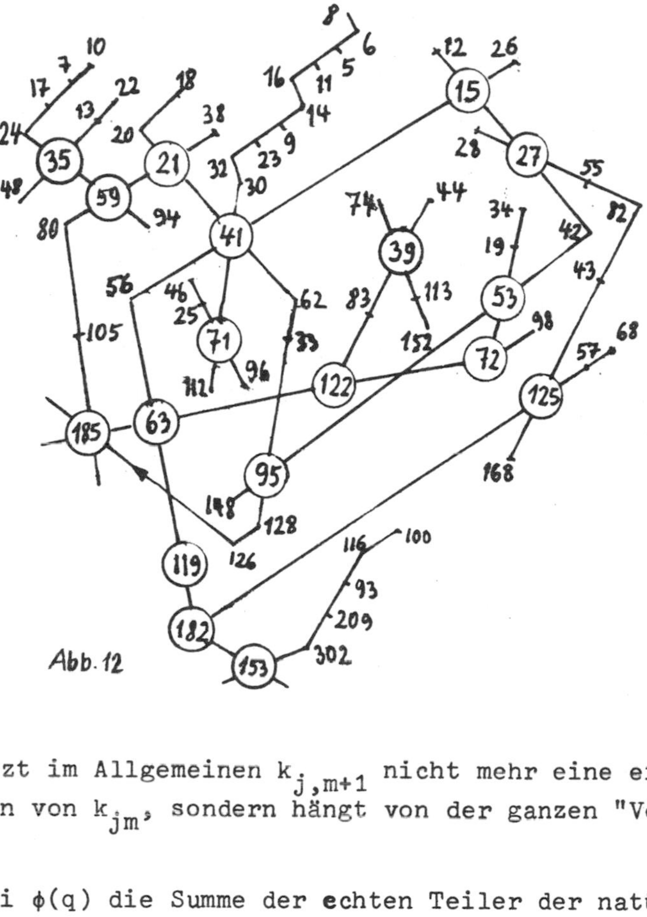

Abb. 12

Es ist also jetzt im Allgemeinen $k_{j,m+1}$ nicht mehr eine eindeutige Funktion von k_{jm}, sondern hängt von der ganzen "Vorgeschichte" ab.

<u>Beispiel:</u> Es sei $\phi(q)$ die Summe der echten Teiler der natürlichen Zahl q, also z.B. $\phi(18) = 2+3+6+9 = 20$, $\phi(20) = 2+4+5+10 = 21$. Dann wird die Zweischrittformel betrachtet:

(5.3) $k_{j0} = 2j$ für $j = 1,2,3,..$

$$k_{j,m+1} = \begin{cases} \phi(k_{j,m}) = \text{Summe der echten Teiler von } k_{j,m}, & \text{falls } k_{jm} \text{ gerade} \\ k_{j,m-1}+k_{j,m}, & \text{falls } k_{j,m} \text{ ungerade} \end{cases}$$

Abb.12 zeigt einen Teil des zugehörigen Hyperdigraphen. Abweichend von der eben gegebenen Difinition der Kanten können auch folgende Teilmengen von F_j als Kanten definiert werden:

1. k_{jm}, $k_{j,m+1}$ bilden eine Kante, wenn beide Zahlen gerade sind.

2. $k_{j,m}$ $k_{j,m+1}$, $k_{j,m+2}$, $k_{j,m+3}$ bilden eine Kante, wenn die beiden mittleren Zahlen ungerade und die beiden äußeren gerade sind. Abb.12 zeigt zahlreiche (auch mehrfache) Verzweigungen. Wieder sind die auf einer Kante liegenden Punkte stets auf einer Geraden gezeichnet. Die Dimension einer Kante sei wieder die Anzahl ihrer Punkte.

6. Weitere geometrische Verzweigungsaufgaben.

I. Kurvennormalen.

Sehr verschiedenartige Formen von Verzweigungsdiagrammen kann man auf folgende Weise erzeugen: Auf einer Geraden G ist ein Koordinatenanfangspunkt O festgelegt und ein variabler Punkt P auf der Geraden G durch seine Koordinate λ, Abb.13. Ferner ist eine stückweise glatte Kurve C gegeben. Es kann sein,

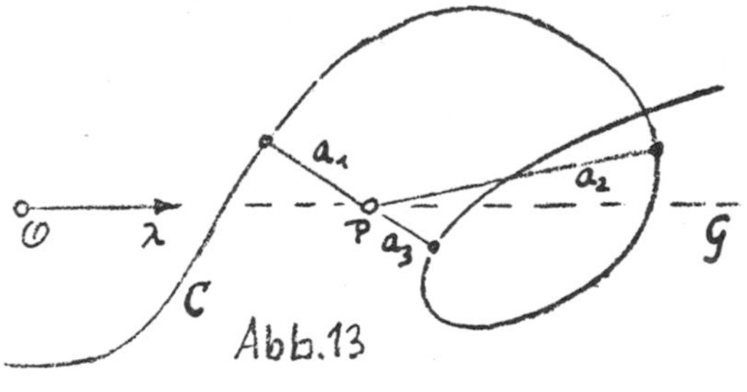

Abb.13

daß man vom Punkte P aus gewisse Lote auf die Kurve C fällen kann mit den Längen a_1, a_2, ..., a_p. Es kann p auch gleich 0 oder gleich ∞ sein. Trägt man in einer λ-a-Ebene die Lotlängen a über λ auf, so erhält man ein Verzweigungsdiagramm. In dem entstehenden Bild wird aber im allgemeinen nicht jeder Schnittpunkt auch einer Verzweigung entsprechen.

Es seien einige einfache Beispiele genannt:

1. G als Parabelachse: In einem λ-μ-Achsensystem sei die Parabel C durch die Gleichung $\lambda = \mu^2$ gegeben, Abb.14. Ist ρ der Krümmungsradius der Parabel im Scheitel, so tritt im Verzweigungsdiagramm in der λ-a-Ebene an der Stelle $\lambda = a = \rho$ ein Verzweigungspunkt auf, Abb.15 . Der von diesem Punkt ausgehende krummlinige Ast S ist doppelt zu zählen.

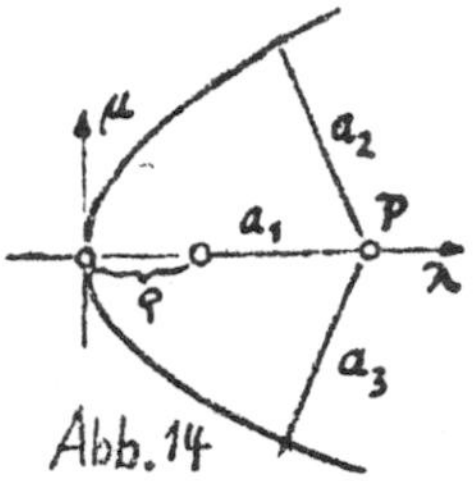

Abb.14

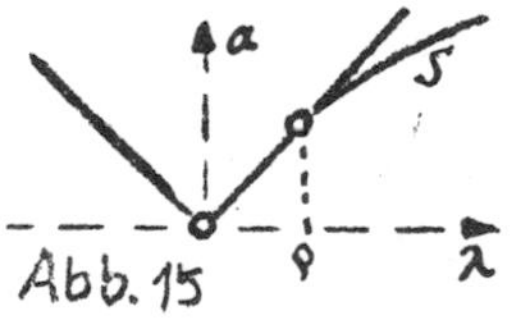

Abb.15

2. G als Parabelsekante: Bei "schiefliegender" Parabel erhält man ein Verzweigungsdiagramm nach Abb. 15a .

3. G als Ellipsenachse: Ist C eine Ellipse mit G als einer der Hauptachsen, so erhält man Abb. 16, die wohl keiner weiteren Erklärung bedarf. Kompliziertere Beispiele lassen sich beliebig bilden.

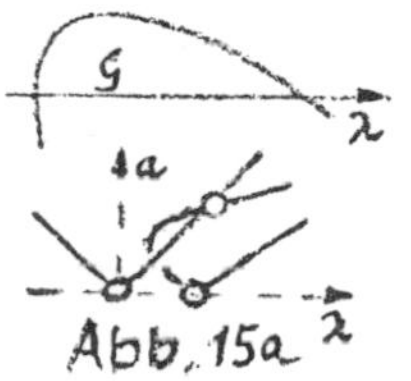

Abb.15a

Man kann nun allgemeiner die Gerade G durch eine stückweise glatte ebene oder räumlich gekrümmte Kurve K, (und den Kurvenbogen C durch eine Fläche in einem n-dimensionalen Raum) ersetzen.

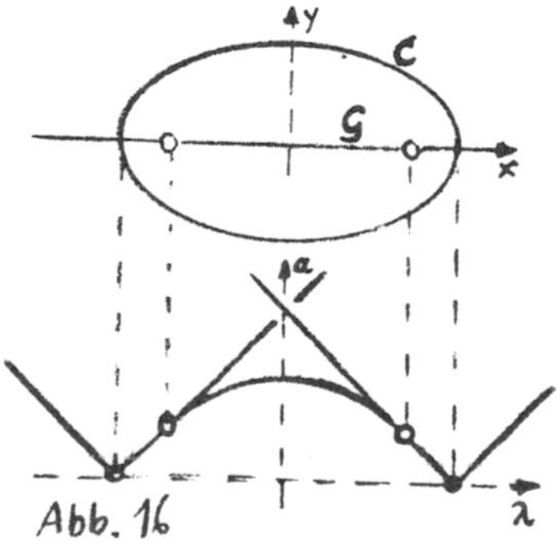

Abb.16

Beispiel: Gerade G als x-Achse in einem rechtwinkligen x-y-z-Achsensystem, $x = \lambda$. Fläche C (Ellipsoid): $(\frac{x}{2})^2 + y^2 + (\frac{z}{3})^2 = 1$

Abb.17 zeigt den Hypergraphen (Geflecht mit 4 Verzweigungspunkten).

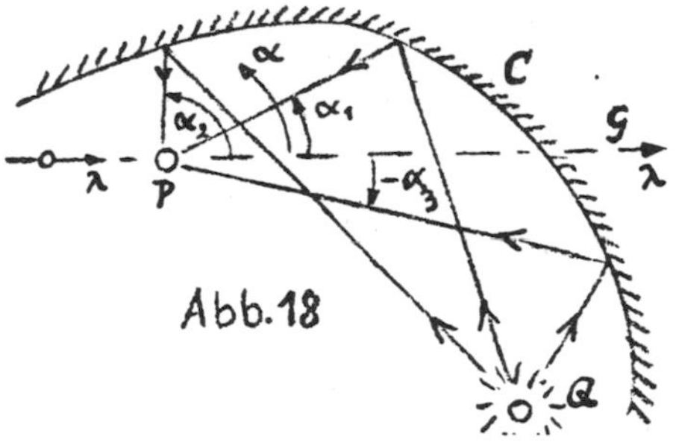

Abb.18

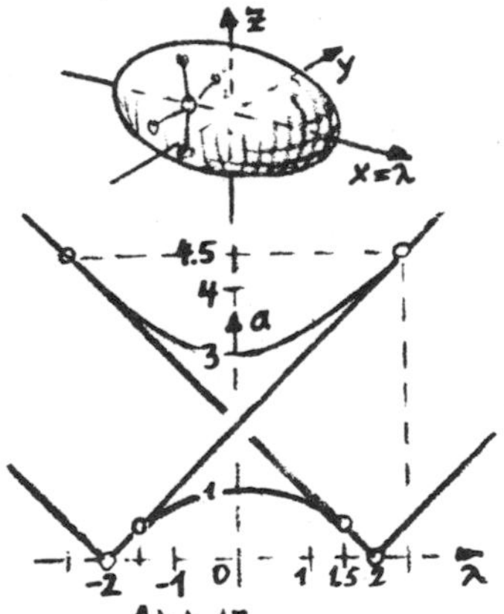

Abb.17

II. Lichtreflektionen

Man hat wie in I eine λ-Achse als Gerade G mit dem Nullpunkt O und einem variablen Punkt P mit der Koordinate λ, außerdem wieder eine stückweise glatte Kurve C und schließlich noch eine Lichtquelle Q, Abb.18. Die von Q ausgehenden Lichtstrahlen werden nach dem Reflektionsgesetz an der Kurve C reflektiert. Es kann sein, daß einzelne dieser Lichtstrahlen den Punkt P treffen, d.h., daß P unter einem gewissen Winkel α die Lichtquelle sieht. Je nach der Kurve C kann dies möglicherweise unter mehreren Winkeln $\alpha_1, \alpha_2, \ldots, \alpha_p$ erfolgen, wobei wieder p auch gleich 0 oder sein kann. Trägt man wieder die möglichen α-Werte als Funktion von λ in einer λ - α - Ebene auf, so ergibt sich wieder ein Verzweigungsdiagramm.

Man kann solche Erscheinungen an einer Kaffeetasse beobach-
ten, oder z.B. vor einem gekrümmten Spiegel, an dem man vor-
beigeht, wobei eine punktförmig erscheinende Lichtquelle sich
in mehrere aufspalten kann. Als Beispiel werde ein zur λ-Ach-
se symmetrisch gelegener Kreis C betrachtet, wobei die Lichtquelle in einem Schnittpunkt des Kreises mit der λ-Achse
liegt, vergl. Abb.19.

III. Verzweigung von Optimalanordnungen.

Aus der Fülle der verschiedenen Anordnungsprobleme sei die
bekannte Aufgabe herausgegriffen, n feindliche Brüder in einem gegebenen einfach zusammenhängenden abgeschlossenen be-
schränkten Bereich B so anzuordnen, daß der kleinste Abstand

d zwischen zwei Brüdern möglichst
groß ausfällt. Hat man nun eine
kontinuierliche Schar von Berei-
chen, die von einem Scharparame-
ter λ abhängt, so kann man jedem
λ die möglichen Optimalanordnungen und jeder solchen Anordnung
einen die Konfiguration beschrei-
benden Vektor v zuordnen und erhält dann wieder im λ-v-Raum Verzweigungsdiagramme. Beispiel: N=5
(feindl. Brüder, Punkte in der
Ebene). Der Bereich B sei in einer x-y-Ebene gegeben durch
$|x| \leq \lambda$, $|y| \leq 1$. Abb.20 zeigt

Abb.19

$\lambda=0$	$\lambda=$ 0.3	$\frac{1}{4}\sqrt{3}$ ≈ 0.433	$\frac{1}{2}$	$\frac{1}{3}\sqrt{3}$ ≈ 0.577	$\lambda=1$	$\lambda=\sqrt{3}$ ≈ 1.732	$\lambda=2$	$\lambda=\frac{4}{3}\sqrt{3}\approx 2.31$	$\lambda=2.5$

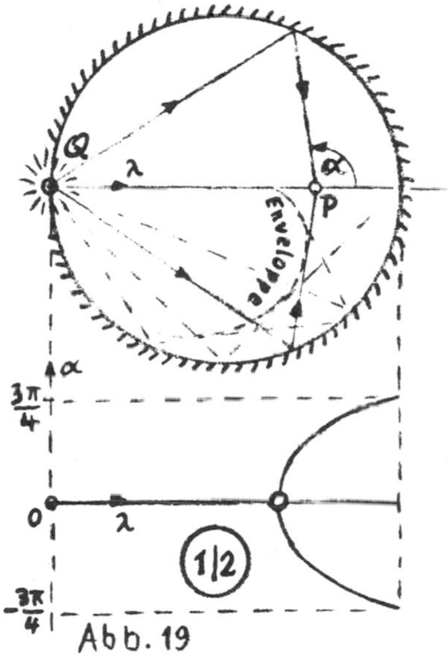

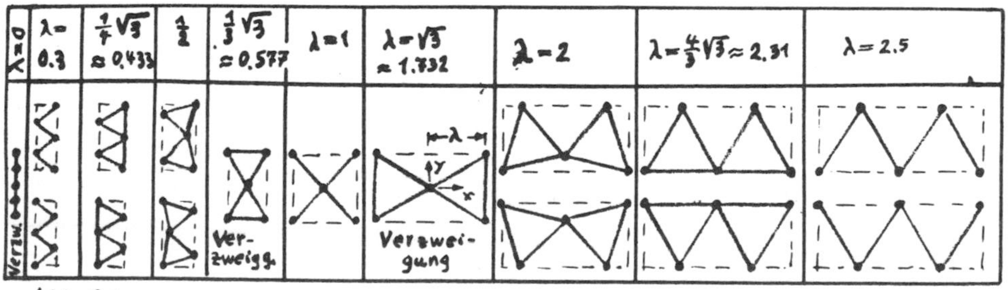

Abb.20

Optimalanordnungen für einige Werte von λ. Bei allen Anordnungen gibt es einen "mittleren" Punkt (einen solchen, durch den eine Spiegelachse geht). Dieser Punkt habe die Koordinaten $x = a$, $y = b$ (Vektor $v = (a,b)$). Man erhält dann in einem λ-a-b-Achsensystem ein Verzweigungsdiagramm, von welchem eine Projektion in Abb.21 dargestellt ist. In der Abbildung sind jeweils zwei feindliche Brüder, die den Minimalabstand voneinander haben, durch einen dicken Strich miteinander verbunden.

7. Nichtlineare Integralgleichungen.

Eine reichhaltige Quelle von geschlossen lösbaren und daher vollständig diskutierbaren Verzweigungsaufgaben bilden die nichtlinearen Integralgleichungen mit entartetem Kern

$$(7.1)\quad Tu(x_j) = \int_B \Big(\sum_{m=0}^{p} K_m(x_j,t_j)\, [u(t_j)]^m \Big) dt_1 dt_2 \ldots dt_n = \lambda u(x_j)$$

für eine Funktion $u(x_1,\ldots,x_n)$ in einem Bereich B des n-dimensionalen Raumes R^n. Jeder der gegebenen Kerne K_m sei entartet und in der Form darstellbar

$$(7.2)\quad K_m = \sum_{i=1}^{q} g_{m,i}(x_j)\, h_{m,i}(t_j).$$

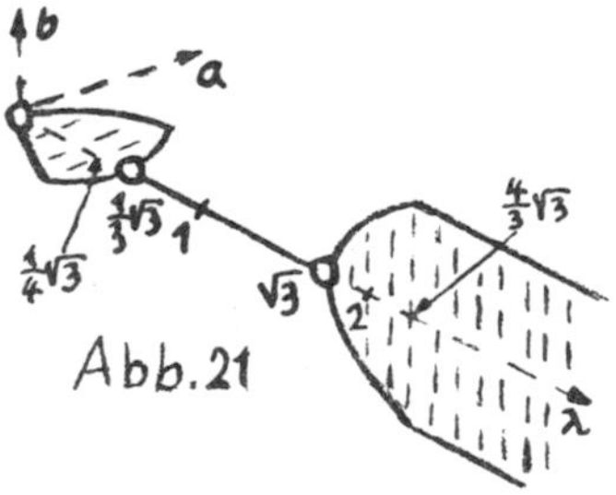

Abb.21

Jede Lösung $u(x_j)$ hat dann die Gestalt

$$(7.3)\quad u(x_j) = \sum_{m,i} C_{m,i}\, g_{m,i}(x_j)$$

mit noch zu bestimmenden Koeffizienten $C_{m,i}$. Setzt man diesen Ausdruck für $u(x_j)$ in die Integralgleichung (7.1) ein, so erhält man ein nichtlineares Gleichungssystem für die Unbekannten $C_{m,i}$ und λ. Haben die gegebenen Funktionen $g_{m,i}$ und $h_{m,i}$ einfache Gestalt, sind sie z.B. Polynome, so kann man alle in (7.1) auftretenden Integrale geschlossen auswerten und man erhält für die $C_{m,i}$ und λ ein System algebraischer Gleichungen. Die Lösungen $C_{m,i}, \lambda$ liegen auf gewissen Ästen in dem mehrdimensionalen $C_{m,i}$-λ-Raum. Zur Veranschaulichung wird man eine Projektion des sich so ergebenden Verzweigungsdiagramms in eine zweidimensionale Zeichenebene vornehmen.

Im folgenden sind einige einfache Beispiele ausgewählt, welche einen Eindruck von der Mannigfaltigkeit der Erscheinungen geben sollen. (Es ist eine Auswahl von etwa 150 vom Autor durchgerechneten Fällen). Einige weitere Beispiele sind in Collatz [76] angegeben.

Als sehr einfaches (gegenüber (7.1) leicht abgeändertes) Beispiel werde eine Integralgleichung für eine Funktion y(x) von nur einer unabhängigen Veränderlichen betrachtet:

$$(7.4) \qquad Ty(x) = \int_{-1}^{1} \{f(x)y(t) + \lambda g(x)[y(t)]^2\} dt = \lambda y(x).$$

Seien f(x) und g(x) gegebene stetige Funktionen, f(x) gerade und g(x) ungerade und es werde gesetzt:

$$\int_{-1}^{1} |f(x)|^k dx = f_k \neq 0 \text{ (für } k = 1,2)$$

$$\int_{-1}^{1} |g(x)|^2 dx = g_2 \neq 0; \text{ z.B. für } f=1,\ g=x \text{ ist } f_1=2,\ f_2=2,$$

$$g_2 = \frac{2}{3}.$$

Eine etwaige Lösung y(x) hat die Form

$$(7.5) \qquad y(x) = af(x) + bg(x)$$

Einsetzen von (7.5) in (7.4) ergibt für a,b,λ die Gleichungen

(7.6) $a(f_1-\lambda) = 0, \ \lambda|f_2a^2 + g_2b^2 - b| = 0,$

mit den Lösungen

(7.7) $a = b = 0$, λ beliebig (Gerade)

$a = 0$, $g_2b = 1$, λ beliebig (Gerade)

$\lambda = f_1$, $f_2a^2 = b - g_2b^2$ (Ellipse)

Die Projektion des Verzweigungs-diagrammes auf eine Ebene ergibt ein Bild wie in Abb.22 .

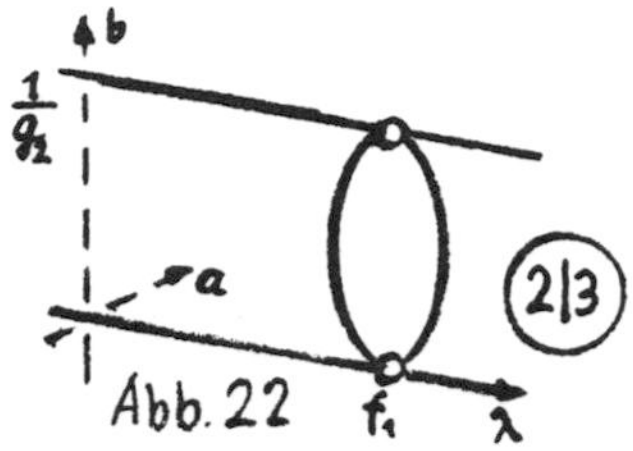

Abb.22

In allen in den Abbildungen wiedergegebenen Verzweigungsdiagrammen sind die Äste des Hypergraphen stets stark ausgezogen und Hilfslinien wie z.B. Koordinatenachsen, sofern sie keine Äste sind, gestrichelt gezeichnet. Die Diagramme sind, sofern nicht ausdrücklich auf den Koordinatenachsen ein Maßstab angegeben ist, nur qualitative Skizzen.

Es folgen zwei Gleichungen vom Typ

(7.8) $Ty(x) = \int_{-1}^{1} (\phi_1 + \phi_2 x + \phi_3 x^2) = \lambda y(x),$

wobei die $\phi_j = \phi_j(t,y(t))$(für $j = 1,2,3$) in den Variablen quadratische Funktionen sind. ρ ist in diesem und den folgenden Beispielen jeweils eine als gegeben anzusehende reelle Konstante. Eine etwaige Lösung von (7.8) hat dann die Form

(7.9) $y(x) = a + bx + cx^2$

mit noch zu bestimmenden Konstanten a,b,c. Die Ergebnisse werden jeweils in tabellarischer Form und durch Skizzierung des Verzweigungsdiagrammes angegeben.

$$(7.10)\qquad Ty = \int_{-1}^{1} \left\{ (1-\rho\cdot x^2)y(t)+xt\,[y(t)]^2 \right\} dt = \lambda y(x)$$

Äste: (Abb.23)
$$\begin{cases} a=b=c=0,\ \lambda \text{ beliebig (Gerade } C_1) \\ a=c=\lambda=0,\ b \text{ beliebig (Gerade } C_2) \\ b=\lambda=0,\ a \text{ beliebig}, c=-3a,\ \text{(Gerade } C_3) \\ \lambda=2-\frac{2}{3}\rho,\ c=-\rho a \begin{cases} b=0,\ a \text{ beliebig (Gerade } C_4) \\ a(2-\frac{6}{5}\rho)=3-\rho,\ b \text{ beliebig (Gerade } C_5) \\ \text{in Abb. 23: } \rho=\frac{3}{2},\ a=\frac{15}{2}, \end{cases} \end{cases}$$

$$(7.11)\qquad Ty = \int_{-1}^{1} \left\{ (1+\rho x^2t^2)y(t)+ x\cdot t\,[y(t)]^2 \right\} dt = \lambda y(x)$$

Äste: (Abb.24)
$$\begin{cases} a=b=c=0,\ \lambda \text{ beliebig (Gerade } C_1) \\ a=c=\lambda=0,\ b \text{ beliebig (Gerade } C_2) \end{cases}$$

für $\rho=\frac{5}{2}$: $\lambda=\frac{1}{3}\begin{cases} b=0,\ 5a+2c=0,\ a \text{ beliebig (Gerade } C_3) \\ a=-\frac{1}{2},\quad c=\frac{5}{4},\ b \text{ beliebig (Gerade } C_4) \end{cases}$

$\lambda=\frac{8}{3}\begin{cases} a=c,\ b=0,\ a \text{ beliebig (Gerade } C_5) \\ a=c=\frac{5}{4},\quad b \text{ beliebig (Gerade } C_6)\ . \end{cases}$

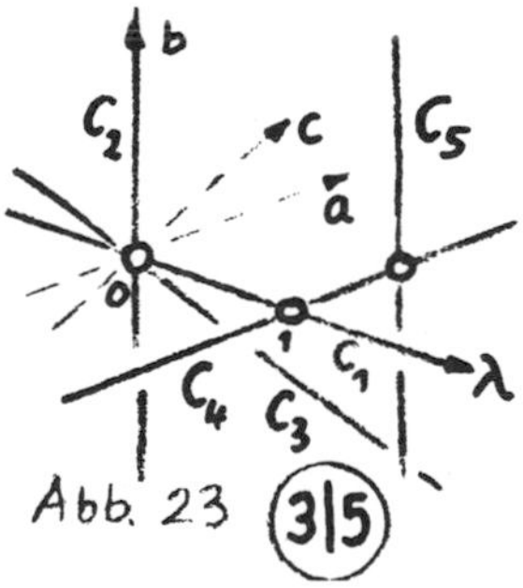

Abb. 23

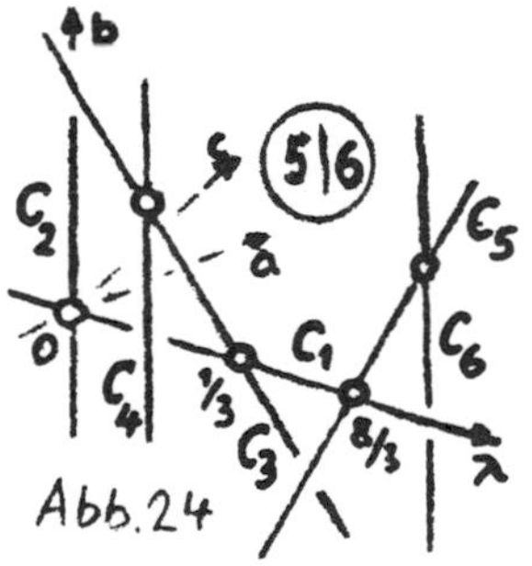

Abb.24

Als weiteres Beispiel werde die Integrodifferentialgleichung betrachtet

(7.12) $\lambda y''(x) = \int_{-1}^{1} \left\{ y(t) + \lambda\rho x[y(t)]^2 \right\} dt, \quad y(0) = 2y(1) - y'(1) = 0$

mit den etwaigen Lösungen $y = bx + ax^2 + bx^3$.

Äste: (Abb. 25)

$$\begin{cases} a=b=0, \ \lambda \text{ beliebig (Gerade)} \\ a=0, \ b=\frac{315}{92\rho}, \ \lambda \text{ beliebig (Gerade)} \\ a=3\lambda, \ a^2 = b\left(\frac{15}{\rho} - \frac{92}{31}b\right) \text{ (Ellipse)} . \end{cases}$$

Eine in y(t) kubische Gleichung ist

(7.13) $Ty = \int_{-1}^{1} (1+tx)\left[y(t) - \left(y(t)\right)^3\right] dt = \lambda u(x)$

mit den etwaigen Lösungen von der Form $y = a+bx$.

Äste: (Abb.26)

$$\begin{cases} a=b=0, \ \lambda \text{ beliebig (Gerade)} \\ b^2 = \frac{5}{6}, \ \lambda = \frac{1}{3} - 2a^2 \\ a=0, \ b^2 = 5\left(\frac{1}{3} - \frac{1}{2}\lambda\right) \\ b=0, \ a^2 = 1 - \frac{1}{2}\lambda . \end{cases} \text{ (Parabeln)}$$

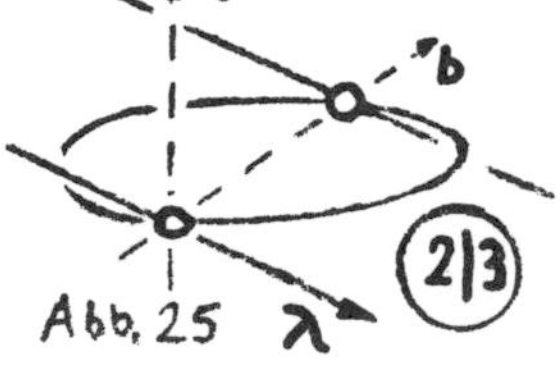

Abb. 25

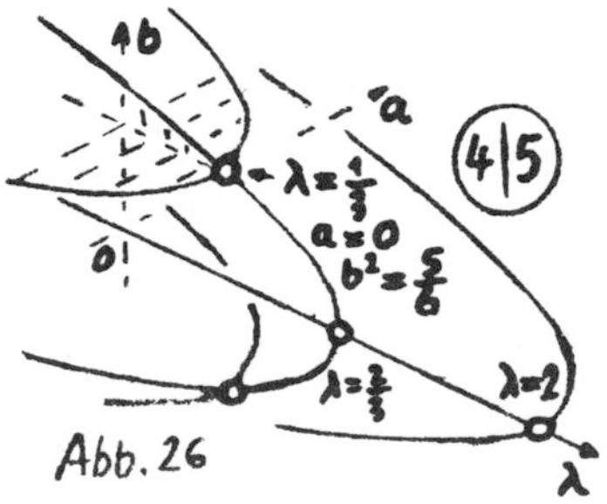

Abb. 26

Ein weiterer Typ ist

$$(7.14)\qquad Ty(x) = \phi(y(0))\cdot\int_{-1}^{1}(x+t\cdot\rho)y(t)\,dt = \lambda y(x)$$

mit etwaigen Lösungen $y = a+bx$. Hierbei ist $\phi(u)$ eine gegebene auf R^1 stetige Funktion.

Äste: $a=b=0$, λ beliebig

für $\phi(a)=0$, $\lambda=0$, b beliebig

für $\phi(a)\neq 0$, $b=\pm a\sqrt{\frac{3}{\rho}}$, $\lambda=\pm 2\sqrt{\frac{\rho}{3}}\,\phi(a)$.

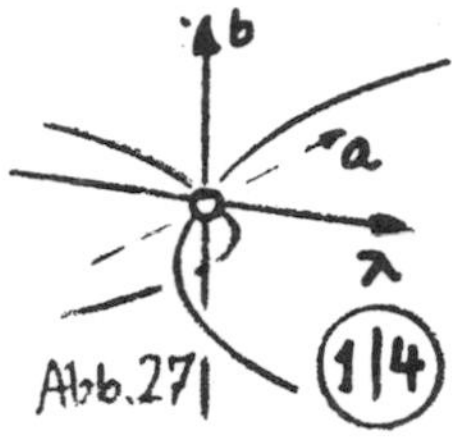

Abb.27

Beispiele: I. $\phi(y(0)) = (y(0))^2$, Abb.27

II. $\phi(y(0)) = y(0) - (y(0))^3$, Abb.28

III. $\phi(y(0)) = y(0)(1-(y(0))^2)(4-(y(0))^2)$, Abb.29

IV. $\phi(y(0)) = \sin(y(0))$, Abb.30 .

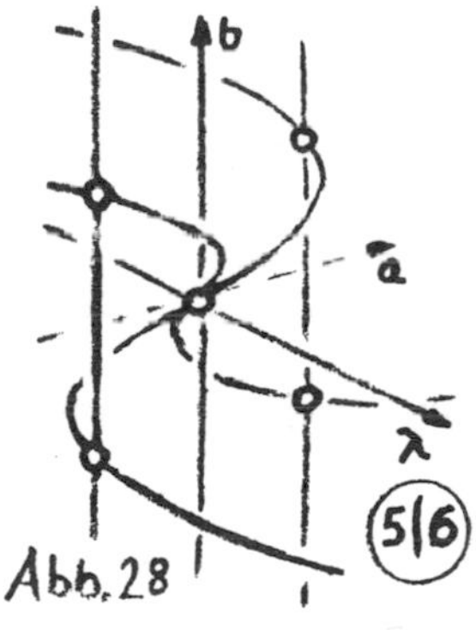

Abb.28

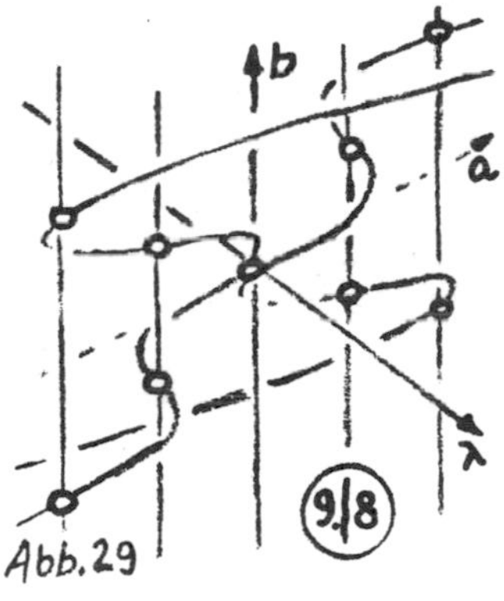

Abb.29

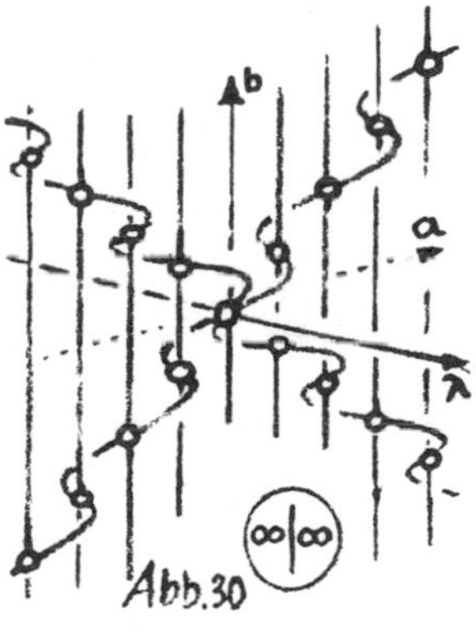

Abb.30

8. Integralgleichungen für Funktionen mehrerer Veränderlicher.

Auch hier werden einige Typen nichtlinearer Gleichungen mit Polynomkernen und jeweils einigen konkreten Beispielen genannt. Zunächst werden nur Funktionen u(x,y) von zwei Veränderlichen x,y betrachtet. Das Symbol □ beim Integralzeichen bedeutet, daß über das Quadrat $|x|<1, |y|<1$ zu integrieren ist.

I. In x und y lineare Kerne. Typ:

(8.1) $$Tu = \int_{\square} (\phi_1 + \phi_2 x + \phi_3 y)\,d\tau = \lambda u(x,y) .$$

Hierbei ist für das Flächenelement geschrieben $d\tau = ds\,dt$ und die $\phi_j = \phi_j(s,t,u(s,t))$ sind gegebene quadratische Funktionen ihrer Argumente. Die etwaigen Lösungen haben die Form

(8.2) $$u = a + bx + cy$$

mit noch zu bestimmenden Konstanten a,b,c . Beispiele:

(8.3) $$Tu = \int_{\square} \left\{(x-4t)u(s,t)+(1+\rho yt)\left(u(s,t)\right)^2\right\} d\tau = \lambda u(x,y) .$$

Dieses Beispiel zeigt den Einfluss des Parameters ρ. In den Diagrammen Abb. 31 und 32 sind drei Äste von ρ unabhängig und zwei von ρ abhängig.

Äste: (Abb.31,32)

$$\begin{cases} a=b=c=0, \ \lambda \text{ beliebig } (C_1) \\ a=\lambda=0, \ b^2 + c^2 = 4c \ (C_2) \\ c=0, \ a^2 = \dfrac{b^3}{3(1-b)}, \ \lambda b = 4a \ (C_3) \end{cases}$$

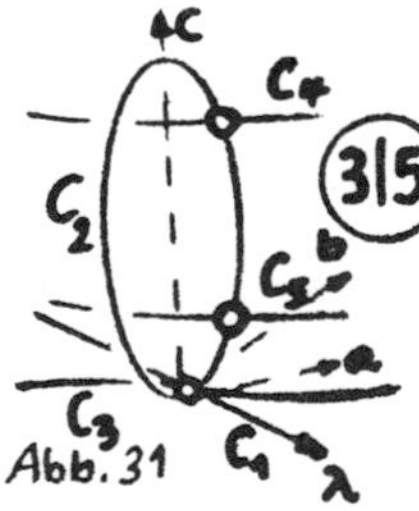

ferner
$$\begin{cases} \text{für } \rho=\frac{3}{2}\text{: } b=1, \ \lambda=4a, \ c=2\pm\sqrt{3}, (C_4, C_5) \\ \text{für } \rho=3\text{: } b=\frac{1}{2}, \ \lambda=8a, \ c^2-3a^2-4c+\frac{1}{4}=0 \ (C_4, C_5) \end{cases}$$

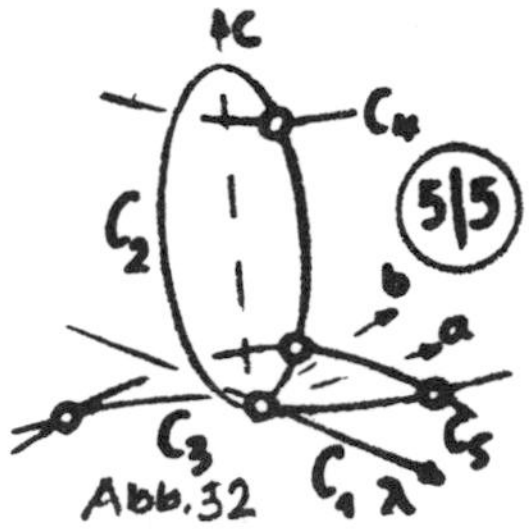

Die folgende Tabelle gibt die Koordinaten der Verzweigungspunkte:

für $\rho = 3$

P_j	λ	a	b	c
P_1	0	0	0	0
P_2, P_3	0	0	$\frac{1}{2}$	$2\pm\frac{1}{2}\sqrt{15}$
P_4, P_5	$\pm 4\sqrt{3}$	$\pm\frac{1}{2}\sqrt{3}$	$\frac{1}{2}$	0

Das folgende Beispiel zeigt den Einfluß eines Parameters p:

$$(8.4) \quad Tu = \iint_{\square} \left\{ u(s,t) + \left[\left(\frac{\lambda}{4}\right)^p \frac{x}{2} + yt \right] \left[u(s,t) \right]^2 \right\} ds\,dt = \lambda u(x,y) .$$

<u>Äste:</u>

$$\begin{cases} a=b=c=0, \ \lambda \text{ beliebig (Gerade } C_1) \\ \lambda=4, \ c=0, \ \frac{a^2}{2} + \frac{b^2}{6} - b = 0 \ \text{(Ellipse } C_2) \\ \lambda=4, \ a=\frac{3}{2}, \ \frac{9}{8} + \frac{b^2+c^2}{6} - b = 0 \ \text{(Ellipse } C_3) \end{cases}$$

ferner für p=0, Abb.33: $a=c=0$, $2b=3\lambda$, λ beliebig (Gerade C_4)

ferner für p=1, Abb.34: $\begin{cases} a=\lambda=0, \ b \text{ und } c \text{ beliebig (Ebene } C_5) \\ a=c=0, \ b=6, \ \lambda \text{ beliebig (Gerade } C_4) \end{cases}$

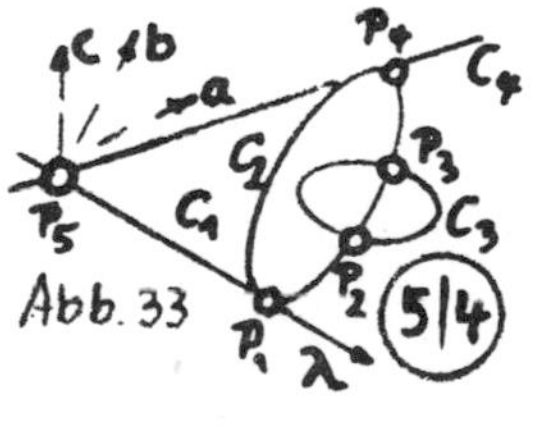

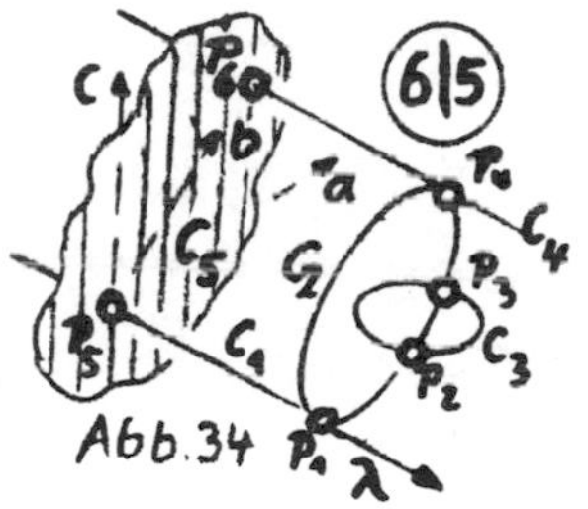

Die folgende Tabelle gibt wieder die Koordinaten der Verzweigungspunkte P_j, wobei P_6 nur für p=1 auftritt:

P_j	λ	a	b	c
P_1	4	0	0	0
P_2	4	$\frac{3}{2}$	$\frac{3}{2}$	0
P_3	4	$\frac{3}{2}$	$\frac{9}{2}$	0
P_4	4	0	6	0
P_5	0	0	0	0
P_6	0	0	6	0

Weitere Beispiele: Zunächst ein Beispiel mit einem "Gespinst" (hier die zweidimensionale Oberfläche eines Ellipsoides)

$$(8.5)\quad Tu = \iint_{\square} \left\{ (x \cdot s + yt)u(s,t) + s^2t^2\big(u(s,t)\big)^2 \right\} d\tau = \lambda u(x,y)$$

Äste: (Abb.35)

$$\begin{cases} a=b=c=0, \ \lambda \text{ beliebig (Gerade } C_1) \\ b=c=0, \ 4a=9\lambda, \ \lambda \text{ beliebig (Gerade } C_2) \\ \lambda=\frac{4}{3}, \ b^2+c^2 = \frac{5}{3}(3a-a^2) \ \text{(Ellipsoid } C_3) \end{cases}$$

$$(8.6)\quad Tu = \iint_{\square} \left\{ (1+\lambda^2 xs)u(s,t)+(y+5yst)\big(u(s,t)\big)^2 \right\} d\tau=\lambda u(x,y)$$

Äste: (Abb.36)

$$\begin{cases} a=b=c=0, \ \lambda \text{ beliebig (Gerade } C_1) \\ a=\lambda=0, \begin{cases} b= -3c \ \text{(Gerade } C_2) \\ 3b= -c \ \text{(Gerade } C_3) \end{cases} \\ \lambda=\frac{3}{4}, \ a=0, \ b^2+c^2+\frac{10}{3} bc-\frac{9}{16}c = 0 \ \text{(Hyperbel } C_5) \\ \lambda=4, \ b=0, \ a^2+ \frac{1}{3}c^2- c = 0 \ \text{(Ellipse } C_6) \\ a=b=0, \ 4c=3\lambda, \ \lambda \text{ beliebig (Gerade } C_4) \end{cases}$$

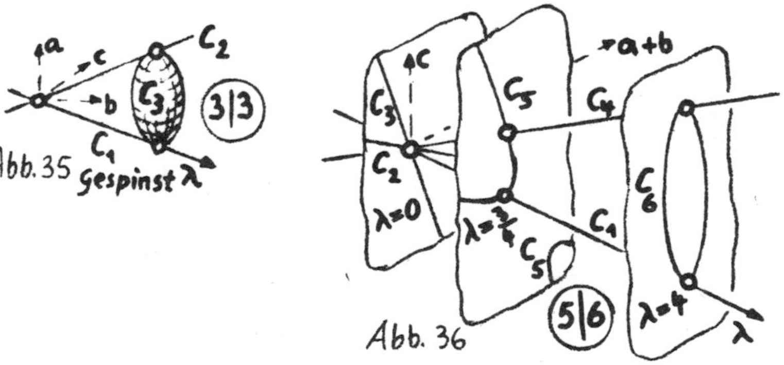

Abb.35 Abb. 36

II. In x und y bilineare Kerne. Typ:

$$(8.7)\quad Tu = \iint_{\square} \left\{ \phi_1+\phi_2x+\phi_3y+\phi_4xy \right\} d\tau = \lambda u(x,y) \ .$$

Über die ϕ_j gilt das oben Gesagte. Eine etwaige Lösung hat die Form

$$(8.8)\quad u = a + bx + cy + dxy$$

Beispiele:

(8.9) $$Tu = \iint_{\square} \left\{ (s+yst)u(s,t) + (xs+xyt)\big(u(s,t)\big)^2 \right\} d\tau = \lambda u(x,y)$$

Äste: (Abb.37)

$$\begin{cases} a=b=c=d=0, \ \lambda \text{ beliebig (Gerade } C_1) \\ b=c=d=\lambda=0, \ a \text{ beliebig (Gerade } C_2 \\ a=b=d=\lambda=0, \ c \text{ beliebig (Gerade } C_3) \\ c=d=0, \ 8a=3\lambda, \ 32b=9\lambda^2 \text{ (Parabel } C_4) \\ \left.\begin{array}{l} 8a(4+\lambda)=27\lambda^2, \ 32b(4+\lambda)=81\lambda^3 \\ 16c^2(4+\lambda)^2=81(1-2\lambda)\lambda^3, \ 4d=9\lambda c \end{array}\right\} \text{Kurve } C_5 \end{cases}$$

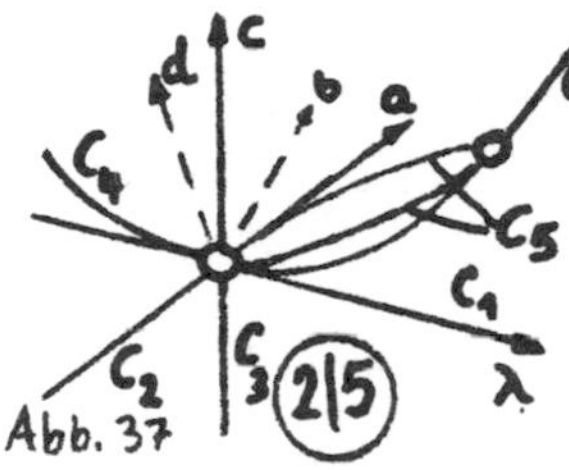

Abb. 37

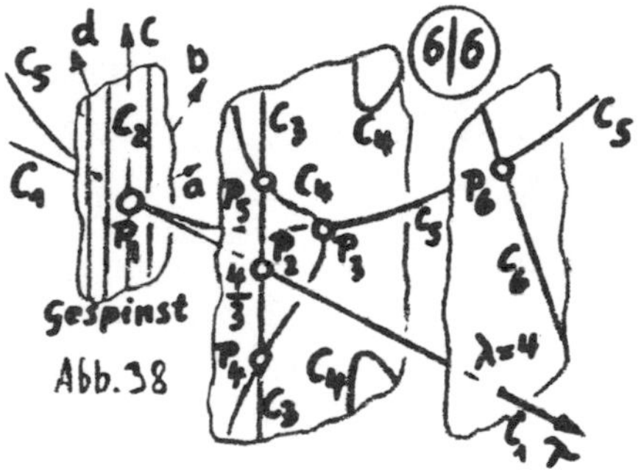

Abb.38

(8.10) $$Tu = \iint_{\square} \left\{ (s+yt)\left[u(s,t) + x(u(s,t))^2\right] \right\} d\tau = \lambda u(x,y)$$

Äste: (Abb.38)

$$\begin{cases} a=b=c=d=0, \ \lambda \text{ beliebig (Gerade } C_1) \\ b=c=\lambda=0, \ a \text{ und } d \text{ beliebig (Ebene } C_2) \\ a=b=d=0, \ c \text{ beliebig (Gerade } C_3), \ \lambda=\frac{4}{3}. \\ \lambda=\frac{4}{3}: \\ a=b, \ c=\frac{3}{2}\,\frac{a-2a^2}{d} = \frac{1}{2}\sqrt{(1-2a)(3-2a)} \text{ (Kurve } C_4) \\ c=d=0, \ 8a=3\lambda, \ 32b=9\lambda^2, \ \lambda \text{ beliebig, (Parabel } C_5) \\ \lambda=4, \ a=\frac{3}{2}, \ b=\frac{9}{2}, \ c=0, \ d \text{ beliebig (Gerade } C_6) \end{cases}$$

Koordinaten der Verzweigungspunkte:

P_j	λ	a	b	c	d	P_j auf
P_1	0	0	0	0	0	C_1, C_4, C_5
P_2	4/3					C_2, C_4
P_3	4/3	1/2	1/2			C_3, C_5
P_4, P_5	4/3	0	0	$\pm\frac{1}{2}\sqrt{3}$		C_2, C_3
P_6	4	3/2	9/2	0		C_5, C_6

$$(8.11)\quad Tu = \iint_{\square} \left\{ (s+3x+3yt)u(s,t)+\rho xyt\big(u(s,t)\big)^2 \right\} d\tau = \lambda u(x,y)$$

Äste: (Abb.39)

$$\begin{cases} a=b=c=d=0,\ \lambda \text{ beliebig (Gerade } C_1) \\ b\cdot\lambda=4,\ b=3a,\ \frac{\rho}{3}\, a(c+d)=2d \text{ (Fläche } C_2) \\ \lambda=0,\ a=b=c=0,\ d \text{ beliebig (Gerade } C_3) \\ \lambda=-4,\ b=-3a,\ c=0 \begin{cases} d=0 \text{ (Gerade } C_4) \\ 2a\rho=3,\ d \text{ beliebig (Gerade } C_5) \end{cases} \end{cases}$$

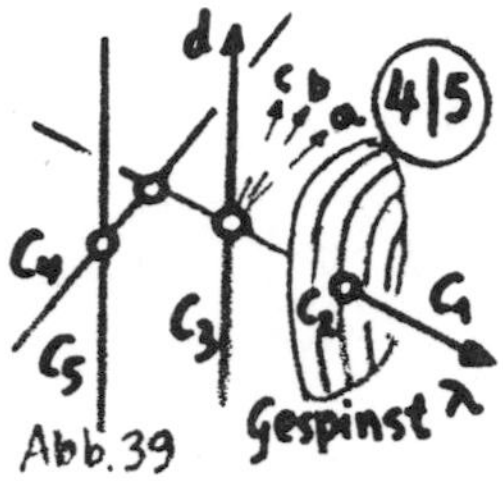

Abb.39

III. Drei unabhängige Variable x,y,z.

In Folgendem bedeutet das Symbol ◻ beim Integral den Integrationsbereich $|x|<1, |y|<1, |z|<1$, und $d\tau$ das Volumenelement $d\tau = dxdydz$. Es wird wieder der Einfluß eines Parameters ρ in der Integralgleichung

$$(8.12)\quad Tu = \int_{◻} \left\{ (xs+\rho yt)u(s,t,v)+(v+z)\big(u(s,t,v)\big)^2 \right\} d\tau = \lambda u(x,y,z)$$

untersucht. Etwaige Lösungen haben die Form

$$(8.13)\quad u(x,y,z) = a + bx + cy + dz.$$

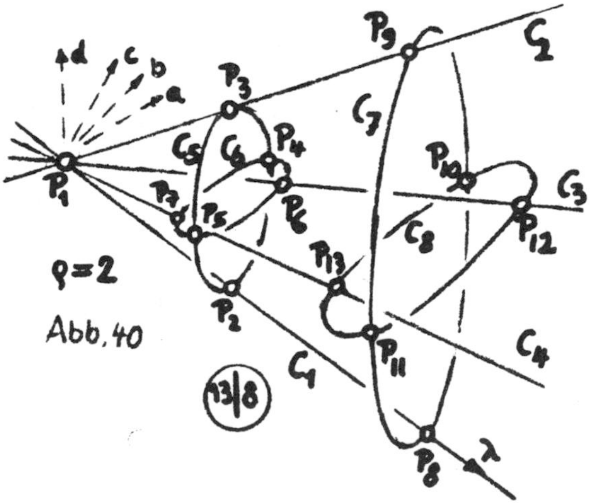

Abb.40

Man erhält für die Konstanten a,b,c,d,λ das Gleichungs-system :

$$(8.14)\quad \left(\frac{16}{3}\,d-\lambda\right)a = \left(\frac{8}{3}-\lambda\right)b = \left(\rho\frac{8}{3}-\lambda\right)c = 8a^2+\frac{8}{3}(b^2+c^2+d^2)-\lambda d = 0.$$

Man hat die Fälle $\rho \neq 1$ und $\rho = 1$ zu unterscheiden.

Äste für $\rho \neq 1$ (Abb.40)

$$\begin{cases} a=b=c=0 & d=0,\ \lambda \text{ beliebig (Gerade } C_1) \\ & 8d=3\lambda \quad (\text{Gerade } C_2) \\ b=c=0,\ 16d=3\lambda,\ 3a^2=d^2 & (\text{Geraden } C_3, C_4) \\ \lambda=\frac{8}{3},\ c=0 & \begin{cases} a=0,\ b^2+d^2=d \ (\text{Ellipse } C_5) \\ d=\frac{1}{2},\ 3a^2+b^2=\frac{1}{4} \ (\text{Ellipse } C_6) \end{cases} \\ \lambda=\rho\frac{8}{3},\ b=0 & \begin{cases} a=0,\ c^2+d^2=\rho d \ (\text{Ellipse } C_7 \\ d=\frac{\rho}{2},\ a^2+\frac{1}{3}c^2=\frac{1}{12}\rho^2 \ (\text{Ellipse } C_8) \end{cases} \end{cases}$$

Speziell für $\rho = 2$ erhält man die Tabelle der Koordinaten der Verzweigungspunkte :

P_j	λ	a	b	c	d	P_j auf
P_1	0	0	0	0	0	C_1, C_2, C_3, C_4
P_2	$\frac{8}{3}$	0	0	0	0	C_1 } C_5
P_3	$\frac{8}{3}$	0	0	0	1	C_2 } C_5
P_4	$\frac{8}{3}$	0	$1/2$	0	$\frac{1}{2}$	C_5, C_6
P_5	$\frac{8}{3}$	0	$-1/2$	0	$\frac{1}{2}$	C_5, C_6
P_6	$\frac{8}{3}$	$\frac{1}{2}\sqrt{3}$	0	0	$\frac{1}{2}$	C_3 } C_6
P_7	$\frac{8}{3}$	$-\frac{1}{2}\sqrt{3}$	0	0	$\frac{1}{2}$	C_4 } C_6
P_8	$\frac{16}{3}$	0	0	0	0	C_1 } C_7
P_9	$\frac{16}{3}$	0	0	0	2	C_2 } C_7
P_{10}	$\frac{16}{3}$	0	0	1	1	C_7, C_8
P_{11}	$\frac{16}{3}$	0	0	-1	1	C_7, C_8
P_{12}	$\frac{16}{3}$	$\frac{1}{3}\sqrt{3}$	0	0	1	C_3 } C_8
P_{13}	$\frac{16}{3}$	$-\frac{1}{3}\sqrt{3}$	0	0	1	C_4 } C_8

Für $\rho = 1$ erhält man :

Äste $\begin{cases} a=b=c=0 \begin{cases} d=0,\ \lambda \text{ beliebig} & \text{(Gerade } C_1\text{)} \\ 8d=3\lambda & \text{(Gerade } C_2\text{)} \end{cases} \\ b=c=0,\ 16d=3\lambda,\ 3a^2=d^2 \ \text{(Geraden } C_3, C_4\text{)} \\ \lambda=\frac{8}{3} \begin{cases} a=0,\ b^2+c^2+d^2=d \ \text{(Ellipsoid } C_5\text{)} \\ d=\frac{1}{2},\ 3a^2+b^2+c^2=\frac{1}{4} \ \text{(Ellipsoid } C_6\text{)} \end{cases} \end{cases}$

Hier schneiden sich die Ellipsoide C_5 und C_6 in einem Kreis K, der ein Kontinuum von Verzweigungspunkten ist. Abb.41 gibt eine Prinzipskizze des Hypergraphen. Die Verzweigungspunkte haben die Koordinaten :

für ρ = 1

<table>
<tr><th>P_j</th><th>λ</th><th>a</th><th>b</th><th>c</th><th>d</th><th>P_j auf</th></tr>
<tr><td>P_1</td><td>0</td><td rowspan="4">0</td><td colspan="2" rowspan="3">0</td><td>0</td><td>C_1, C_2, C_3, C_4</td></tr>
<tr><td>P_2</td><td rowspan="5">$\frac{8}{3}$</td><td>0</td><td rowspan="2">C_1
C_2 } C_5</td></tr>
<tr><td>P_3</td><td>1</td></tr>
<tr><td>K</td><td colspan="2">$b^2+c^2=\frac{1}{4}$</td><td rowspan="3">$\frac{1}{2}$</td><td>C_5, C_6</td></tr>
<tr><td>P_4</td><td>$\frac{1}{6}\sqrt{3}$</td><td colspan="2" rowspan="2">0</td><td rowspan="2">C_3
C_4 } C_6</td></tr>
<tr><td>P_5</td><td>$-\frac{1}{6}\sqrt{3}$</td></tr>
</table>

9. Gewöhnliche Differentialgleichungen 2. Ordnung.

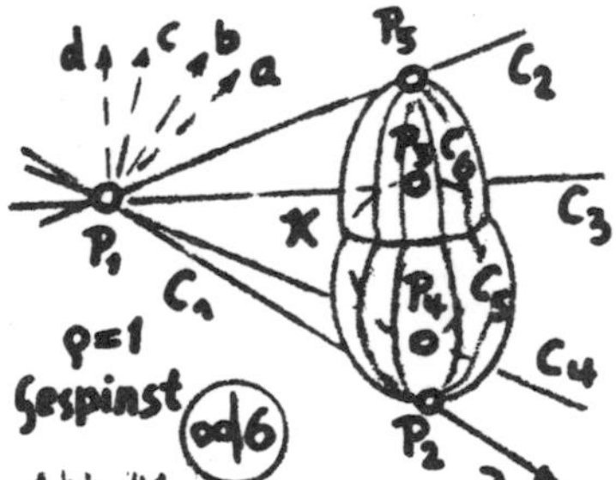

Abb.41

Eine weitere reichhaltige Quelle für geschlossen lösbare Verzweigungsaufgaben bilden Randwertaufgaben bei gewissen Typen gewöhnlicher Differentialgleichungen 2. Ordnung mit bekannten allgemeinen Lösungen.

I. Nichtlinearität nur in den Randbedingungen.

Für eine im Intervall [0,1] zweimal stetig differenzierbare Funktion y(x) sei die Randwertaufgabe vorgelegt:

(9.1) $$y'' + \lambda y = 0$$

mit den Randbedingungen

(9.2) $y(0) = 0, y'(1) = \phi(y'(0))$;

dabei ist $\phi(z)$ eine gegebene nichtlineare Funktion von z. Mit $y(1) = a$ ist nach dem Verzweigungsdiagramm in der λ-a-Ebene gefragt. Für $\lambda = 0$ erhält man für a die Gleichung $a = \phi(a)$. Es sei nun $\lambda = \mu^2 \neq 0$. Die Anpassung der Lösung $y = c \sin \mu x$ von (9.1) an die zweite Randbedingung von (9.2) ergibt den Zusammenhang zwischen a und μ:

(9.3) $a = c\cdot\sin\mu, \quad c\mu\cos\mu = \phi(c\mu).$

Beispiele:

Für $\phi(z) = z^2$, also die Randbedingung $y'(1) = (y'(0))^2$ besteht das Verzweigungsdiagramm, Abb. 42, aus den beiden Ästen

S_1: a=0, λ beliebig

S_2: $a = \frac{\sin(2\mu)}{2\mu}$, $\lambda=\mu^2$ reell.

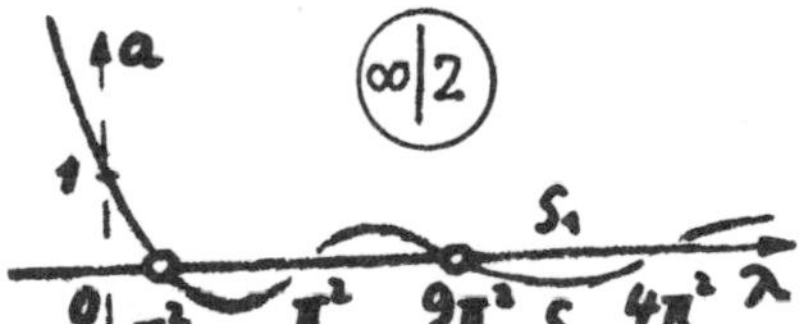

Abb. 42

Das Diagramm ist nicht maßstäblich gezeichnet, um mehr Schnittpunkte zwischen S_1 und S_2 zu zeigen. Aber nicht alle Schnittpunkte sind Verzweigungspunkte, wie es in der Abb. 42 angedeutet ist. Dem Hypergraphen mit zwei analytischen Ästen mit unendlich vielen Verzweigungspunkten wird das Symbol $(\infty|2)$ zugeordnet.

Weitere Beispiele sind:

(9.4) $\phi(z) = \rho z^3$, mit den Ästen $a = \frac{\sin\sqrt{\lambda}}{\sqrt{\lambda}}\sqrt{\frac{\cos\sqrt{\lambda}}{\rho}}$, Abb. 43

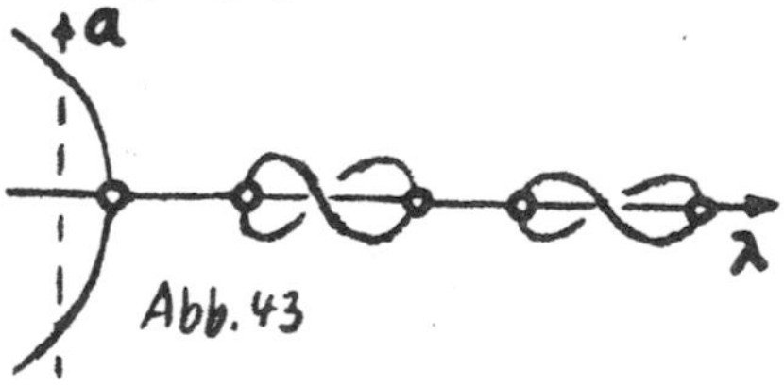

Abb. 43

(9.5) $\phi(z) = z\cdot\cos z$, mit den Ästen $\pm a = \frac{2k\pi}{\sqrt{\lambda}} - 1$, k=1,2,3,... , Abb. 44

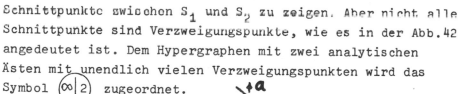

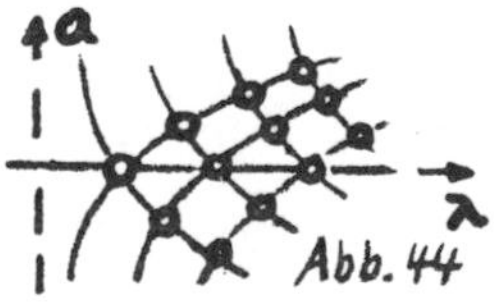

Abb. 44

Ein Beispiel mit dem Auftreten des Parameters λ in den Randbedingungen ist

(9.6) $y''(x) = \lambda, \quad y(0) = y(\lambda) = 0$;

mit $a = y(1)$ enthält das a-λ-Diagramm die Äste

Äste: (Abb.45) $\begin{cases} \lambda = 0, & \text{a beliebig (Gerade } S_1) \\ a = \frac{\lambda}{2}(1-\lambda) & (\text{Parabel } S_2) \end{cases}$

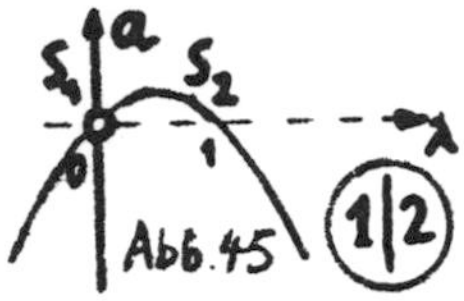

II. Nichtlineare Differentialgleichung.

Hier hat man einen sehr weiten Spielraum. Wir nennen einige Beispiele.

Beispiel 1: Zu der Differentialgleichung

(9.7) $-y'' = \lambda\ \phi(y)$

treten etwa die Randbedingungen

(9.8) $y(0) = y'(1) = 0$.

Hierbei ist $\phi(y)$ ein gegebenes nichtlineares Funktional in y. Mit $a = y(1)$ kann man dann ein Verzweigungsdiagramm in einer λ-a-Ebene zeichnen. Mit $s = \phi(y)$ lautet die Lösung

$$y(x) = \frac{\lambda s}{2}(2x - x^2) .$$

Der Zusammenhang zwischen a und λ ist dann gegeben durch

(9.9) $a = \frac{\lambda}{2}\ \phi(y)$

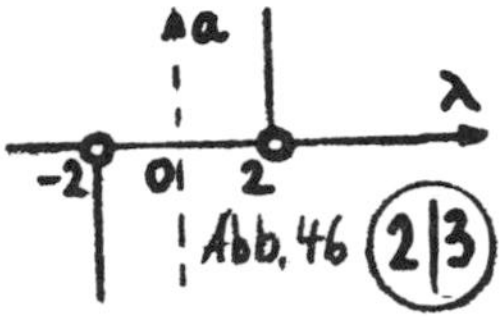

Beispiele: $\phi(y) = \max_{x\in[0,1]} |y(x)|$

(9.9) besagt hier $\lambda\cdot|a| = 2a$. Abb.46 gibt das Verzweigungsdiagramm.

Hat in (9.7) $\phi(y)$ die Form

(9.10) $\phi(y) = \Psi(y(1)) = \Psi(a)$,

So zeigen Abb.47,48 die Fälle $\Psi(a)=a^2$ und $\Psi(a)=\frac{2\,a}{\sqrt{1-a}}$.

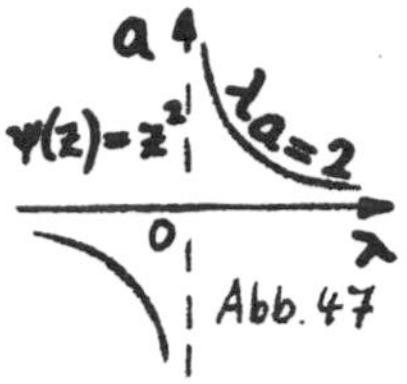

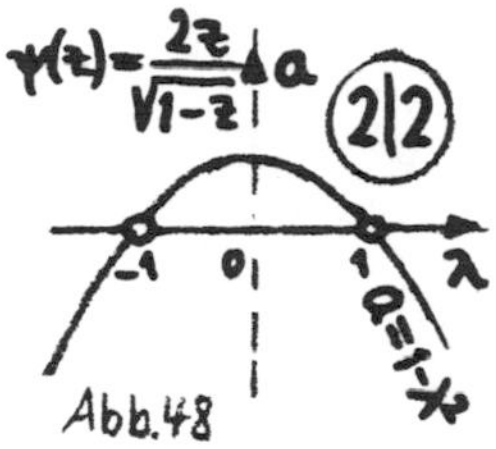

III. Weitere Fälle.

Für die leicht diskutierbare Randwertaufgabe

$$(9.11)\quad -y''(x) = \lambda\left(y(x)-\tfrac{1}{2}|y(x)|\right) ,\qquad y(0) = y(\pi) = 0 ,\ \text{Abb.49}$$

erhält man mit $a=y(\frac{1}{2}\pi)$ den Hypergraph.

Ferner werde der Typ betrachtet :

$$(9.12)\quad y''(x)+\lambda|y(x)+\phi(y(1))| = 0 .$$

Für $\lambda=\mu^2=0$ lautet die Lösung der Randwertaufgabe bei $y(0)= y'(1) = 0$,

$$(9.13)\quad y(x) = (\cos(\mu x)-1)\cdot\phi+b \sin(\mu x) \text{ mit } b=\phi\cdot\tan \mu .$$

Zum Zeichnen des Hypergraphen werde die Größe eingeführt

$$(9.14)\quad a=y(1)=\phi\cdot\left[\frac{1}{\cos\mu} - 1\right] .$$

Abb. 50-52 zeigen die Fälle

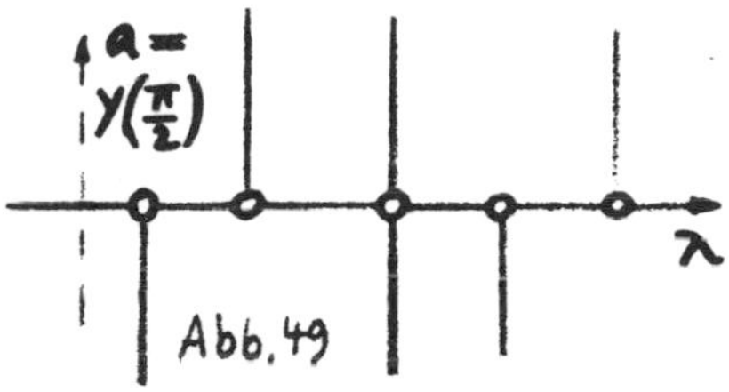

$\phi(z) = z^2$,	Äste $\begin{cases} a=0,\ \lambda \text{ beliebig} \\ a=\frac{\cos\mu}{1-\cos\mu} \end{cases}$, Abb.50
$\phi(z) = z^3$,	Äste $a=0$, λ bel. und $a=\pm\sqrt{\frac{\cos\mu}{1-\cos\mu}}$, Abb. 51
$\phi(z) = -z^3$,	Äste $a=0$, λ bel. und $a=\pm\sqrt{\frac{\cos\mu}{\cos\mu-1}}$, Abb. 52

10. Weitere Verzweigungserscheinungen.

Ein sehr bekanntes Gebiet für Verzweigungen liefern

Gleichungen für eine reelle Variable x, in welchen noch ein
Parameter λ auftritt. Abb. 53-57 geben einige Beispiele,
die wohl ohne weitere Erklärung verständlich sind.
Sehr viel verwickeltere Verzweigungsdiagramme treten auf,
wenn nicht nur ein Parameter λ, sondern mehrere Parameter
in der Verzweigungsaufgabe vorkommen. Hierüber soll an anderer Stelle berichtet werden.

Abb. 50

Abb. 51

Abb. 52

$|\lambda| - \lambda = |x| - x$

Gespinst

Abb. 53 ①②

$(\lambda - x^2)^2 = (1 - x^2)^2$

Abb. 54 ②②

$(\lambda^2 - x^2)^2 = (1 - x^2)^2$

Abb. 55 ④③

$\lambda^4 - \lambda^2 = x^4 - x^2$

Abb. 56 ⑤③

$x^2 = (\lambda^3 - \lambda)^2$

Abb. 57 ③③

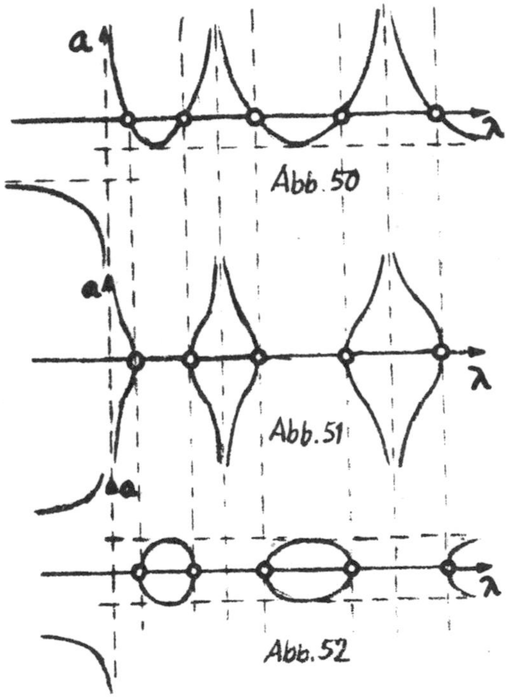

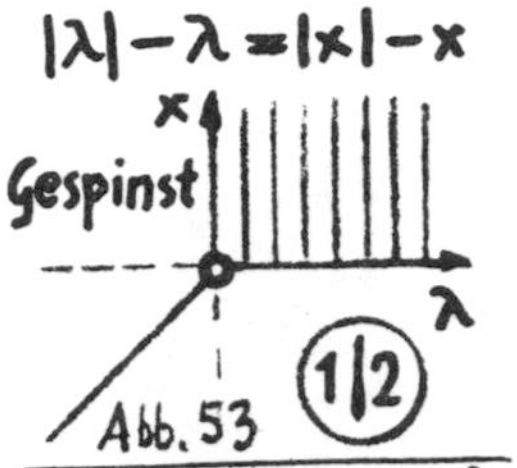

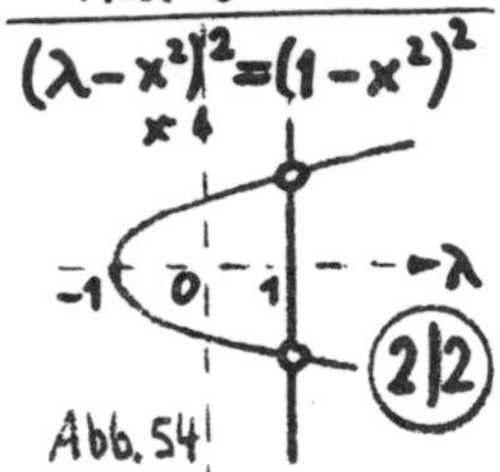

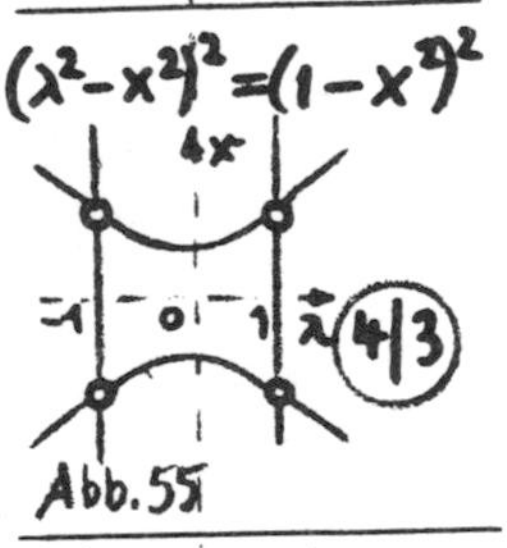

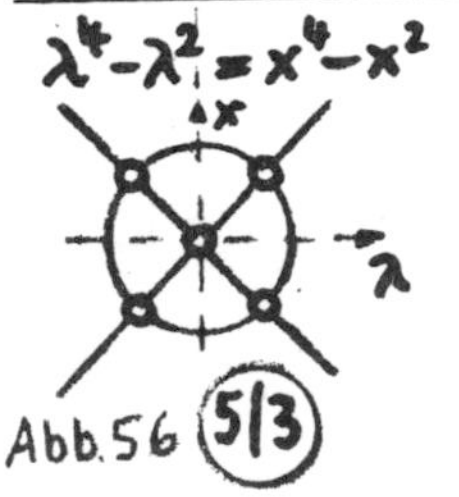

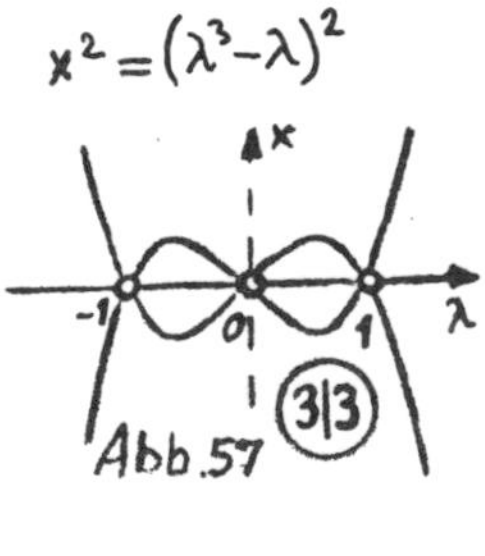

Ohne auf die Fülle der in der Literatur erschienenen Arbeiten über Verzweigungsaufgaben eingehen zu können, seien nur einige wenige Aufsätze genannt, die in den Anwendungen auftretende Verzweigungen behandeln: Allgower, Prenter [76], Chow, Hale, Mallet-Paret [75], Collatz [75], Kirchgässner [75], Meyer-Spasche [76], de Mottoni, Tesei [76], Poore [73] u.a., und einige wenige Arbeiten über Theorie von Verzweigungen: Stakgold [71], Sattinger [73], Toland [75], Wainberg, Trenogin [73] und weitere Arbeiten über graphentheoretische Grundlagen: Heesch, Kienzle [63], Harary [74], u.a..

Meinen besonderen Dank möchte ich Herrn Rolf Wildhack für Hilfe bei numerischen Rechnungen bei einzelnen der Beispiele und Herrn Dr. Helmut Krisch für Diskussionen aussprechen.

Literatur:

Allgower, E.L. and P.M. Prenter [76]: On the Branching of Solutions of Quadratic Differential Equations, to appear.

Berge, Cl. [73]: Graphs and Hypergraphs, Nord Holland Publ. Comp., 1973, 528 S.

Berge, Cl., Chauduri, D.R. [74]: Hypergraph Seminar, Springer Lecture Notes Math., Vol. 411 (1974).

Chow, S.N., J.K. Hale and J. Mallet-Paret [75]: Applications of Generic Bifurcation I, Arch. Rat. Mech. Anal. 59 (1975) 159-188.

Collatz, L., [75]: Einige Beziehungen zwischen Graphen, Geometrie und Kombinatorik, Intern. Ser. Num. Math. Bd. 29, Birkhäuser 1975, 27-56.

Collatz, L., [76]: Graphen bei Ornamenten und Verzweigungsdiagrammen, Intern. Ser. Num. Mathematics , Birkhäuser Verlag 1976, Bd.36.

Collatz, L., [76a]: Bifurcation diagrams, Proc. Conference Diff. Equat. Dundee, 1976, Springer Lecture Notes in Math. 564 (1976) 41-53.

Harary, F., [74]: Graphentheorie, München, Wien, 1974, 279 S.

Heesch, H., Kienzle, O., [63]: Flächenschluß, Springer 1963, 141 S.

Kirchgässner, K., [75]: Bifurcation in nonlinear Hydrodynamic Stability, SIAM REVIEW 17 (1975), 652-683.

Levi, F., [29]: Geometrische Konfigurationen, Leipzig 1929, 310 S.

Meyer-Spasche, R., [76]: Numerische Behandlung von elliptischen Randwertproblemen mit mehreren Lösungen und von MHD Gleichgewichtsproblemen, Diss. Hamburg, 1976.

de Mottoni, P. and A. Tesei [76]: On the solutions of a class of non linear Sturm-Liouville-Problems, to appear.

Poore, A.B., [73]: A Model Equation Arising From Chemical Reactor Theory, Arch. Rat. Mech. Anal. 52 (1973) 358-388.

Sattinger, D.H., [73]: Topics in stability and bifurcation theory, Springer Lecture Notes in Math. 309 (1973).

Stakgold, I. [71]: Branching of Solutions of nonlinear Equations, SIAM REVIEW 13 (1971) 289-332.

Toland, J.F., [75]: Bifurcation and Asymptotic bifurcation for noncompact nonsymmetric gradient operators. Proc. Royal Soc. Edinburgh, A 73 (1975) 137-147.

Wainberg, M.M. u. W.A. Trenogin [73]: Theorie der Lösungsverzweigung bei nichtlinearen Gleichungen, Berlin 1973, 408 p.

Lothar Collatz
Inst. f. Angewandte Mathematik
der Universität Hamburg
Bundesstraße 55
2000 Hamburg 13

ISNM 38 Birkhäuser Verlag, Basel und Stuttgart, 1977

A REVIEW OF NUMERICAL METHODS FOR EIGENVALUE PROBLEMS NONLINEAR IN THE PARAMETER

by P. Lancaster

1. SPECIFYING THE PROBLEM

Let X be a complex Banach-space and $B(X)$ the algebra of bounded linear operators on X. When X is of finite dimension we shall make this explicit by writing X_n for X. In this review mappings

$$A : \lambda \to A(\lambda) \in B(X), \qquad \lambda \in \mathbb{C}$$

are considered in which the dependence on λ is generally holomorphic. In many instances, polynomial dependence on λ is of great interest or, in the direction of greater generality, mere continuity, or some order of differentiability in λ is all that may be needed. In the polynomial case we write

$$A(\lambda) = \sum_{i=0}^{\ell} A_i \lambda^i \tag{1}$$

where $A_0, A_1, \ldots, A_\ell \in B(X)$ and $A_\ell \neq 0$. We say that A is an *operator polynomial* of *degree* ℓ and is *regular* if A_ℓ is invertible. The operator polynomial A is said to be *monic* if $A_\ell = I$.

The *resolvent set* of A is

$$\mathrm{Res}(A) = \{\lambda \in \mathbb{C} : A(\lambda) \text{ has an inverse in } B(X)\},$$

and the *spectrum* of A is $\mathrm{Sp}(A) = \mathbb{C} \setminus \mathrm{Res}(A)$. The number λ_0 is an *eigenvalue* of A if $A(\lambda_0)x = 0$ for some non-zero $x \in X$. The vector x is an *eigenvector* of A associated with λ_0.

2. SCOPE OF THE PAPER

In this paper a survey is presented of numerical methods for the computation of eigenvalues and eigenvectors of operator polynomials. Although this is very simply stated there is, in fact, a great variety of problems included which may require an equal variety of algorithms for their efficient solution. Further complications arise since the spectral analysis of operator valued functions is, at the time of writing, still under very active development and, as this field of study develops, important new insights affecting computational methods may well be obtained.

In view of the many ramifications of the subject it is only possible to present a rather superficial survey of techniques and to point out what the author perceives to be the more important gaps in our state of knowledge. These same difficulties make it well-nigh impossible to make meaningful comparisons between algorithms for a particular problem falling within the general formulation described. The factors giving rise to many different special features include: Dimensionality of X, the nature of the dependence on λ, the number of eigenvalues required, clustering of eigenvalues, the presence of "pervasive" eigenvalues, requirements for eigenvectors, elementary-divisor structure of the eigenvalues, dependence on a second parameter, and prior knowledge of the problem yielding bounds or approximations.

In fact, it is probably the case that, at least for polynomial problems of degree greater than one, ad hoc algorithms will be developed as required for several years to some. The state of knowledge, the variety of special forms, and the frequency of occurrence of these problems all suggest that the time is not ripe for the consideration of general purpose algorithms.

It is our objective to present some problems giving rise to parameter dependence of the type described, to indicate briefly some of the mathematical formalism required (and presently under development), and to touch on several algorithms proposed in the literature. A quite extensive list of references is included. Although no attempt is made to make this exhaustive, an effort has been made to include key references which will lead the interested worker to many more related papers of interest.

3. MOTIVATION

Problems of the kind described in Section 1 arise in many different physical applications including damped vibration phenomena [2], [30], [35], hydrodynamics [7], and heat transfer [56], to mention a few. However, the resulting mathematical problem frequently takes one of the following forms.

(a) With X a suitable Banach space and $A_i \in B(X)$, $\eta_0, \eta_1, \ldots, \eta_{\ell-1} \in X$, solve the initial value problem

$$A_\ell \, y^{(\ell)}(t) + A_{\ell-1} \, y^{(\ell-1)}(t) + \ldots + A_0 \, y(t) = 0,$$

$$y^{(i)}(0) = \eta_i, \qquad i = 0,1,\ldots,\ell-1,$$

for $t \geq 0$. Taking a Laplace transform with respect to t leads to

$$A(\lambda) \, \bar{y}(\lambda) = a(\lambda; \eta_0, \ldots, \eta_{\ell-1});$$

a problem involving an operator polynomial A as defined in equation (1).

(b) Although equation (1) is formulated using bounded operator coefficients, unbounded operators can be treated in special circumstances.

Let $\hat{A}_0, \hat{A}_1, \ldots, \hat{A}_\ell$ be closed operators corresponding to differential expressions $\tau_i(x, \frac{d}{dx})$ and appropriate boundary conditions, $i = 0,1,\ldots,\ell$ and assume these operators have a common domain $D \subset X$. Assume further that there is a compact operator $K \in B(X)$ which is one-one and onto D (usually $K = A_i^{-1}$ for some i). Then we have the correspondence

$$\hat{A}_\ell \lambda^\ell + \ldots + \hat{A}_1 \lambda + \hat{A}_0 \leftrightarrow \lambda^\ell \tau_\ell (x, \tfrac{d}{dx}) + \ldots + \lambda \tau_1 (x, \tfrac{d}{dx}) + \tau_0 (x_1 \tfrac{d}{dx})$$

Under the above hypotheses $A_i = \hat{A}_i K$ is bounded, $i = 0,1,\ldots,\ell$ and the problem is re-cast in terms of an operator polynomial as in (1). In this connection see references [25] and [57].

(c) Integral equations with the eigenvalue parameter appearing nonlinearly in the kernel can also give rise to problems of type (1),

[44], [51], [59] as do

(d) Partial differential equations with appropriate parameter dependence in the coefficients, [12] and [24], may also lead to the operator polynomial formalism.

4. LINEARIZATION

A device of great importance in the analysis of polynomial problems is that of "linearization" which we now define. First note that X^k denotes the direct sum of k copies of X. We say that operator polynomials A and B are *polynomially equivalent* if there are operator polynomials E and F whose inverses also define operator polynomials on X for which

$$A(\lambda) = E(\lambda)\,B(\lambda)\,F(\lambda)\ ,$$

for all $\lambda \in C$. Clearly, in this case A and B have common resolvent sets.

DEFINITION *An operator* $T \in B(X^{\ell})$ *is a* linearization *of the regular operator polynomial* A *of degree* ℓ *if* $A(\lambda) \oplus I_{\ell-1}$ *and* $I\lambda - T$ *are polynomially equivalent.*

It is not difficult to show that every such A has a linearization. In fact, the *first* and *second companion operators* qualify:

$$C_1 = \begin{bmatrix} 0 & I & 0 & \cdots & 0 \\ 0 & 0 & I & & \cdot \\ \cdot & \cdot & & & 0 \\ 0 & 0 & & & I \\ -\tilde{A}_0 & -\tilde{A}_1 & & & -\tilde{A}_{\ell-1} \end{bmatrix} \qquad C_2 = \begin{bmatrix} 0 & 0 & \cdots & 0 & -\tilde{A}_0 \\ I & 0 & \cdots & 0 & -\tilde{A}_1 \\ 0 & I & & & \cdot \\ \vdots & & & & \cdot \\ 0 & \cdots & I & 0 & -\tilde{A}_{\ell-2} \\ 0 & \cdots & 0 & I & -\tilde{A}_{\ell-1} \end{bmatrix}$$

where $\tilde{A}_i = A_{\ell}^{-1}A_i$, $i = 0,1,\ldots,\ell-1$. Operators C_1 and C_2 are similar and it is apparent that any operator in $B(X^{\ell})$ which is in their similarity group is also a linearization of A. A deep discussion of the analytic significance of such linearization is to be found in the work of Gohberg, Kaashoek and Lay, [14]. We content ourselves with a few remarks:

(a) $\sigma(L(\lambda)) = \sigma(I\lambda - T)$

(b) The idea of linearization has been extended by Bart [3] to include analytic dependence on λ.

(c) If X is finite dimensional then *all* linearizations are in the similarity group of C_1. There is a matrix representation for the linearization in Jordan normal form and this yields an alternative approach to elementary divisor theory. (cf. the "classical" approach of Gantmacher [13]).

(d) The operator in $B(X^{\ell})$ defined by

$$B = \begin{bmatrix} A_1 & A_2 & \cdots & A_{\ell-1} & A_\ell \\ A_2 & & & A_\ell & 0 \\ & & \cdot & & \vdots \\ A_{\ell-1} & A_\ell & & & \\ A_\ell & 0 & \cdots & & 0 \end{bmatrix}$$

is a "symmetrizer" of C_1, i.e. $A = BC_1$ is a symmetric matrix of operators (as is B). It follows that $A(\lambda) \oplus I_{\ell-1}$ is polynomially equivalent to the "symmetric" pencil $B\lambda - A$. (Note that this symmetry does not include the operators A_i themselves).

(e) If A is not a regular polynomial operator, define

$$F = \begin{bmatrix} 0 & I & 0 & \cdots & 0 \\ 0 & 0 & I & & \vdots \\ \vdots & \vdots & & \ddots & 0 \\ 0 & 0 & & 0 & I \\ -A_0 & -A_1 & & -A_{\ell-2} & -A_{\ell-1} \end{bmatrix}, \quad G = \begin{bmatrix} I & 0 & \cdots & & 0 \\ 0 & I & & & \vdots \\ \vdots & & & & \\ \vdots & & & I & 0 \\ 0 & \cdots & & 0 & A_\ell \end{bmatrix}$$

and we have polynomial equivalence for $A(\lambda)\oplus I_{\ell-1}$ and $G\lambda - F$.

The purpose of a linearization is to replace the relatively complicated λ dependence of A acting on X by a first degree dependence on λ for a problem posed on X^ℓ. Now, from the computational point of view this may not be advantageous since, as the above examples show, there are redundancies in the reformulation of the problem on the "big" space.

It is likely to be computationally efficient, as well as mathematically satisfying, if solutions can be found by working entirely in the space X on which the problem is first posed. However, the linearizations retain considerable importance for the analysis of our problem.

5. A CASE STUDY

For the moment let X be a Hilbert space with the inner product denoted by $\langle\ ,\ \rangle$. Consider the quadratic operator polynomial $A(\lambda) = A_0 + A_1\lambda + A_2\lambda^2$ in which the coefficients are all self-adjoint. If ζ is an eigenvalue with eigenvector x_0 then

$$\langle A(\zeta)x_0, x_0\rangle = a_0(x_0) + a_1(x_0)\zeta + a_2(x_0)\zeta^2 = 0$$

where $a_i(x) = \langle A_i x, x\rangle$ is real for $i = 0,1,2$. Then the sign of the discriminant $a_1^2 - 4a_0a_2$ determines whether ζ is real or complex.

An *over-damping* condition is

$$a_1(x)^2 > 4\,a_0(x)\,a_2(x)\ , \qquad \text{for all } x \in X,$$

and under this condition it is apparent that *all* eigenvalues are real. Indeed, under this condition it can be shown that there is a linearization T of A which is *symmetrizable* in the sense of Zaanen [61]. This clearly obtains if A_0, A_2 are definite operators of opposite sign, for example.

When there is a symmetrizable linearization many possibilities present themselves for generalization of the well-known theory of self-adjoint operators. For this reason, a great many papers appear in the literature dealing with such problems; quite enough to justify a separate review (see, for example, papers of Schwarz in this volume, and a string of papers beginning with the work of R.J. Duffin and followed up by K.P. Hadeler, E.H. Rogers and others.)

In order to keep this review of tractable proportions and to reflect the writer's own interests, we *exclude* from consideration all papers devoted exclusively to problems where such a symmetrizable operator is lurking in the background. In fact, we consider algorithms for problems which are truly non-selfadjoint.

6. A PLAN OF ACTION

The balance of the paper will be organized in a manner suggested by the following diagram. Here, problem P denotes the eigenvalue problem presented in full generality in Section 1.

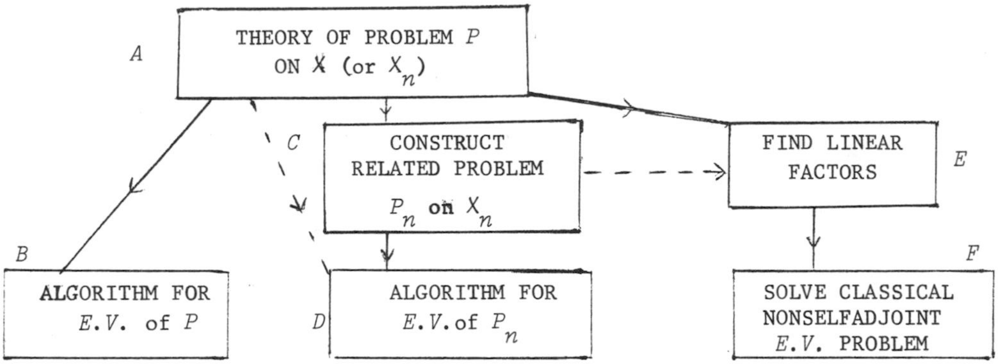

7. THEORY OF PROBLEM P (Box A).

This particular topic does not fit properly into the scope of this review although, as remarked above, it is highly relevant. In full generality this comes under the heading of operator theory but, when X is finite dimensional, the topic may be seen as a new chapter in linear algebra and matrix theory.

The nature of the more specific questions involved concern spectral theory, perturbation theory, geometry of generalized eigenspaces, behaviour of $A^{-1}(\lambda)$ as a meromorphic function, completeness of eigenfunctions, and factorization theorems. References are scattered and, because much of the activity is very recent or still under development there is no comprehensive survey of results. A selection of significant references follows: Bart [3], Baumgärtel [6], Friedman and Shinbrot [12], Gohberg, Kaashoek and Lay [14], Gohberg and Krein [15], Gohberg, Lancaster and Rodman [16,17], Gramsch [19], Keldys [29], Krein and Langer [30], and Lancaster [36,37].

8. ALGORITHMS FOR PROBLEM P (Box B)

For convenience we confine our presentation here to a Hilbert space X. If $A \in B(X)$ then A^* is the Hilbert adjoint of A and $A^{(1)}$ denotes the derivative of A with respect to λ. If ζ is an eigenvalue and x,y are eigenvectors; $A(\zeta)x = 0$, $A(\zeta)^*y = 0$, and $x,y \neq 0$, it is natural to first seek a functional having variational properties in a neighbourhood of ζ. This functional should desirably reduce to a recognizable Rayleigh quotient in the case where a symmetrizable linearization exists (as indicated in section 5). The functional R should at least have the property

$$R(\zeta,\xi,\eta) = \zeta + O(\varepsilon^2)$$

as $\varepsilon \to 0$ if $\lambda = \zeta + \varepsilon$, $\xi = x + \varepsilon\xi_0$, $\eta = y + \varepsilon\eta_0$ for arbitrary fixed $\xi_0, \eta_0 \in X$ and a "simple" eigenvalue ζ. This property is enjoyed by the functional

$$R(\lambda,\xi,\eta) = \lambda - \frac{\langle A(\lambda)\xi,\eta\rangle}{\langle A^{(1)}(\lambda)\xi,\eta\rangle}$$

which was proposed by the author in 1961 [33], generalized by Kummer [32] and Pattabhiraman [49] and rediscovered by Golberg [18].

Combining the use of this functional with inverse iteration for the estimation of eigenvectors leads to some locally convergent algorithms. We describe two of these. Given estimates $\lambda_0, \xi_{-1}, \eta_{-1}$ of ζ, x, and y set

$$(2) \qquad \left.\begin{array}{ll} \xi_r = A^{-1}(\lambda_r)\xi_{-1}, & \eta_r = A(\lambda_r)^{*-1}\eta_{-1} \\ \lambda_{r+1} = R(\lambda_r, \xi_r, \eta_r) & \end{array}\right\} \quad r = 0,1,2,\ldots$$

This yields

ALGORITHM A. Given $\lambda_0, \xi_{-1}, \eta_{-1}$ define $\{\lambda_r\}$ by

$$\lambda_{r+1} = \lambda_r - \frac{<A^{-1}(\lambda_r)\xi_{-1},\eta_{-1}>}{<A^{-1}(\lambda_r)A^{(1)}(\lambda_r)A^{-1}(\lambda_r)\xi_{-1},\eta_{-1}>} \quad , \quad r = 0,1,2,\ldots .$$

It is interesting that, by up-dating only one vector, say the η-vector, and writing $\lambda_{r+1} = R(\lambda_r,\xi_{-1},\eta_r)$ we obtain an algorithm proposed by Anselone and Rall [1], who began from quite a different point of view. This iteration is:

ALGORITHM B. Given $\lambda_0,\xi_{-1},\eta_{-1}$ define $\{\lambda_r\}$ by

$$\lambda_{r+1} = \lambda_r - \frac{<\xi_{-1},\eta_{-1}>}{<A^{-1}(\lambda_r)A^{(1)}(\lambda_r)\xi_{-1},\eta_{-1}>} \quad , \quad r = 0,1,2,\ldots .$$

Anselone and Rall studied algorithms obtained by applying the Newton-Kantorovich technique to the problem re-cast in a more thoroughly non-linear fashion:

Given $\eta_{-1} \in X$ find $y = (x,\lambda) \in X \times \mathbb{R}$ such that

$$P(y) := \{A(\lambda)x, <x,\eta_{-1}> - 1\} = (0,0) .$$

It is clear that both algorithms will have local convergence properties at best. However, for simple eigenvalues they are both asymptotically quadratically convergent. Algorithm A requires more computation per step but the convergence will generally be faster. This computing may yield an advantage or a disadvantage depending on the nature of the operators involved. It is apparent that the nature of the dependence on λ is not critical in the sense that polynomial dependence will offer little advantage over analytic dependence. In fact, two continuous derivatives in λ are probably sufficient.

Variants of algorithms A and B for finite dimensional problems were also proposed by Osborne and Michaelson [46], [47].

A fairly obvious refinement consists in replacing (2) by

$$\left.\begin{array}{ll} \xi_r = A^{-1}(\lambda_r)\xi_{r-1} , & \eta_r = A^{*-1}(\lambda_r)\eta_{r-1} \\ \lambda_{r+1} = R(\lambda_r,\xi_r,\eta_r) & \end{array}\right\} \quad r = 0,1,2,\ldots .$$

but is of doubtful value if A is polynomial of degree greater than one (p.79 of [35]). For symmetrizable problems of first degree this device can give an extra order of convergence.

Another approach to the construction of algorithms is to observe that, under appropriate conditions (Terray and Lancaster [57], for example) $A^{-1}(\lambda)$ has a pole at an eigenvalue ζ. Then, with arbitrary $\xi_0,\eta_0 \in X$ the complex valued function f defined in a neighbourhood of ζ by

$$f(\lambda) = \begin{cases} \langle A^{-1}(\lambda)\xi_0,\eta_0\rangle^{-1} , & \lambda \neq \zeta \\ 0 & \lambda = \zeta \end{cases}$$

will be analytic in a neighbourhood of ζ. Thus, the possibility appears of applying several algorithms for finding zeros of complex valued functions of a complex variable. For example, algorithm Λ above is obtained by applying Newton's method to f.

All of the processes mentioned here require implementation of an inverse iteration step, $\xi_r = A^{-1}(\lambda_r)\xi_{-1}$, for example. It *appears* that trouble may ensue as $\lambda_r \to \zeta$ since A^{-1} does not exist at ζ. Indeed, Anselone and Rall remark that such algorithms are of "limited practical value". This has not been the writer's experience. The step is generally computed by solving the nonhomogeneous system $A(\lambda_r)\xi_r = \xi_{-1}$, say, and a solution ξ_r of sufficient accuracy is obtained before an "overflow" problem arises. This seems to apply whether $A(\lambda)$

represents a matrix, or an integral or differential operator. Further related remarks are made by Wilkinson (paragraph 61 of [60]) for the algebraic problem.

It should be born in mind that, in this section, we have at best suggested a "master plan" for an algorithm. Implementation may require *at each step* the solution of a boundary value problem for an ordinary or partial differential equation, or the solution of an integral equation, or the solution of a linear algebraic system, depending on the nature of the operator coefficients of $A(\lambda)$. There remains the construction of sub-algorithms for the solution of these constituent problems.

9. CONSTRUCTION OF RELATED PROBLEMS ON X_n.

If X is infinite-dimensional it is clear that, at some stage, approximation by discrete problems admitting a finite representation must be undertaken. For the algorithms of section 8 this process can be immersed in the formal statements like $\xi_r = A^{-1}(\lambda_r)\xi_{-1}$ and, in the brief discussion of that section, it has been tacitly assumed that this calculation can be done to any prescribed degree of accuracy. It is more usual to *first* approximate the problem by another posed on a finite-dimensional space. This may be arrived at by a variational or finite-difference method, for example, and then numerical solution of the finite-dimensional problem is undertaken and, ideally, this should be done with the knowledge of bounds for the truncation error involved in the approximation - or discretization.

To the writer's knowledge there is very little to report under this heading and there is a great deal still to be learned about convergence properties and error analysis. The most promising developments in this direction include recent papers by Grigorieff [20,21], Jeggle [27] and Stummel [55]. These works include careful studies for non-selfadjoint problems of the type $A(\lambda) = A_0 + A_1\lambda$ and are therefore candidates for the study of polynomial problems via the linearizations of Section 4. A special study will be required to find whether any real advantage can be made of the special forms of the operators in the linearization or, alternatively, whether their work can be extended directly to more general λ-dependence.

Müller and Kummer [45] considered the construction of an infinite matrix representation of

$$B(\lambda) = I - \mu B_1 - \mu^2 B_2 - \dots - \mu^k B_k$$

where $B_1, \dots, B_k$ are compact operators on a separable Hilbert space. Then if $B^{(n)}(\lambda)$ is the $n \times n$ leading principal submatrix of this representation ($X_n = \operatorname{span}\{e_i\}_{i=1}^{n}$) they prove that the set of eigenvalues of B and the set of limit points of the eigenvalues of $B^{(n)}$ (as $n \to \infty$) are identical.

Hildebrandt [24] considered operator functions on a separable Hilbert space of the form $T(\lambda) = D(\lambda) + K(\lambda)$ depending analytically on λ, and for which D, K take values in the positive definite and compact operators respectively. A sequence of operators $T_n(\lambda)$ on X_n are derived from T by the projection method and convergence results for simple eigenvalues and corresponding eigenvectors are obtained.

10. ALGORITHMS FOR PROBLEMS ON X_n (BOX D)

In this section we shall assume throughout the coefficients of A in (1) are matrices, i.e. we define A to be a matrix valued function. It is on this topic that, quite naturally, the great bulk of the available literature is found to focus. There are already three review papers to be found: chapter 5 of the author's monograph [35], Peters and Wilkinson [50], and Ruhe [53], and all three refer to numerical experiments - which will not be done here.

It is apparent that the algorithms described in Section 8 will also be available for problems posed on X_n. However, it is probably fair to say that, in this context there will generally be special features which admit more efficient procedures to be applied. Let me remark, however, that recent work by the author admitting non-linear elementary divisors [36, 37], paves the way for a more thorough analysis of the methods of Section 8 applied to problems on X_n than has been done to date.

The section will be broken down into three parts.

Part 1 We turn at once to the approach which, in the case of polynomial dependence, the writer sees as the most direct and "fool-proof". Briefly, use the linearization (e) of Section 4, which makes no assumption concerning invertibility of A_ℓ, and then apply the LZ algorithm of Kaufman [28] to find the eigenvalues and eigenvectors of $G\lambda - F$. This algorithm proceeds by applying elementary transformations to G and F simultaneously in three steps as follows:

(i) to transform G to upper triangular form,

(ii) to transform F to upper Hessenberg form maintaining the triangular form of G,

(iii) to reduce F to upper triangular form maintaining the triangular form of G.

The algorithm is capable of finding all eigenvalues, including the awkward cases of complex, infinite, or pervasive eigenvalues. The latter arise when $\operatorname{Res} A(\lambda) = \phi$, i.e. when $(\operatorname{Ker} F) \cap (\operatorname{Ker} G) \neq \{0\}$. This procedure has the added advantages that it is finite, and that initial estimates for the eigenvalues are not required.

The LZ algorithm may be viewed as a hybrid of Rutishauser's LR method [54] and QZ method of Moler and Stewart [42]. On the negative side, the algorithm does not lend itself to the economical computation of a limited number of eigenvalues. Furthermore, since F, G are quite sparse, particularly for large ℓ, there must be some redundancy in the application of a general purpose algorithm. Further investigation of the LZ algorithm tailored to the linearization $G\lambda - F$ may well be profitable.

Part 2 In this part we consider some iterative processes - other than those mentioned in Section 8.

The power method: Like the LZ algorithm the usefulness of this method is confined to polynomial dependence on λ and, further, to the case of a *regular* matrix polynomial. If C_1 is the first companion matrix (on X_n^ℓ) associated with $A(\lambda)$ and has a dominant eigenvalue λ_1 of multiplicity one then, as is very well-known (p.570 of [60], for example) the recurrence

$$\xi_{r+1} = C_1\xi_r, \qquad r = 0,1,\dots .$$

with pre-assigned $\xi_0 \in X_n^\ell$ will generally yield a sequence for which $\lambda_1^{-r+1}\xi_r$ converges linearly (as $r \to \infty$) to an eigenvector x_1 of C_1 associated with λ_1. The process determines both λ_1 and x_1. However, if we write $x_r = [u_r,\dots,u_{r+\ell-1}]^T$ then the above recurrence is equivalent to the difference equation with constant coefficients:

$$A_0u_r + A_1u_{r+1}+\dots+A\ u_{r+\ell} = 0, \qquad r = 0,1,\dots .$$

with $u_0, u_1, \ldots, u_{\ell-1}$ pre-assigned, and the redundancies of the ξ iteration are removed. (This idea has been noted by Hadeler [22], for example). It seems to be possible to generalize the process to infinite dimensional spaces X but this does not seem to have been investigated as yet. The scheme can also be extended to admit the computation of several eigenvalues simultaneously as proposed by Bauer [5] in the context of the classical eigenvalue problem.

A direct and complete analysis of convergence properties for such schemes is now possible using the author's recent "fundamental theorem", [36,37]. "Deflation" is also possible admitting application of the process to the computation of sub-dominant roots and their eigenvectors.

Determinant evaluation: Since the eigenvalues are zeros of the (generally) complex valued function

$$\Delta(\lambda) = \det A(\lambda),$$

algorithms can be generated based on routines for determinant evaluation. For example, Gaussian elimination can be used to find Δ for any given λ and, based on this process, Muller's method used to find the zeros of Δ . Peters and Wilkinson [50] report favourably on this technique.

An interesting economy can be made in applying Newton's method to $\Delta(\lambda)$. It is known that, if $A(\lambda)$ has elements which are merely differentiable then

$$f(\lambda) := \frac{\Delta^{(1)}(\lambda)}{\Delta(\lambda)} = Tr\{A^{-1}(\lambda)A^{(1)}(\lambda)\},$$

so that the Newton-Raphson recurrence relation applied to $\Delta(\lambda)$ becomes:

$$\lambda_{s+1} = \lambda_s - \{f(\lambda_s)\}^{-1}, \qquad s = 0,1,2,\ldots .$$

Comparing this with some related algorithms the author (chapter 5 of [35], and [34]) came down in favour of the refinement

$$\lambda_{s+1} + \lambda_s - \frac{2f(\lambda_s)}{f^2(\lambda_s) - f^{(1)}(\lambda_s)} \quad , \quad s = 0,1,2,\ldots..$$

which gives cubic convergence to simple eigenvalues. It is found that

$$f^{(1)}(\lambda) = Tr\{A^{-1}(\lambda)A^{(2)}(\lambda) - (A^{-1}(\lambda)A^{(1)}(\lambda))^2\}.$$

Laguerre's method can also be formulated using the above expressions for f and $f^{(1)}$ and also performed well. The global convergence properties for this method seem to be favourable although they are not completely understood. In each of these algorithms eigenvalues computed can (in principle) be removed using a deflation process.

Kublanovskaya [31] subsequently proposed a related scheme: Instead of finding the determinant function, $\Delta(\lambda_s) = \det A(\lambda_s)$ at each step, the use of a modified polar decomposition is suggested of the form

$$A(\lambda_s)P_s = Q_s R_s$$

where P_s is a permutation matrix, Q_s is unitary, and R_s is upper triangular with $|r_{11}| \geq |r_{22}| \geq \ldots \geq |r_{nn}|$. Thus, zeros of Δ correspond to matrices R_s for which $|r_{nn}| = 0$. Newton's method can then be applied to the function $|r_{nn}|$ of λ yielding

$$\lambda_{s+1} = \lambda_s - \{e_n^T Q_s^* A_s^{(1)} P_s R_s^{-1} e_n\}^{-1} \quad , \quad s = 0,1,2,\ldots.$$

Convergence theory for this scheme is undertaken by Mavlyanova [40] who, following the author in [35], treats the case of linear elementary divisors. As remarked above, the theory is now available in [36,37] to handle nonlinear divisors.

Ruhe [53] reports greater success with Kublanovskaya's method than with the more direct determinant evaluation techniques and some difficulties with the deflation process described in [35] if *all* eigenvalues are to be found. (However, in this case the algorithm of Part 1 would generally be more appropriate.) Ruhe also devises other iterative algorithms and makes numerical comparisons.

Part 3 Another line of attack in the case of polynomial dependence on λ, is to work directly with $A(\lambda)$ as a matrix with elements in the ring of scalar polynomials. Elementary operations can be applied with a view to reduction to an equivalent triangular matrix with elements in the same ring. When this is achieved, the eigenvalues of A are the zeros of the polynomials on the main diagonal of the equivalent matrix in triangular form. This approach was taken by Hennion [23] and, more recently, by Langenhop [39].

If the reduction is carried through to obtain an equivalent *diagonal* matrix over the ring of scalar polynomials, then we arrive at the Smith normal form for A (ref. Gantmacher [13]). The computational implementation of this process has been considered by Pace and Barnett [48].

11. FINDING DIVISORS OF FIRST DEGREE (BOX E)

We turn now to some recent developments which relate primarily (though not exclusively) to polynomial dependence of A on λ. A word of warning should be added that, in the author's mind, there is still some doubt about the interest of the approach to be described from the computational point of view. It is certainly of mathematical interest and it remains to be seen whether real computational advantages are to be devised.

Associated with the function $A : \mathbb{C} \to B(X)$ of (1) is a function $\underset{\sim}{A} : B(X) \to B(X)$ defined by

$$\underset{\sim}{A}(X) = \sum_{i=0}^{\ell} A_i X^i , \qquad X \in B(X) .$$

It is easily seen that $X \in B(X)$ has the property $\underset{\sim}{A}(X) = 0$, if and only if A has the factorization

$$A(\lambda) = Q(\lambda)(I\lambda - X)$$

where Q is again an operator polynomial. From this it follows immediately that every eigenvalue of X is an eigenvalue of $A(\lambda)$ with the same associated eigenspace, (although if X is infinite dimensional it does *not* follow that $\mathrm{Sp}(I\lambda - X) \subset \mathrm{Sp}(A)$). Thus, solutions of the *operator* equation $\underset{\sim}{A}(X) = 0$ yield packets of information about $\mathrm{Sp}(A)$.

The computational approach suggested by these results is: First find a solution X of $\underset{\sim}{A}(X) = 0$ and then apply a classical eigenvalue technique to X (as indicated in BOX F of Section 6). This will still not be feasible for problems formulated on abstract spaces (and, in effect, for all spaces of infinite dimension). There is, however, a comforting sense of generality in the treatment of existence and convergence theorems in abstract spaces.

A good introduction to the topic is afforded by the quadratic case: $A(\lambda) = A_0 + A_1\lambda + A_2\lambda^2$. The serious nature of the existence question for the solution of $\underset{\sim}{A}(X) = 0$ is immediately apparent. For, if $A(\lambda) = I\lambda^2 - A_0$ with

$$A_0 = \begin{bmatrix} 0 & 1 \\ 0 & 0 \end{bmatrix},$$

then there is no solution X for the equation $\underset{\sim}{A}(X) = X^2 - A_0 = 0$. The existence question for square roots is studied in more depth by Cross and Lancaster [9] and by Cross [8]. However, hope is rekindled by the positive (and deep) result of Krein and Langer [30] which asserts that, if A_2 is positive definite and A_1, A_2 are self-adjoint, then a solution of the quadratic problem $\underset{\sim}{A}(X) = 0$ exists.

Note that, in spite of the symmetry of the coefficients, this is not generally a problem with symmetrizable linearization (ref. Section 5).

Remove the symmetry hypotheses again! If the operator A_1 is large in an appropriate sense, then one anticipates that the quadratic operator equation $\underset{\sim}{A}(X) = 0$ will have one large and one small root. This idea is followed up by Lancaster and Rokne [38], where the Newton-Kantorovich theorem is used for existence theorems as well as providing a generally rapidly convergent algorithm from initial values which are known. Typical hypotheses are:

(a) $A_0, A_1, A_2 \in B(X)$ with A_1 and A_2 invertible

(b) $\|A_1^{-1}A_0\|\ \|A_1^{-1}A_2\| \leq \frac{1}{4}$ (a "strong damping" condition).

Existence theorems under these conditions have been proved by several authors in several different ways.

The dominance of the coefficient of λ can also be used to provide existence theorems for more general dependence on λ. Such results are obtained by Lancaster and Rokne [38] and by Isaev [26]. An existence theorem is also obtained in [38] for the case of *weak* damping, i.e. when $\|A_1\|$ is small in an appropriate sense.

The remaining remarks relate to results proved (so far) for regular matrix polynomials. Suppose that $A(\lambda)$, of degree ℓ and acting on X_n, has eigenvalues $\lambda_1,\ldots,\lambda_{\ell n}$ and that $|\lambda_1| \geq |\lambda_2| \geq \ldots \geq |\lambda_n| > |\lambda_{n+1}| \geq \ldots \geq |\lambda_{\ell n}|$. Then the (possibly generalized) eigenvectors associated with $\lambda_1,\ldots,\lambda_n$ can be used to construct a matrix solution of $A(X) = 0$. Furthermore, X shares these same eigenvalues and eigenvectors with A. Such a matrix, if it exists, is called a *dominant solvent* of $\underset{\sim}{A}(X) = 0$.

Dominant solvents can then be found by a natural generalization of Bernoulli's method. For example, the following is proved in [37]: Let $U_0 = U_1 = \ldots = U_{\ell-2} = 0$ and $U_{\ell-1} = A_\ell^{-1}$ and define $\{U_r\}_{r=0}^{\infty}$ by

$$A_0 U_r + A_1 U_{r+1} + \ldots + A_2 U_{r+\ell} = 0 , \qquad r = 1,2,\ldots$$

If a dominant solvent X exists for $\underset{\sim}{A}$, then $U_{r+1} U_r^{-1} \to X$ as $r \to \infty$.

The result is obviously intimately connected with our discussion of the power method in Part 2 of Section 10. This, and related algorithms have also been studied by Mavlyanova [41].

It is a very interesting fact that the highly competitive and rapidly convergent two-stage algorithm of Traub, [58], for complex polynomials can also be generalized to find dominant solvents. Since the algorithm does not lend itself to a capsule description we refer the interested to the relevant papers of Denis, Traub and Weber [10,11].

The University of Calgary
Department of Mathematics and Statistics

January, 1977

REFERENCES

1. P.M. Anselone and L.B. Rall, *The solution of characteristic value-vector problems by Newton's method*, Numer. Math **11** (1968), 38-45.

2. E.M. Barston, *Eigenvalue problems for Lagrangian systems*, J. Math. Phys. 13 (1972), 720-725.

3. H. Bart, *Poles of the resolvent of an operator function*, Proc. Roy. Irish Acad. **74A** (1974), 169-184.

4. H. Bart, M.A. Kaashoek and D.C. Lay, *Stability properties of finite meromorphic operator functions, I, II and III*, Indag. Math. **36** (1974), 217-259.

5. F.L. Bauer, *Das Verfahren der Treppeniteration und verwandte Verfahren zur Lösung algebraischer Eigenwertprobleme*, Z.A.M.P. **8** (1975), 214-235.

6. H. Baumgärtel, *Endlichdimensionale Analytische Störangstheorie*, Akad. Verlag, Berlin, 1972.

7. S. Chandrasekhar, *Hydrodynamic and hydromagnetic stability*, Internat. Ser. Mon. on Physics, Clarendon Press, Oxford, 1961.

8. G.W. Cross, *Square roots of linear transformations*, Ph.D. Thesis, Dept. of Math., Univ. of Calgary, 1975.

9. G.W. Cross and P. Lancaster, *Square roots of complex matrices*, Lin. and Multilin. Alg. **1** (1974), 289-293.

10. J.E. Denis, J.F. Traub and R.P. Weber, *The algebraic theory of matrix polynomials*, SIAM. J. Numer. Anal. (To appear).

11. J.E. Denis, J.F. Traub and R.P. Weber, *Algorithms for solvents of matrix polynomials*, SIAM J. Numer. Anal. (To appear).

12. A. Friedman and M. Shinbrot, *Nonlinear eigenvalue problems*, Acta Math. 121 (1968), 77-125.

13. F.R. Gantmacher, *The Theory of Matrices, Vol. 1*, Chelsea, New York, 1960.

14. I. Gohberg, M.A. Kaashoek and D.C. Lay, *Equivalence, linearisation and decomposition of holomorphic operator functions* (To appear).

15. I.C. Gohberg and M.G. Krein, *Introduction to the theory of Linear Nonselfadjoint Operators*, Amer. Math. Soc., Providence, 1969. (Translation from Russian).

16. I.C. Gohberg, P. Lancaster and L. Rodman, *Spectral analysis of matrix polynomials I. Canonical forms and divisors*, J. Lin. Alg. Applics. (To appear)

17. I. Gohberg, P. Lancaster and L. Rodman, *Spectral analysis of matrix polynomials, II. Resolvent forms and spectral divisors,* J. Lin. Alg. Applics. (To appear).

18. M.A. Golberg, *A generalized Rayleigh quotient iteration for eigenvalue problems nonlinear in the parameter,* Jour. Optim. Theory and Appl. 11 (1973), 146-158.

19. B. Gramsch, *Spektraleigenschaften analytischer Operatorfunktionen,* Math. Z. 101 (1967), 165-181.

20. R.D. Grigorieff, *Diskrete Approximation von Eigenwertproblemen I. Qualitative Konvergenz,* Numer. Math. 24 (1975), 355-374.

21. R.D. Grigorieff, *Diskrete Approximation von Eigenwertproblemen II. Konvergenzordnung,* Numer. Math. 24 (1975), 415-433.

22. K.P. Hadeler, *Eigenwerte von Operatorpolynomen,* Arch. Rat. Mech. Anal. 20 (1965), 72 - 80.

23. P.F. Hennion, Algorithm 170. *Reduction of a matrix containing polynomial elements,* Comm. Assoc. Comp. Mach. 6 (1963), 165-166.

24. S. Hildebrandt, *Über die Lösung nichtlinearer Eigenwertaufgaben mit dem Galerkinverfahren,* Math. Zeit. 101 (1967), 255-264.

25. E. Hughes, *On a quadratic eigenvalue problem,* SIAM J. Math. Anal. 5 (1974), 319-326.

26. G.A. Isaev, *The linear factorization of polynomial operator pencils,* Math. Notes 13 (1973), 333-338 (Transl. from Russian)

27. H. Jeggle, *Über die Approximation von linearen Gleichungenzweiter Art und Eigenwertproblemen in Banach-Räumen,* Math. Z. 124 (1972), 319-342.

28. L. Kaufman, *The LZ-algorithm to solve the generalized eigenvalue problem,* SIAM J. Numer. Anal. 11 (1974), 997-1024.

29. M.V. Keldys, *On the completeness of the eigenfunctions of some classes of nonselfadjoint linear operators,* Russian Math. Surveys 26 (1971), 15 - 44.

30. M.G. Krein and H. Langer, *On some mathematical principles of linear theory of damped vibrations of continua,* Proc. Int'l. Symp. in Appl. of the Theory of Functions in Cont. Mechanics, Moscow, 1965, pp. 283-322.

31. V.N. Kublanovskaya, *On an application of Newton's method to the determination of eigenvalues of λ-matrices,* SIAM J. Num. Anal. 7 (1970), 532-537.

32. H. Kummer, *Zur praktischen Behandlung nichtlinearer Eigenwertaufgaben abgeschlossener linearer operatoren,* Mitt. Math. Sem. Giessen , 1964.

33. P. Lancaster, *A generalised Rayleigh-quotient iteration for lambda matrices,* Arch. Rat. Mech. Anal. 6 (1961), 309-322.

34. P. Lancaster, *Algorithms for lambda-matrices,* Numer. Math. 6, (1964), 388-394.

35. P. Lancaster, *Lambda-matrices and Vibrating Systems,* Pergamon Press, Oxford, 1966.

36. P. Lancaster, *A fundamental theorem on lambda-matrices with applications, I: Ordinary Differential Equations with constant coefficients,* J. Lin. Alg. and Appl. (To appear).

37. P. Lancaster, *A fundamental theorem on lambda-matrices with applications, II: Difference equations with constant coefficients,* J. Lin. Alg. and Appl. (To appear).

38. P. Lancaster and J.G. Rokne, *Solutions of nonlinear operator equations,* SIAM J. Math. Anal. (To appear).

39. C.E. Langenhop, *A row reduction of λ-matrices,* Lin. Alg. and Appl. 9 (1974), 185-198.

40. M.I. Mavlyanova, *Solution of a particular eigenvalue problem for a polynomial matrix,* Seminars in Math., Steklov Inst., Vol. 18, (1972), 65-70. (Transln. by Consultants Bureau, New York).

41. M.I. Mavlyanova, *On a method for constructing the matrix solution for a polynomial matrix,* Ibid. pp. 71-79.

42. C.B. Moler and G.W. Stewart, *An algorithm for the generalized matrix eigenvalue problem,* SIAM J. Numer. Anal. 10 (1973), 241-256.

43. D.E. Muller, *A method for solving algebraic equations using an automatic computer,* Math. Tab. 10 (1956), 208-215.

44. P.H. Müller, *Eine neue Methode zur Behandlung Nichtlinearer Eigenwertaufgaben,* Math. Z. 70 (1959), 381-406.

45. P.H. Müller and H. Kummer, *Zur Praktischen Bestimmung nichtlinear auftretender Eigenwerte Anwendung des Verfahrens auf eine Stabilitätsuntersuchung,* Z.A.M.M. 40, (1960), 136-143.

46. M.R. Osborne, *A new method for the solution of eigenvalue problems,* Computer J. 7 (1964), 228-232.

47. M.R. Osborne, and S. Michaelson, *The numerical solution of eigenvalue problems in which the eigenvalue parameter appears nonlinearly, with an application to differential equations,* Computer J. 7 (1964), 58-65.

48. I.S. Pace and S. Barnett, *Efficient algorithms for linear system calculations I. Smith form and common divisor of polynomial matrices*, Int. J. Systems Sci. **5** (1974), 403–411.

49. M.V. Pattabhiraman, *The generalized Rayleigh quotient*, Canad. Math. Bull. **17** (1974), 251-256.

50. G. Peters and J.H. Wilkinson, $Ax = \lambda Bx$ *and the generalized eigenproblem*, SIAM J. Numer. Anal. **7** (1970), 479–492.

51. W.R. Richert, *Zur Behandlung von Eigenwertaufgaben mit nichtlinear auftretendem Parameter*, Numer. Math. 22 (1974), 275–287.

52. W.R. Richert, *Zur Fehlerabschätzung für Eigenwertaufgaben vom Typ* $(\lambda^2 I-\lambda A-B)x = 0$. Numer. Math. 22 (1974), 233–239.

53. A. Ruhe, *Algorithms for the nonlinear eigenvalue problem*, SIAM J. Numer. Anal. **10**, (1973), 674-689.

54. H. Rutishauser, *Solution of the eigenvalue problem with the LR transformation*, N.B.S. Appl. Math. Series **49**, Washington, D.C., 1958.

55. F. Stummel, *Diskrete Konvergenz linearer Operatoren II*, Math. Z. **120** (1971), 231-264.

56. J. Terray and P. Lancaster, *A boundary value problem from the study of heat transfer*, I.S.N.M. **27** (1975), 303-308.

57. J. Terray and P. Lancaster, *On the numerical calculation of eigenvalues and eigenvectors of operator polynomials*, J. Math. Anal. Appl. (To appear).

58. J.F. Traub, *A class of globally convergent iteration functions for the solution of polynomial equations*, Math. Comp. 20 (1966), 113–138.

59. F.G. Tricomi, *Integral Equations*, Interscience, New York, 1957.

60. J.H. Wilkinson, *The Algebraic Eigenvalue Problem*, Oxford, 1965.

61. A.C. Zaanen, *Linear Analysis*, North-Holland, Amsterdam, 1956.

ISNM 38 Birkhäuser Verlag, Basel und Stuttgart, 1977

EIN QUOTIENTENEINSCHLUSS BEI SPLINE-EIGENWERTAUFGABEN *

Wolfgang Mackens

In this paper we consider a certain multipoint-boundary-value-problem and a related eigenvalue-problem the solutions of which are allowed to have spline-character. A representation of the corresponding Green's function as a spline-interpolation error is derived. If the underlying differential operator is disconjugate this representation leads to the controllability of the sign-structure of the Green's function. Making use of this result within the theory of partially ordered Banach spaces we get the existence of an eigenvalue of the eigenvalue-problem as well as upper and lower bounds for it.

1. Einleitung

Es sei

$$L_n := \sum_{k=0}^{n} a_k D^k \qquad (D := d/dt)$$

ein linearer Differentialausdruck der Ordnung $n \geq 2$ mit $a_k \in C^n[a,b]$ $(k=0,..,n-1)$, $a_n \equiv 1$.

Mit L_n betrachten wir in dieser Arbeit lineare gewöhnliche nicht-selbstadjungierte Rand- und Eigenwertaufgaben, deren Lösungen Spline-artig sind, d.h. welche in $p \in \mathbb{N}$ Punkten

(1) $\alpha_1 < \alpha_2 < \; ... < \alpha_p$ aus (a,b)

Sprünge in vorgeschriebenen Ableitungen aufweisen dürfen. Mit den Sprung-Vielfachheiten $r_1,..,r_p \in \{1,..,n-1\}$ der Punkte (1) beschreiben wir den Raum $\mathcal{S}$ der erlaubten Lösungen in der

---

* : Diese Arbeit enthält Teile meiner Dissertation [7], die unter der Anleitung von Prof. Dr. E. Bohl an der Universität Münster entstand.

<u>DEFINITION</u> 1: $\mathcal{S}$ <u>bezeichne den Teilraum von</u> $C[a,b] \cap C^n([a,b] \setminus \{\alpha_1,\ldots,\alpha_p\})$, <u>dessen Elemente</u> $(n-r_j-1)$-mal <u>stetig differenzierbar in</u> α_j $(j=1,\ldots,p)$ <u>sind</u>.

Für $y \in \mathcal{S}$ sei $D^i y$ $(i \in \{0,\ldots,n\})$ in den Punkten α_j $(j=1,.,p)$ stets durch den rechtsseitigen Grenzwert erklärt, so daß wir den Operator L_n in $\mathcal{S}$ anwenden können.

Die Mehrpunkt-Randbedingungen der zu betrachtenden Aufgaben werden durch die Punktfunktionale

(2) $F_j^i y := D^{i-1} y(\beta_j)$ $(i=1,..,s_j;\ j=0,\ldots,q+1)$

beschrieben mit fest vorgegebenen Punkten

(3) $a = \beta_0 < \beta_1 < \ldots < \beta_q < \beta_{q+1} = b$

und Vielfachheiten $s_0, s_{q+1} \in \{0,..,n\}$, $s_1,..,s_q \in \{1,..,n\}$ dieser "Rand"-Punkte (3). ($s_0=0$ bzw. $s_{q+1}=0$ soll dabei bedeuten, daß in a bzw. b keine Randbedingungen gestellt werden.)

Unsere <u>Spline-Randwertaufgabe</u> lautet nun

<u>SRWA(f)</u> Zu $f \in C[a,b]$ ist $y \in \mathcal{S}$ gesucht mit

$L_n y(t) = f(t)$ für $t \in [a,b]$ und

$F_j^i y = 0$ $(i=1,..,s_j;\ j=0,..,q+1)$.

und das zugehörige <u>Eigenwertproblem</u> ist

<u>EP</u> Gesucht sind $\lambda \neq 0$ aus $\mathbb{R}$ und $y \in \mathcal{S}$ mit

$L_n y(t) = \lambda y(t)$ für $t \in [a,b]$ und

$F_j^i y = 0$ $(i=1,..,s_j;\ j=0,..,q+1)$.

Die Existenz von Eigenwerten bei Randwertaufgaben mit glatten Lösungen kann zum einen durch die Voraussetzung der Selbstadjungiertheit gesichert werden. Diesen Weg beschreitet JEROME für Aufgaben vom Typ SRWA und EP in [5]. Dort findet man eine Hilbertraum-Theorie für selbstadjungierte Probleme.
Zum anderen wird die Lösbarkeit glatter Eigenwertprobleme auch durch den Nachweis einer nicht-negativen Greenschen Funktion für das zugehörige Randwertproblem gezeigt. Die Theorie der monotonen Operatoren in halbgeordneten Räumen liefert dann nämlich die Existenz eines positiven Eigenwertes für den durch die Greensche Funktion induzierten monotonen Integraloperator (vgl. [1]).
In dieser Arbeit soll gezeigt werden, daß das Monotonie-Konzept auch für Spline-Eigenwertprobleme anwendbar ist.

Im Abschnitt 2. geben wir eine einfache Konstruktionsvorschrift für eine Greensche Funktion $G(t,s)$ zu SRWA an.
Der Abschnitt 3. enthält einen Satz, welcher für diskonjugierte Differentialausdrücke L_n (vgl. [2]) das Vorzeichenverhalten von $G(t,s)$ klärt und damit einen Satz von LEVIN (siehe [2]) für den glatten Fall auf Spline-Aufgaben verallgemeinert. Nach diesem Satz ist die Greensche Funktion i.a. nicht eines Vorzeichens.
Wir zeigen daher im 4. Abschnitt zunächst, daß mit dem Monotonie-Konzept die Existenz eines Eigenwertes des durch $|G(t,s)|$ induzierten Integraloperators $|G|$ gesichert werden kann. Für Greensche Funktionen $G(t,s)$, deren Vorzeichen-Struktur schachbrettartig ist, zeigen wir dann, daß sich die Eigenwerte von $|G|$ und dem durch $G(t,s)$ selbst definierten Integraloperator G nur um ein Vorzeichen unterscheiden.

2. Zur Konstruktion der Greenschen Funktion

Wir zeigen in diesem Abschnitt, daß die Lösungen von SRWA mit Hilfe einer Greenschen Funktion darstellbar sind, wenn SRWA(f) für alle $f \in C[a,b]$ eindeutig lösbar ist, und skizzieren dabei ein einfaches Konstruktionsprinzip für diese Funktion. Dazu definieren wir zunächst

DEFINITION 2: Der Spline-Raum S ist der Kern des Differentialausdruckes L_n in $\mathcal{S}$.

Die Dimension von S wird durch die Ordnung von L_n und die Anzahl der Sprungfreiheiten der Funktionen in $\mathcal{S}$ bestimmt:

LEMMA 1: S besitzt die Dimension $N := n + \sum_{j=1}^{p} r_j$.

Der Beweis ist elementar.

LEMMA 2: Die folgenden Aussagen sind äquivalent.
(i) SRWA(f) ist für alle $f \in C[a,b]$ eindeutig lösbar.
(ii) SRWA enthält genau N Randbedingungen, und die N Randfunktionale (2) sind auf S linear unabhängig.

Beweis: Wir zeigen nur die Implikation "(ii) $\Rightarrow$ (i)". Wegen (ii) gilt (vgl. [3]) : Es existiert eine Basis u_k^l $(k=1,..,s_l;\ l=o,..,q+1)$ von S, welche zu den Randfunktionalen (2) von SRWA dual ist, d.h. welche

$$F_j^i u_k^l = \delta_{ik}\,\delta_{jl}{}^{*} \qquad \begin{matrix} i=1,..,s_j;\ j=o,..,q+1 \\ k=1,..,s_l;\ l=o,..,q+1 \end{matrix}$$

erfüllt. Der Interpolationsoperator

$$(4) \qquad \mathrm{Ipo}: \quad \begin{matrix} \mathcal{S} \longrightarrow S \\ z \longrightarrow \sum_{j=o}^{q+1} \sum_{i=1}^{s_j} u_i^j F_j^i z \end{matrix}$$

---

*: $\delta_{i,j} = 1$ falls $i=j$ und $=0$ falls $i \neq j$ ist das Kronecker δ-Symbol.

ordnet jeder Funktion $z \in \mathcal{S}$ die eindeutig bestimmte Funktion $\mathrm{Ipo}\, z \in S$ zu, welche die Interpolations-Bedingungen

$$F_j^i \,\mathrm{Ipo}\, z = F_j^i z \quad (i=1,..,s_j\,;\; j=o,..,q+1)$$

erfüllt.
Es sei nun $h \in C[a,b]$ vorgegeben und $\tilde{y} \in \mathcal{S}$ eine beliebige Lösung von $L_n y = h$. Dann ist

(5) $$\bar{y} := \tilde{y} - \mathrm{Ipo}\, \tilde{y}$$

eine Lösung von SRWA(h). Jede andere Lösung von SRWA(h) unterscheidet sich von $\bar{y}$ durch eine Funktion $x \in S$, welche

$$F_j^i x = 0 \quad (i=1,..,s_j;\; j=o,..,q+1)$$

genügt. Nach (ii) ist $x \equiv 0$, so daß $\bar{y}$ die eindeutige Lösung von SRWA(h) ist. □

Die oben angesprochene Darstellung einer Greenschen Funktion zu SRWA erhalten wir sogleich aus (5).
Sei dazu $K(t,s)$ der Cauchy-Resolventen-Kern (vgl. [4]) zur Anfangswertaufgabe

<u>AWA</u> Zu $f \in C[a,b]$ ist $y \in C^n[a,b]$ gesucht mit
$L_n y(t) = f(t)$ für $t \in [a,b]$ und
$D^i y(a) = \delta_{i,n-1} \quad (i=o,..,n-1)$.

und damit

(6) $$A(t,s) := \begin{cases} K(t,s) & \text{für } t \geq s \\ 0 & \text{sonst} \end{cases} \qquad (t,s) \in [a,b]^2.$$

Wegen der aus [4] entnehmbaren Differenzierbarkeitseigenschaften der Funktion $A(t,s)$ sind die Funktionale (2) für jedes feste $s \in [a,b]$ auf die Funktion $A(\cdot,s)$ anwendbar, wenn wir bei $s \in (a,b)$ die (n-1)-te Ableitung von $A(\cdot,s)$ als rechtsseitigen Grenzwert erklären. Daher kann mit Ipo aus (4) die Interpolierende $\mathrm{Ipo}\, A(\cdot,s)$ $(s \in [a,b])$ gebildet werden. Man prüft leicht nach, daß damit für $f \in C[a,b]$

$$\mathrm{Ipo} \int_a^b A(\cdot,s) f(s)\, ds = \int_a^b \mathrm{Ipo}\, A(\cdot,s) f(s)\, ds \quad \text{gilt}.$$

Setzen wir in (5) speziell die Lösung $\hat{y} := \int_a^b A(\cdot,s)f(s)\,ds$ der Anfangswertaufgabe AWA für $\tilde{y}$ ein, so erhalten wir den

<u>SATZ</u> 1: SRWA(f) <u>sei</u> <u>für</u> <u>alle</u> $f \in C[a,b]$ <u>eindeutig</u> <u>lösbar</u>. Ipo <u>sei</u> <u>der</u> <u>Interpolationsoperator</u> <u>aus</u> (4). <u>Der</u> <u>Kern</u> A(t,s) <u>sei</u> <u>durch</u> (6) <u>bestimmt</u>. <u>Dann</u> <u>ist</u>

(7) $$G(t,s) := A(t,s) - (\mathrm{Ipo}\, A(\cdot,s))(t) \quad ((t,s) \in [a,b]^2)$$

<u>die</u> <u>Greensche</u> <u>Funktion</u> <u>der</u> <u>Aufgabe</u> SRWA; <u>d.h.</u> <u>zu</u> $g \in C[a,b]$ <u>ist</u>

$$y = \int_a^b G(\cdot,s)\, g(s)\, ds$$

<u>die</u> <u>eindeutig</u> <u>bestimmte</u> <u>Lösung</u> <u>von</u> SRWA(g).

<u>Bemerkungen zu Satz 1</u>: 1) Definiert man die Greensche Funktion G(t,s) nur für $s \in (a,b)$ in der oben angegebenen Weise und für $s \in \{a,b\}$ durch

$$G(t,s) := \lim_{\gamma \to s} G(t,\gamma) \qquad (t \in [a,b],\ s \in \{a,b\}),$$

so wird $G(t,\cdot)$ bei festem $t \in [a,b]$ in den Punkten $s=a,b$ stetig. Dies ist sonst nicht notwendig der Fall.

2) An die Stelle von A(t,s) in Satz 1 kann die Greensche Funktion einer beliebigen Randwertaufgabe vom Typ SRWA treten. A(t,s) ist unter diesen Funktionen am bequemsten zu berechnen.

3) Der Satz 1 bleibt richtig, wenn die Sprungfreiheiten des Raumes $\mathcal{S}$ nach Art Hermite-Birkhoff'scher Punktfunktionale verteilt sind und wenn die Randfunktionale die allgemeine Gestalt

$$F y := \sum_{i=1}^{n} \int_a^b D^{i-1} y(s)\, d\mu^i(t)$$

mit Funktionen endlicher Variation μ^i (i=1,..,n) besitzen (vgl. [7]).

4) Die Greensche Funktion aus Satz 1 ist zugleich der Peano-Kern einer Integral-Restdarstellung für den Spline-Interpolationsoperator (4). Dies hat Konsequenzen für die Spline-Interpolation und -Approximation ([7]), wenn man den Satz des nächsten Abschnittes beachtet. Wir gehen hier auf diesen Aspekt der Greenschen Funktion nicht näher ein.

3. Das Vorzeichenverhalten Greenscher Funktionen

Für diskonjugierte Differentialausdrücke L_n ([2]) wird in [7] der folgende Satz gezeigt, den wir hier nur zitieren:

SATZ 2: Der Differentialausdruck L_n sei diskonjugiert auf $[a,b]$. Die relative Lage der Sprungstellen (α) und "Rand"-Punkte (β) sei durch die Bedingungen

(8) $$n + \sum_{\alpha_j < t} r_j - \sum_{\beta_j \leq t} s_j \geq 0 \qquad \text{für} \quad t \in (a,b) \,,$$

(9) $$n + \sum_{\alpha_j > t} r_j - \sum_{\beta_j \geq t} s_j \geq 0 \qquad \text{für} \quad t \in (a,b)$$

eingeschränkt. Dabei sei die Anzahl der Randfunktionale (2) von SRWA gleich der Dimension von S.

Dann ist SRWA(f) für alle $f \in C[a,b]$ eindeutig lösbar, und es gilt für die Greensche Funktion G(t,s) zu SRWA:

(10) $$\operatorname{sign}[Q(t)]\; G(t,s)\; \operatorname{sign}[P(s)] = |G(t,s)| \qquad \text{für} \quad (t,s) \in [a,b]^2 \,.$$

Dabei sind Q und P die Polynome

(11) $$Q(t) := \prod_{j=0}^{q+1} (t-\beta_j)^{s_j} \quad \text{und} \quad P(t) := \prod_{j=1}^{p} (t-\alpha_j)^{r_j} \quad (t \in [a,b]).$$

Steht in (8) und (9) jeweils das >-Zeichen, so ist G(t,s) stetig auf $[a,b]^2$, und es gilt die folgende Verschärfung von (10):

w(s) G(t,s) / Q(t) besitzt eine stetige Fortsetzung F(t,s)

nach $[a,b]^2$ mit

(12) $$\operatorname{sign}[P(s)]\cdot F(t,s) > 0 \quad \text{für} \quad (t,s) \in [a,b] \times ((a,b)\setminus\{\alpha_1,\ldots,\alpha_p\}),$$

wobei die Gewichtsfunktion w für $s\in[a,b]$ das Produkt

(13) $$w(s) := \begin{cases} (b-s) & \text{für } s_{q+1}=n-1 \\ 1 & \text{sonst} \end{cases} \cdot \begin{cases} (s-a) & \text{für } s_0=n-1 \\ 1 & \text{sonst} \end{cases}$$

darstellt.

Bemerkungen zu Satz 2: 1) Der Satz 2 wurde für glatte Mehrpunkt-Randwertaufgaben von LEVIN bewiesen (vgl. [2]).

2) Für einen diskonjugierten Differentialausdruck L_n sind die Elemente des Spline-Raumes S gerade sog. T-Splines (vgl. [6]). Der in [7] ausgeführte Beweis des Satzes 2 benutzt die Darstellung (7) der Greenschen Funktion und einen Satz über die Existenz T-Spline-Interpolierender aus [6].

4. Der Quotienteneinschluß von Eigenwerten

Im nun folgenden Abschnitt seien durchweg vorausgesetzt:

(V1) Es mögen die Aussagen des Satzes 2 gelten.

(V2) Für die Polynome Q und P aus (11) gelte: $Q\cdot P$ wechselt sein Vorzeichen auf $[a,b]$ nicht, was anschaulich bedeutet, daß die Vorzeichenstruktur der Greenschen Funktion schachbrettartig ist.

Für die weitere Vorgehensweise benötigen wir einige Begriffe aus [1], die wir nun kurz referieren:

Der Raum $C[a,b]$ wird durch die Einführung der kanonischen punktweisen Halbordnung

$$f \geq g :\Leftrightarrow f(t) \geq g(t) \text{ für alle } t\in[a,b]; \quad f,g\in C[a,b]$$

zum halbgeordneten Raum C.

C_+ bezeichnet den Kegel der Halbordnung : $C_+=\{f\in C \mid f\geq 0\}$.

Für $e\in C_+$ ist der durch e restringierte Raum C_e wie folgt definiert:

$$C_e := \left\{ f \in C \;\middle|\; \begin{array}{l} N(e) \subset N(f);\ \left|\frac{f}{e}(t)\right| \leq c,\ t \in [a,b] \setminus N(e) \\ \text{mit einem von } f \text{ abhängigen } c>0 \text{ aus } \mathbb{R} \end{array} \right\} .$$

Dabei ist $N(g) := \{ t \in [a,b] \mid g(t) = 0 \}$ für $g \in C$.
Durch Restriktion der Halbordnung "$\leq$" von C auf C_e wird C_e wieder ein halbgeordneter Raum mit dem Kegel $C_{+e} = C_+ \cap C_e$.
Auf C_e ist das Funktional

$$\|f\|_e := \sup \{ e(t)^{-1} |f(t)| \mid t \in [a,b] \setminus N(e) \}$$

eine Norm, mit welcher C_e zum Banach-Raum $(C_e, \| \, \|_e)$ wird. Die $\| \, \|_e$ zugeordnete Operatornorm bezeichnen wir wieder mit $\| \, \|_e$. Die Elemente aus

$$(14) \qquad oC_{+e} := \left\{ f \in C \;\middle|\; \begin{array}{l} m \cdot e \leq f \leq M \cdot e \quad \text{für reelle Zahlen} \\ m = m(f) > 0\ ,\quad M = M(f) > 0 \end{array} \right\}$$

heißen Ordnungseinheiten von C_e.
Nach [1] gilt der

<u>SATZ 3: Es sei</u>

$$\mathcal{R} : f \longrightarrow \int_a^b R(\cdot,s)\, f(s)\, ds$$

<u>mit</u> $R(\cdot,\cdot) \in \mathbb{R}^{[a,b]^2}$ $(R(t,s) \geq 0$ <u>für alle</u> $(t,s) \in [a,b]^2)$ <u>ein Integraloperator, welcher für</u> $e \in C_+$ <u>den Raum</u> $(C_e, \| \, \|_e)$ <u>vollstetig in sich abbildet und dabei die Elemente aus</u> $C_{+e} \setminus \{0\}$ <u>in Ordnungseinheiten überführt.</u>

<u>Dann ist der positive Spektralradius</u>

$$\sigma_e(\mathcal{R}) := \inf \{ \|\mathcal{R}^n\|_e^{1/n} \mid n \in \mathbb{N} \}$$

<u>ein Eigenwert von</u> $\mathcal{R}$ <u>mit einer zugehörigen Eigenfunktion</u> $\bar{e} \in oC_{+e}$.

<u>Mit</u> $e_0 \in oC_{+e}$ <u>und</u> $e_{n+1} := \mathcal{R} e_n$ $(n \in \mathbb{N})$ <u>existieren</u>

$$I_m := \inf \left\{ \frac{e_{m+1}(t)}{e_m(t)} \right\} \qquad S_m := \sup \left\{ \frac{e_{m+1}(t)}{e_m(t)} \right\}$$

<u>für</u> $m \in \mathbb{N}$, <u>wobei die Infima und Suprema über</u> $[a,b] \setminus N(e)$ zu <u>bilden sind, und die Folge</u> $\{I_n\}$ <u>bzw.</u> $\{S_n\}$ <u>konvergiert monoton wachsend bzw. fallend gegen</u> $\mathfrak{S}_e(\mathcal{R})$.

Wir wollen Satz 3 zum Nachweis der Existenz eines Eigentes des Integraloperators

$$G: \begin{array}{ccc} C & \longrightarrow & \mathcal{S} \\ f & \longrightarrow & \int_a^b G(\cdot,s)\, f(s)\, ds \end{array}$$

mit der Greenschen Funktion G(t,s) aus Satz 2 heranziehen. Da G(t,s) i.a. das Vorzeichen wechselt, betrachten wir

$$|G|: \begin{array}{ccc} C & \longrightarrow & C \\ f & \longrightarrow & \int_a^b |G(\cdot,s)|\, f(s)\, ds \end{array} .$$

Mit w nach (13) und Q aus (11) sowie $|Q|(t) := |Q(t)|$ für $t \in [a,b]$ zeigen wir zunächst:

<u>LEMMA</u> 3: <u>Es gelten</u>

(i) $|G|(C_{+w} \setminus \{0\}) \subset \text{o}C_{+|Q|}$.

(ii) $|G|$ <u>bildet den Raum</u> $(C_w, \|\ \|_w)$ <u>vollstetig in den Raum</u> $(C_{|Q|}, \|\ \|_{|Q|})$ <u>ab</u>.

Beweis: ad (i): Zu $g \in C_{+w} \setminus \{0\}$ existieren ein Intervall $[\zeta_1, \zeta_2] \in (a,b) \setminus \{\alpha_1, \ldots, \alpha_p\}$ mit $\zeta_2 - \zeta_1 > 0$ und ein $\eta_1 > 0$ mit $(g/w)(s) > \eta_1$ für alle $s \in [\zeta_1, \zeta_2]$. Die Fortsetzung $|F(t,s)|$ von $w(s)\,|G(t,s)|\,/\,|Q(t)|$ aus Satz 2 ist stetig und positiv auf $[a,b] \times [\zeta_1, \zeta_2]$, nimmt dort also ein positives Minimum η_2 an. Dann schätzen wir ab:

$$(|G|g)(t) = |Q(t)| \int_a^b |F(t,s)|\, \frac{g(s)}{w(s)}\, ds \geq \eta_1 \eta_2\, (\zeta_2 - \zeta_1)\, |Q(t)| \qquad \text{für alle } t \in [a,b],$$

womit nach (14) $|G|g \in \text{o}C_{+|Q|}$ gezeigt ist.

ad (ii): Unter Benutzung von Satz 2 folgt (ii), wenn man im folgenden Satz $R(t,s) = |G(t,s)|$, $e_1 = w$ und $e_2 = |Q|$ setzt. □

SATZ 4 (vgl. [1], VII 3.5): Für $R(\cdot,\cdot) \in \mathbb{R}^{[a,b]^2}$ und $e_1, e_2 \in C_+$ seien die nachstehenden Bedingungen erfüllt.

(i) $R(t,\cdot)\, e_1(\cdot)$ ist integrierbar über $[a,b]$ für jedes $t \in [a,b]$.

(ii) $R(t,s) = 0$ für $(t,s) \in N(e_2) \times \{[a,b] \setminus N(e_1)\}$.

(iii) $e_2(t)^{-1} R(t,s)\, e_1(s)$ ist eine gleichmäßig stetige Funktion von $([a,b] \setminus N(e_2)) \times ([a,b] \setminus N(e_1))$ in die reellen Zahlen.

Dann ist $R(t,s)$ Kern eines linearen vollstetigen Integraloperators von $(C_{e_1}, \| \ \|_{e_1})$ nach $(C_{e_2}, \| \ \|_{e_2})$.

Aus dem Lemma 3 ziehen wir die

FOLGERUNG: Mit $\mathcal{R} = |G|$ und $e = |Q|$ sind die Voraussetzungen von Satz 3 erfüllt. $\sigma_{|Q|}(|G|) > 0$ ist also ein Eigenwert von $|G|$ mit einer Eigenfunktion $\bar{e} \in oC_{+|Q|}$ und läßt sich auf die im Satz 3 beschriebene Weise iterativ approximieren.

Es ist nämlich $C_{|Q|} \subset C_w$, $C_{+|Q|} \subset C_{+w}$, und jede $\| \ \|_{|Q|}$-beschränkte Menge aus $C_{|Q|}$ ist auch $\| \ \|_w$-beschränkt. □

Wir zeigen nun, daß mit dem Eigenwertproblem für $|G|$ auch schon das Eigenwertproblem für G gelöst ist.
Wegen (10) und (V2) ergibt sich bei $f \in C$ die Beziehung

$$\int_a^b G(t,s)\, \operatorname{sign}[Q(s)]\, f(s)\, ds$$

$$= (-1)^{s_q+1} \operatorname{sign}[Q(t)] \int_a^b |G(t,s)|\, f(s)\, ds$$

für $t \in [a,b]$. Mit

$$T : \begin{array}{ccc} C_{|Q|} & \longrightarrow & C_{|Q|} \\ f & \longrightarrow & \mathrm{sign}[Q(\cdot)]\, f \end{array}$$

heißt das wegen $TT = id$:

(15) $G = (-1)^{s_{q+1}}\, T\,|G|\,T$ auf $C_{|Q|}$.

Jeder Eigenwert $\nu \in \mathbb{R}$ von $|G|$ mit einer Eigenfunktion $g \in C_{|Q|}$ liefert daher nach

$$G\,T\,g = (-1)^{s_{q+1}}\, T\,|G|g = (-1)^{s_{q+1}}\, \nu\, T\,g$$

für G den Eigenwert $(-1)^{s_{q+1}}\nu$ mit der Eigenfunktion $T\,g \in C_{|Q|} \cap \mathcal{S}$ und umgekehrt.

Die Iteration aus Satz 3 mit $\mathcal{R} = |G|$ kann vermittels (15) in eine Iteration mit $(-1)^{s_{q+1}}\, G$ umgeschrieben werden. Zusammenfassend erhalten wir den folgenden

SATZ 5: Unter den Voraussetzungen (V1) und (V2) existiert zum Eigenwertproblem

$(-1)^{s_{q+1}}$EP Gesucht sind $\lambda \in \mathbb{R}$, $\lambda \neq 0$ und $y \in \mathcal{S}$ mit

$$(-1)^{s_{q+1}} L_n y(t) = \lambda\, y(t) \text{ für } t \in [a,b] \text{ und}$$
$$F_j^i\, y = 0 \quad (i=1,\ldots,s_j;\ j=0,\ldots,q+1)$$

ein positiver Eigenwert $\overline{\lambda}$ mit einer Eigenfunktion $\overline{y} \in \mathcal{S}$. Für diese gelten:

(i) $\mathrm{sign}[Q(\cdot)]\,\overline{y} \in oC_{+|Q|}$.

(ii) Mit $y_o \in \mathcal{S}$ und $\mathrm{sign}[Q(\cdot)]\, y_o \in C_{+|Q|}$ sei die Folge $\{y_k\}$ durch

$$(16)\ \begin{cases} (-1)^{s_{q+1}} L_n y_{k+1} = y_k \\ F_j^i\, y_{k+1} = 0 \quad (i=1,\ldots,s_j;\ j=0,\ldots,q+1) \end{cases} \quad (k \in \mathbb{N})$$

erklärt.

Dann existieren die Quotienten

$$I_m := \inf\left\{\frac{y_{m+1}(t)}{y_m(t)}\right\} \quad \underline{\text{und}} \quad S_m := \sup\left\{\frac{y_{m+1}(t)}{y_m(t)}\right\} \quad (m \in \mathbb{N}),$$

<u>wobei die Suprema und Infima über</u> $[a,b]\setminus N(Q)$ <u>zu bilden sind, und es konvergiert die Folge</u> $\{I_k\}$ <u>monoton wachsend und die Folge</u> $\{S_k\}$ <u>monoton fallend gegen</u> $\overline{\lambda}^{-1}$.

<u>Bemerkungen zu Satz 5</u>: 1) In [1] finden sich weitere Charakterisierungen der Eigenfunktion $\overline{e}$ aus Satz 3, welche sich in adäquater Weise auch für $\overline{y}$ aus Satz 5 behaupten lassen.

2) Es läßt sich zeigen, daß $\overline{\lambda}^{-1}$ der Spektralradius des Integraloperators G sowohl als Operator von $C_{|Q|}$ in sich als auch von $C[a,b]$ in sich ist. Zugleich ist $\overline{\lambda}$ der betragsmäßig kleinste Eigenwert von EP .

5. Ein kleines Beispiel

Wir betrachten ein schon von JEROME in [5] behandeltes Problem, nämlich das Problem der Biegeschwingungen eines dünnen Balken mit Biegesteifigkeit ≡ 1, der an seinen Endpunkten fest eingespannt ist und auf halber Länge aufgelagert . Die zugehörige Eigenwertaufgabe

Gesucht sind $\lambda \neq 0$ aus $\mathbb{R}$ und $y \in C^2[-1,1] \cap C^4([-1,0)\cup(0,1])$ mit

$D^4 y(t) = \lambda y(t)$ für $t \in [-1,0)\cup(0,1]$ und

$y(-1) = y'(-1) = y(0) = y(1) = y'(1) = 0$.

gliedert sich mit $n=4$, $L_n = D^4$, $\beta_0 = -1$, $\alpha_1 = \beta_1 = 0$, $\beta_2 = 1$ und $s_1 = r_1 = 1$ sowie $s_0 = s_2 = 2$ in die unter EP erfaßten Probleme ein. Die Bedingungen (V1) und (V2) sind erfüllt.

Der kleinste Eigenwert der Aufgabe ergibt sich in Abweichung von [5] mit der kleinsten positiven Wurzel $\varkappa_0$ der Gleichung $\tan\varkappa = \tanh\varkappa$ zu $\lambda_0 = \varkappa_0^4 \approx 3.9266$.

Zur Approximation von $\lambda_0^{-1} \approx 0.00420662$ führen wir eine

Iteration (16) aus. Wir setzen dazu $y_o := Q$, welches sich hier zu $Q(t) = (t+1)^2 t (t-1)^2$ ergibt. Damit erhalten wir

$y_1(t) = (4!/9!)\, Q(t)\, (5\,t^4 - 26\,t^2 + 69)$.

y_o und y_1 liefern dann die Schranken

$$I_1 = (4!\,48/9!) \approx 0.0031746 \quad \text{und}$$

$$S_1 = (4!\,69/9!) \approx 0.0045633 \ .$$

Die nächste Iteration liefert die Werte

$$I_2 \approx 0.0041292 \quad \text{und}$$

$$S_2 \approx 0.0042435 \ .$$

Literaturverzeichnis

[1] Bohl, E.: Monotonie: Lösbarkeit und Numerik bei Operatorgleichungen. Berlin-Heidelberg-New York, Springer-Verlag 1974.

[2] Coppel, W.A.: Disconjugacy. Berlin-Heidelberg-New York, Springer-Verlag 1971.

[3] Davis, P.J.: Interpolation and Approximation. Toronto-London, Blaisdell Publ. Comp. 1963.

[4] Ghizetti, A. und Ossicini, A.: Quadrature Formulae. Basel-Stuttgart, Birkhäuser-Verlag 1970.

[5] Jerome, J.W.: Linear Self-Adjoint Multipoint Boundary Value Problems and Related Approximation Schemes. Numer. Math. 15(1970), 433-449.

[6] Karlin, S.: Total Positivity. Standford, Standford University Press 1968.

[7] Mackens, W.: Untersuchungen Greenscher Funktionen zu Spline-Randwertaufgaben. Dissertation. Münster 1976.

Wolfgang Mackens

Institut für Mathematik
der Ruhr-Universität Bochum

Universitätsstr. 150
4630 Bochum

ISNM 38 Birkhäuser Verlag, Basel und Stuttgart, 1977

STABILITY OF THE POSITIVE EQUILIBRIUM SOLUTION FOR A CLASS OF QUASILINEAR DIFFUSION EQUATIONS

Piero de Mottoni

Asymptotic stability results are proved for the positive equilibrium solution of a generalized Verhulst equation with diffusion. It is shown that the (unique) positive equilibrium solution, whenever it exists, is asymptotically stable in the H_0^1 norm and globally attractive in the L^2 norm.

1. INTRODUCTION

This report is based on a joint work by G.Talenti, A.Tesei an myself [5], concerning the stability of the equilibrium solutions of the problem

$$(P)\begin{cases} \partial_t u = Au + \lambda u - |u|^{\alpha} u & \text{in } \Omega \times (0, +\infty) \\ u = 0 & \text{in } \partial\Omega \times (0, +\infty) \\ u = \xi & \text{in } \Omega \times \{0\}. \end{cases}$$

where Ω is an open bounded set of $\mathbb{R}^n$, $\lambda \in \mathbb{R}$, $\alpha \in \mathbb{R}^+$ are parameters, and A: $(Au)(x) = \partial_{x_i}(a_{ij}(x)\partial_{x_j}u(x))$ is a symmetric uniformly elliptic operator, with coefficients $a_{ij} \in L^\infty(\Omega)$ ($a_{ij} = a_{ji}$, $i = 1, ..n$; $\eta_1\xi^2 \le a_{ij}\xi_i\xi_j \le \eta_2\xi^2$, $\eta_2 \ge \eta_1 > 0$).

As it is well known, (P) describes a number of self-limiting diffusion processes in the physical and biological sciences (such as heat diffusion, demographic phenomena, and so on), in which the main interest lies in the positive solutions.

I do not insist here on the existence, uniqueness and regularity results for (P) - for details, the reader is referred to [5]. Suffice it to recall that a unique global solution $u(t;\xi)$ exists for any $t \geq 0$, and $u(t;\xi) \in H_0^1(\Omega) \cap L^{2+\alpha}(\Omega)$ for any strictly positive t, whenever $\xi \in L^2(\Omega)$. Stronger regulatity properties hold if $\xi \in H_0^1(\Omega) \cap L^{2+\alpha}(\Omega)$.

Together with (P), the associated equilibrium problem will be considered:

$$(E) \qquad \begin{cases} Au + \lambda u - |u|^\alpha u = 0 & \text{in } \Omega, \\ u = 0 & \text{in } \partial\Omega , \end{cases}$$

whose solutions will be called equilibrium solutions of (P). Calling λ_0 the principal eigenvalue of A (that is, $A\phi_0 + \lambda_0\phi_0 = 0$, with $\phi_0 \in H_0^1(\Omega)$, $\phi_0 \geq 0$), it is known that:
i) if $\lambda \leq \lambda_0$, the only equilibrium solution is $u = 0$;
ii) if $\lambda > \lambda_0$, there is a unique positive nontrivial equilibrium solution, which will be denoted by ϕ .

The existence of ϕ is proved by *monotone* methods (Sattinger, [7]), or by *variational* methods (Auchmuty, [1], see also [5]); the uniqueness is proved by monotone methods (Stakgold and Payne, [9]).

The main topic of this note regards the stability of such positive equilibrium solution: therefore we shall consider, throughout this paper, only the case $\lambda > \lambda_0$.

2. STATEMENT OF THE RESULTS

Let me first recall a stability theorem due to Sattinger [7]. Let ψ_ℓ, ψ_u denote lower, respectively upper solutions of (E), with $\psi_u \geq \phi \geq \psi_\ell$. Denote by $K_\ell(\phi)$ the convex set

$\{\psi | \psi \in H_0^1(\Omega) \cap L^{2+\alpha}(\Omega),\ \phi \geq \psi \geq \psi_\ell\}$, and define analogously $K_u(\phi)$. Then Sattinger proves

THEOREM 1. <u>For any</u> $\xi \in K_\ell(\phi)$, <u>it follows that</u> $u(t;\xi)$ <u>belongs to</u> $K_\ell(\phi)$, <u>for any</u> $t \geq 0$, <u>and</u> $\lim_{t \to +\infty} u(t;\xi) = \phi$ <u>(almost everywhere, and hence in the</u> L^p <u>norm, for any</u> p). <u>An analogous result holds for</u> $K_u(\phi)$.

In other words, stability is here proved with respect to the convex sets K_ℓ, K_u. However, in many cases it should be desirable to replace them by neighbourhoods of ϕ in a suitable topology, that is, to obtain an (asymptotic) stability theorem in the more usual sense [3], [6]. This is precisely the purpose of the present note. Let me synthetize the main results (all valid for $\lambda > \lambda_0$):

(A) ϕ <u>is asymptotically stable in</u> $L^2(\Omega)$ <u>if</u> $\alpha < 4/n$ <u>for</u> $n \geq 2$, (<u>and if</u> $\alpha < 2$ <u>for</u> $n \leq 2$);

(B) ϕ <u>is asymptotically stable in</u> $H_0^1(\Omega) \cap L^{2+\alpha}(\Omega)$ <u>for any</u> α, n;

(C) ϕ <u>is attractive in the following sense</u>: <u>Let</u> F <u>the</u> *potential* <u>defined below, and</u> $\xi \in H_0^1(\Omega)$, $\xi \geq 0$. <u>If</u> $F(\xi) < 0$, <u>then</u> $u(t;\xi) \to \phi$ <u>in</u> $L^2(\Omega)$ as $t \to +\infty$.

The proof of (A) is based on a linearization procedure (roughly speaking, the method of "linearized stability" [7]); it involves a number of Hölder and Sobolev estimates, which requires a constraint on α, n.

The proofs of (B), (C) rely on the explicit construction of a Liapunov function, which is continuous, decreasing along the trajectories of (P), and uniformly convex in a neighbourhood of ϕ, together with a theorem on the limit sets of the trajectories of (P), which can be thought of as an extension of the classical LaSalle's theorem [4].

3. STABILITY

In the following, I shall be mostly concerned with the proofs of (B) and (C), as the methods involved apply as well to a different class of problems, such as those discussed by A. Tesei in his report in the present volume. For details on (A), the reader is referred to [5]. For the sake of brevity, all the proofs will be given here only for the cases where $H^1_0(\Omega) \cap L^{2+\alpha}(\Omega) = H^1_0(\Omega)$, that is, when $\alpha < 4/(n-2)$ for $n > 2$, and for any α if $n \leq 2$: the general case is not essentially different, although the calculations are more involved [5]. In the following, the shorthands H^1_0 for $H^1_0(\Omega)$; L^2 for $L^2(\Omega)$ and $\int \ldots dx$ for $\int_\Omega \ldots dx$ will be used.

Let me start by a simple but crucial Lemma, which plays a key role in the proof of (B) (and of (A) as well). Putting $Wu = Au + \lambda u - |u|^\alpha u$, W is a C^1- map from H^1_0 to its dual H^{-1}, with derivative at $v \in H^1_0$ which maps H^1_0 into H^{-1}, given by $W'_v u = Au + \lambda u - (1+\alpha)|v|^\alpha u$.

LEMMA 2: <u>There is a strictly positive</u> ϕ <u>such that</u>:

$$\langle W'_\phi u, u\rangle \leq -\mu|u|^2, \quad \forall u \in H^1_0,$$

<u>where</u> $\langle .,.\rangle$ <u>denotes the duality between</u> H^1_0 <u>and</u> H^{-1}, <u>and</u> $|.|$ <u>the</u> L^2 <u>norm.</u>

Before proving this lemma, note that it implies (by the ellipticity of the differential operator A):

COROLLARY 3: <u>There is a strictly positive</u> ν <u>such that</u>:

$$\langle W'_\phi u, u\rangle \leq -\nu\|u\|^2, \quad \forall u \in H^1_0,$$

<u>where</u> $\|.\|$ <u>denotes the</u> H^1_0 <u>norm</u>.

Proof of Lemma 2: Observe that $W'_\phi u = (A+\lambda - |\phi|^\alpha)u - \alpha|\phi|^\alpha u$. Now, the operator $A+\lambda-|\phi|^\alpha$ has ϕ as a positive eigenfunction with zero eigenvalue: hence it is negative semidefinite: it is then obvious that the principal eigenvalue of W'_ϕ is strictly negative, which proves the claim.

REMARKS: Lemma 2 follows as well from a theorem due to Schröder [8], as $\phi \geq 0$, $\phi \neq 0$, $W'_\phi \geq 0$, and W' has the (positive) elliptic operator A as principal part. The claim of Corollary 3 represents, in order to prove (A), the appropriate substitute fro the "classical" condition requiring the negativity of the spectrum of the Jacobian of W at ϕ.

Let $F: H^1_0 \to \mathbb{R}$ be defined as

$$F(u) = \tfrac{1}{2}(|Du|^2 - \lambda|u|^2+2(\alpha+2)^{-1} \cdot \int|u|^{2+\alpha}dx),$$

namely as the potential associated to W ($\langle Wu,v\rangle = \langle F'(u), v\rangle$).

LEMMA 4: <u>The following properties hold true</u>

1) F <u>is continuous on</u> H^1_0.
2) $\frac{d}{dt} F(u(t;\xi)) = - |\partial_t u(t;\xi)|^2$, t-<u>almost everywhere</u>, <u>for any</u> $\xi \in H^1_0$.
3) <u>There is a</u> H^1_0-<u>neighbourhood</u> U <u>of</u> ϕ, <u>and a strictly positive</u> β, <u>such that</u>

$$F(u) - F(\phi) \geq \beta\| u-\phi\|^2, \quad \forall\, u \in U$$

Proof: 1) is evident; 2) is formally straightforward: it only requires some care in order all quantities involved to be well-defined. As a matter of fact, this in insured by a regularity theorem due to Barbu [2]. To prove 3), observe that

$$\begin{aligned} F(u)-F(\phi) &= \langle F'(\phi),u-\phi\rangle + \tfrac{1}{2}\langle F''(\phi)(u-\phi), u-\phi\rangle + o(\| u-\phi\|^2) \\ &= -\langle W'_\phi (u-\phi), u-\phi\rangle + o(\|u-\phi\|^2), \\ &\geq \nu\|u-\phi\|^2 + o(\|u-\phi\|^2), \end{aligned}$$

which proves the claim.

THEOREM 5: <u>The equilibrium solution</u> ϕ <u>is</u> H^1_0 <u>stable.</u>
The proof, based on the classical Liapunov argument [3], relies on the estimates

$$\| u(t;\xi)-\phi\|^2 \leq \beta^{-1}(V(u(t;\xi)-V(\phi)) \leq \beta^{-1}(V(\xi)-V(\phi)).$$

4. ASYMPTOTIC STABILITY

Let me start by a preliminary Lemma:

LEMMA 6: <u>If there is an</u> $\eta \in L^2$ <u>such that</u> $|u(t;\xi)-\eta| \to 0$ as $t \to +\infty$, <u>then</u> $\lim_{t \to \infty} F(u(t;\xi)) = F(\eta)$.

Proof: The proof is based on the following facts:

a) $t \to F(u(t;\xi))$ is a decreasing function;

b) F is L^2 lower semicontinuous;

c) for any $\xi \in H^1_0$, the *orbit* $\Gamma_+(\xi)$, defined as $\{u(t;\xi);t\geq 0\}$ is L^2- relatively compact.

d) F is bounded from below on $\Gamma_+(\xi)$.

In fact, a) follows from Lemma 4 - 2); b) is obvious; c) is a consequence of an a-priori estimate in H^1_0, which results from $F(u(t;\xi)) \leq F(\xi)$ and from an (easy) a-priori estimate in L^2; as to d), it follows from

$$F(u) \geq \tfrac{1}{2}\{ \eta_2 |Du|^2 + (2+\alpha)^{-1}(\int |u|^{2+\alpha} dx - \alpha 2^{2/\alpha} . \lambda^{(1+2/\alpha)} \text{meas}(\Omega))\}$$

(where use was made of the definition of F and of a pointwise Hölder estimate for u^2).

Because of a), b), c), d), we have, putting $m = \min\{ F(\zeta); \zeta \in \Gamma_+(\xi)^- \}$ (where $\Gamma_+(\xi)^-$ denotes the L^2-closure of $\Gamma_+(\xi)$):

$$m = \lim_{t \to +\infty} F(u(t;\xi))$$

and

$$\lim\inf F(u(t;\xi)) \geq F(\xi) \geq m,$$

which proves the claim.

COROLLARY 7: <u>The equilibrium solution</u> ϕ <u>is</u> H^1_0**-<u>attractive</u>** <u>for initial data</u> $\xi \in H^1_0$ <u>satisfying</u>: $\|\xi - \phi\|$ <u>small</u>, <u>and</u> $\lim_{t \to +\infty} |u(t;\xi)-\phi| = 0$.

Proof: By the H^1_0 stability (Theorem 5 above), if $\|\phi-\xi\|$ is small enough, $u(t;\xi)$ will keep staying in the neighbourhood U of Lemma 4 - 3). Then the claim follows by Lemma 6 and by Lemma 4 - 3) again.

Let me now prove that $\lim_{t \to +\infty} |u(t;\xi)-\phi| = 0$ actually for any initial datum ξ satisfying $F(\xi) < 0$.

First of all, define the (L^2) *ω-limit set of* ξ as the set

$$\Lambda_+(\xi) = \{ \eta \in L^2; \ \exists t_n \nearrow +\infty, \ |u(t_n;\xi)-\eta| \to 0 \}.$$

The following statement generalizes a classical result due to LaSalle [4]:

THEOREM 8: <u>For any</u> $\xi \in H^1_0$, $\Lambda_+(\xi)$ <u>has the following properties</u>:
1) <u>it is non-empty</u>, L^2-<u>compact and connected</u>;
2) <u>it consists of equilibrium solutions.</u>

Proof: Properties 1) are proved in a standard way as in the classical case [6]; as to 2), take $\eta \in \Lambda_+(\xi)$: then, for any $\tau > 0$, $u(t_n+\tau;\xi) = u(\tau;\, u(t_n;\xi)) \to u(\tau;\eta)$. By an argument similar to that of Lemma 6, we have $F(u(t_n;\xi)) \to F(\eta)$, and $F(u(t_n+\tau;\xi)) \to F(u(\tau;\eta))$. In addition, as $F(u(t;\xi))$ is a monotonic function of t, we have $\lim_{n\to+\infty} F(u(t_n;\xi)) = \lim_{n\to+\infty} F(u(t_n+\tau;\, \xi)) = \lim_{t\to+\infty} F(u(t;\xi))$. Hence $F(\eta)=F(u(\tau;\eta))$, and the claim follows by Lemma 4 - 2).

THEOREM 9: <u>The equilibrium solution</u> ϕ <u>is</u> L^2 - <u>attractive with respect to any initial datum</u> $\xi \in H^1_0$, $\xi \geq 0$, $F(\xi) < 0$.

Proof: By Theorem 8, $\Lambda_+(\xi)$ consists of equilibrium solutions which, due to the maximum principle, are non-negative: hence only 0 and ϕ may belong to $\Lambda_+(\xi)$. But $\Lambda_+(\xi)$ is connected, os either $\Lambda_+(\xi) = \{0\}$ or $\Lambda_+(\xi) = \{\phi\}$ .The first alternative is excluded, as $F(\xi) < 0$, F is decreasing along the orbits and $F(0) = 0$. Hence $\Lambda_+(\xi) = \{\phi\}$, and the theorem is proved.

THEOREM 10: <u>The equilibrium solution</u> ϕ <u>is</u> H^1_0-<u>asymptotically stable.</u>

Proof: Observe that, as F is continuous on H^1_0 and $F(\phi) < 0$, we have $F(\xi) < 0$ whenever $\|\xi - \phi\|$ is small. Then the claim follows by Corollary 7 and Theorem 9.

REFERENCES

1. Auchmuty, J.F.G.: Liapunov methods and equations of parabolic type, in Nonlinear problems in the physical sciences and biology, Proc. Battelle Summer Inst. 1972, Stakgold, I., Joseph, D.D., Sattinger, D.H. Eds., Lecture notes in mathematics, *N.* 322, Berlin-Heidelberg-New York, Springer 1973, 1-14.
2. Barbu, Viorel: Nonlinear semigroups and differential equations in Banach spaces, Groningen, Noordhoff 1976.
3. Hahn, Wolfgang: Theorie und Anwendungen der direkten Methode von Liapunov, Berlin-Göttingen-Heidelberg, Springer 1959.
4. LaSalle, J.P.: An invariance principle in the theory of stability, in International symposium on differential equations and dynamical systems, Hale, J.K. and LaSalle, J.P. Eds., New York, Academic Press 1967.
5. de Mottoni, P., Talenti, G., Tesei, A.: Stability results for a class of nonlinear parabolic equations, Ann. di Mat. Pura e Appl., *in press*.
6. Nemytskii, V.V., Stepanov, V.V.: Qualitative theory of differential equations, Princeton, Princeton University press 1960.
7. Sattinger, D.H.: Monotone methods in nonlinear elliptic and parabolic boundary value problems, Indiana Univers. Mathem. Journ., 21 (1972), 979-1000.
8. Schröder, J.: On linear differential inequalities, J. Math. Anal. Appl., 22 (1968), 188-216.
9. Stakgold, I., Payne, L.E.: Nonlinear problems in nuclear reactor analysis, in Nonlinear problems... quoted in Ref. 1 above, 298-307.

Piero de Mottoni
Istituto per le Applicazioni del Calcolo "M. Picone"
Consiglio Nazionale delle Ricerche
I - 00161 R O M A

ISNM 38 Birkhäuser Verlag, Basel und Stuttgart, 1977

ÜBER INTERMEDIATEPROBLEME ERSTER ART

W. R. Richert

In their book on Intermediate Problems [W5] A. WEINSTEIN and W. STENGER give a survey on the theory of Intermediate Problems of the first kind for eigenvalueproblems of the type $Ax = \lambda x$ involving operators A in a class $\mathcal{S}$. We give a generalization of this theory to eigenvalueproblems of the type $(\lambda^2 I - \lambda A - B)x = 0$ where A, B are linear compact operators in a separable Hilbert Space and B is positiv definit.

Im Buch von WEINSTEIN und STENGER [W5] wird ein Überblick gegeben, wie durch die Methode der Intermediateprobleme für Eigenwertaufgaben vom Typ $Ax = \lambda x$ mit $A \in \mathcal{S}$ Einschließungsintervalle für Eigenwerte berechnet werden können. Das im Vergleich zu Einschließungssätzen numerisch aufwendigere Vorgehen wird durch hohe Genauigkeit gerechtfertigt. Das Ziel der folgenden Arbeit ist es, die dort dargestellte Konzeption auf Eigenwertaufgaben der Bauart $(\lambda^2 I - \lambda A - B)x = 0$ zu übertragen. Dabei beschränken wir uns auf die Betrachtung von linearen vollstetigen selbstadjungierten Operatoren A, B mit Definitheitsforderungen in einem separablen Hilbert-Raum. Wie bei den gewöhnlichen Eigenwertaufgaben $Ax = \lambda x$ werden wir auch hier von Intermediateproblemen erster Art sprechen.

Für die gewöhnliche Eigenwertaufgabe $Tx = \lambda x$ versteht man unter der Methode der Intermediateprobleme 1. Art folgendes Vorgehen, das wir nur grob schildern. Es wird vorausgesetzt, daß man ein Baseproblem $Ax = \lambda^{(o)}x$ hat, d.h. die Eigenwerte von $Ax = \lambda^{(o)}x$ müssen stets unter denen des Originalproblems liegen und die Eigenwerte und Eigenelemente von $Ax = \lambda^{(0)}x$ sind bekannt. (In vielen Anwendungen genügt es jedoch, nur endlich viele Eigenwerte und Eigenelemente zu kennen). Weiter benötigt man, daß man die gegebene Eigenwertaufgabe als $QAQx = \lambda^{(\infty)}x$ mit einer geeigneten Projektion Q schreiben kann. Mit geeignet konstruierten Q_n lassen sich dann Intermediateprobleme $Q_nAQ_nx = \lambda^{(n)}x$ angeben, d.h. die Eigenwerte können relativ einfach aus den Eigenwerten und Eigenfunktionen des Baseproblems bestimmt werden und die Eigenwerte des Intermediateproblems sind bei geeigneten Voraussetzungen bessere untere Schranken an die Eigenwerte des Originalproblems als die Eigenwerte des Baseproblems.

Bei der folgenden Betrachtung der Eigenwertaufgabe $(\lambda^{(\infty)2}I - \lambda^{(\infty)}A^{(\infty)} - B^{(\infty)})x = 0$ beschränken wir uns auf den Fall, daß $A^{(\infty)}$, $B^{(\infty)}$ vollstetige, selbstadjungierte Operatoren in einem Hilbert-Raum sind und $B^{(\infty)}$ positiv definit ist. Die angekündigte Konstruktion von Einschliessungsintervallen für Eigenwerte der Aufgabe $(\lambda^2 I - \lambda A^{(\infty)} - B^{(\infty)})x = 0$ erfordert selbstverständlich wieder die Charakterisierbarkeit der Eigenwerte durch Extremalprinzipien. Wir verwenden sie in der Form wie sie von HADELER [H5] und WERNER [W1] bereitgestellt worden sind. Damit erhält man für die positiven Eigenwerte durch Beschränkung des Rayleigh-Funktionals auf einen endlichdimensionalen Teilraum untere Schranken. Also bleibt noch die Frage nach oberen Schranken für Eigenwerte des Eigenwertproblems $(\lambda^{(\infty)2}I - \lambda^{(\infty)}A^{(\infty)} - B^{(\infty)})x = 0$, die wir zum Gegenstand dieses Abschnitts machen wollen. Dazu bezeichnen wir das vorgelegte Problem, das wir wieder Originalproblem nennen, mit $(\lambda^{(\infty)2}I - \lambda^{(\infty)}A^{(\infty)} - B^{(\infty)})x = 0$. Wir setzen, wie es für das Vorgehen typisch ist, voraus, daß Eigenwerte und Eigenfunktionen von $(\lambda^2 I - \lambda A - B)x = 0$ bekannt sind und die Eigenwerte über denen des Originalproblems liegen. Diese Eigenwertaufgabe nennen wir Baseproblem. Dazu konstruieren wir Eigenwertaufgaben $(\lambda^{(n)2}I - \lambda^{(n)}A^{(n)} - B^{(n)})x = 0$, deren Eigenwerte unter geeigneten Umständen bessere obere Schranken an die Eigenwerte des Originalproblems liefern, als es bei den Eigenwerten des Baseproblems der Fall ist.

Im Folgenden wollen wir Intermediateprobleme erster Art behandeln. Damit meinen wir, daß das Originalproblem von der Bauart $(\lambda^{(\infty)2}I - \lambda^{(\infty)}QAQ - QBQ)x = 0$ ist, wobei Q einen geeigneten Projektionsoperator bezeichnet.

Der erste Satz stellt die fundamentale Eigenschaft des Baseproblems dar, daß seine Eigenwerte größer als die des Originalproblems sind.

SATZ 1.1

Voraussetzungen:

$(H, \mathbb{R}, (\cdot,\cdot))$ separabler Hilbert-Raum mit $\dim H = \infty$.
$\mathcal{P} \subseteq H$ abgeschlossener linearer Teilraum mit $\mathcal{P} \neq H$;
P orthogonale Projektion auf $\mathcal{P}$.
$A, B \in \mathcal{B}_0(H,H)$ selbstadjungiert, B positiv-definit.
$\{\lambda_k\}_{k\in\mathbb{N}}$ sei Folge der nicht-negativen Eigenwerte von $(\lambda^2 I - \lambda A - B)x = 0$;
$\{\lambda_k^{(\infty)}\}_{k\in\mathbb{N}}$ sei Folge der nicht-negativen Eigenwerte von $(\lambda^{(\infty)2}I - \lambda^{(\infty)}PAP - PBP)x = 0$;

dabei seien die Eigenwerte der Vielfachheit entsprechend aufgelistet und es gelte $\bigwedge_{k\in\mathbb{N}} : \lambda_{k+1} \leq \lambda_k$, $\lambda_{k+1}^{(\infty)} \leq \lambda_k^{(\infty)}$.

Behauptung:

$$\bigwedge_{k\in\mathbb{N}} : \quad \lambda_k^{(\infty)} \leq \lambda_k .$$

DEFINITION 1.2

Sei T_1, $T_2 \in \mathcal{B}(H,H)$ selbstadjungiert und T_2 nicht-negativ. Der Eigenwertaufgabe $(\lambda^2 I - \lambda T_1 - T_2)x = 0$ ordnen wir das Funktional

$$q(T_1,T_2,\cdot): \quad H \setminus \{0\} \longrightarrow \mathbb{R}$$

$$x \longmapsto \frac{[(T_1x,x)^2+4(T_2x,x)(x,x)]^{1/2}+(T_1x,x)}{2(x,x)}$$

zu.

BEMERKUNG:

Unter geeigneten Voraussetzungen hat HADELER [H5] in allgemeinerem Rahmen gezeigt, daß eine Charakterisierung der positiven Eigenwerte durch Extremalprinzipien möglich ist; dabei spielt q die Rolle des Rayleighquotienten.

Beweis zu 1.1

1. $$\bigwedge_{\lambda \in \mathbb{R}\setminus\{0\}} \Big(\bigvee_{\hat{x}\in H\setminus\{0\}} : \quad (\lambda^2 I - \lambda PAP - PBP)\hat{x} = 0 \iff$$

$$\iff \bigvee_{x\in PH\setminus\{0\}} : \ (\lambda^2 I - \lambda PAP - PBP)x = 0 \Big) .$$

2. Mit A, $B \in \mathcal{B}_0(H,H)$ selbstadjungiert gilt auch: PAP, $PBP \in \mathcal{B}_0(H,H)$ selbstadjungiert. Mit B ist auch $PBP|_{PB}$ positiv-definit.

3. $(\lambda^2 I - \lambda PAP - PBP)x = 0$ kann somit auf PH betrachtet werden und bildet dort mit $q(PAP, PBP, \cdot)$, eingeschränkt auf den Hilbert-Raum PH, eine ROGERSschar mit dem Rayleighfunktional q (WERNER [W1], HADELER [H5]).
   $(\lambda^2 I - \lambda A - B)x = 0$ ist eine ROGERSschar mit dem Rayleighfunktional $q(A,B,\cdot)$: $H \longrightarrow \mathbb{R}$.

4. Damit sind die Eigenwerte λ_k, $\lambda_k^{(\infty)}$, falls sie $\neq 0$ sind, max-min-charakterisierbar.

Mit 2. sind die Voraussetzungen von Beispiel 2 aus HADELER [H5] erfüllt und es gilt mit Satz 6 aus HADELER [H5] die Max-min-Charakterisierbarkeit der Eigenwerte.

5. Für $\lambda_k \neq 0$ gilt dann:

$$\lambda_k^{(\infty)} = \max_{\substack{M \subseteq PH \\ \dim M = k}} \min_{x \in M \setminus \{0\}} q(PAP,PBP,x)$$

$$= \min_{x \in N_k \setminus \{0\}} q(PAP,PBP,x)$$

(wenn $N_k := \operatorname{span}(u_1,..,u_k)$ und $\lambda_1^{(\infty)},..,\lambda_k^{(\infty)}$ Eigenwerte zu $u_1,..,u_k$)

$$= \min_{x \in N_k \setminus \{0\}} \frac{[(APx,Px)^2 + 4(BPx,Px)(x,x)]^{1/2} + (APx,Px)}{2(x,x)}$$

(wegen P selbstadjungiert)

$$= \min_{x \in N_k \setminus \{0\}} q(A,B,x)$$

(Falls u_j Eigenelement zu $\lambda_j^{(\infty)}$, $j \in \{1,..,k\}$ ist, dann gilt $u_j \in PH$ wegen $\lambda_j^{(\infty)2} u_j = \lambda_j^{(\infty)} PAPu_j + PBPu_j$ und damit $Pu_j = u_j$. Damit gilt für $x \in N_k$: $Px = x$.)

$$\leq \max_{\substack{M \subseteq H \\ \dim M = k}} \min_{x \in M \setminus \{0\}} q(A,B,x)$$

(wegen Verzicht auf einen speziellen Teilraum)

$$= \lambda_k$$

(da $\max\limits_{\substack{M \subseteq H \\ \dim M = k}} \min\limits_{x \in M \setminus \{0\}} q(A,B,x) > 0$ und WERNER [W1]).

6. Für $\lambda_k^{(\infty)} = 0$ ist die Aussage trivialerweise richtig.

Wir notieren zunächst einige Voraussetzungen.

VORAUSSETZUNG 1.3

(1) $(H, \mathbb{R}, (\cdot,\cdot))$ separabler Hilbert-Raum mit $\dim H = \infty$.

(2) $A, B \in \mathcal{B}_0(H,H) \setminus \{0\}$ selbstadjungiert, B positiv definit.

(3) $\mathcal{P} \subseteq H$ linearer abgeschlossener Teilraum.

(4) $\{p_i \in \mathcal{P} \mid i \in \mathbb{N}\}$ linear unabhängige Teilmenge von $\mathcal{P}$.

(5) $\bigwedge\limits_{n \in \mathbb{N}} : \quad \mathcal{P}_n := \operatorname{span}\{p_1,\ldots,p_n\}$

$P_n : H \longrightarrow \mathcal{P}_n$ orthogonale Projektion auf $\mathcal{P}_n$

$Q_n := I - P_n$.

(6) $Q: H \longrightarrow \mathcal{P}^{\perp}$ orthogonale Projektion auf $\mathcal{P}^{\perp}$.

DEFINITION 1.4

Unter den Voraussetzungen 1.3 nennen wir $(\lambda^{(n)2} I - \lambda^{(n)} Q_n A Q_n - Q_n B Q_n)x = 0$ das *n-te Intermediateproblem* zu dem Baseproblem $(\lambda^2 I - \lambda A - B)x = 0$ und dem Originalproblem $(\lambda^{(\infty)2} I - \lambda^{(\infty)} QAQ - QBQ)x = 0$.

BEMERKUNG:

Eine Rechtfertigung für diese Bezeichnung liefert 1.7.

Die wesentliche Eigenschaft der Intermediateprobleme, die die ganze Theorie rechtfertigt, ist, daß die Eigenwerte des Intermediateproblems explizit aus Daten des Baseproblems bestimmt werden können. Eine Aussage in der Richtung ist der nächste Satz. Dazu schreiben wir noch einige Definitionen an.

DEFINITION 1.5

(1) Unter der Voraussetzung 1.3 definieren wir:

$$R(A,B,\cdot): \left\{\lambda \in \mathbb{R}\setminus\{0\} \,\middle|\, \begin{array}{l}\lambda \text{ nicht Eigenwert} \\ \text{von } (\lambda^2 I-\lambda A-B)x = 0\end{array}\right\} \rightarrow \mathcal{B}(H,H)$$

$$\lambda \longmapsto (\lambda^2 I-\lambda A-B)^{-1}$$

heißt *Resolventenoperator*.

(2) Für λ aus dem Definitionsbereich des Resolventenoperators definieren wir

$$W(A,B,\{p_i\}_{i=1}^{n},\lambda) := \det\Big((R(A,B,\lambda)p_i,p_k)\Big)_{i,k=1}^{n} .$$

W nennen wir WEINSTEIN-DETERMINANTE.

(3) $\lambda_* \neq 0$ sei Eigenwert des Intermediateproblems $(\lambda^{(n)2} I - \lambda^{(n)} Q_n A Q_n - Q_n B Q_n)x = 0$

[Eigenwert des Baseproblems $(\lambda^2 I - \lambda A - B)x = 0$].

Dann heißt

λ_* *persistent bzgl.* $(\lambda^2 I - \lambda A - B)x = 0$

[*bzgl.* $(\lambda^{(n)2} I - \lambda^{(n)} Q_n A Q_n - Q_n B Q_n)x = 0$]

genau dann wenn gilt:

λ_* ist Eigenwert von $(\lambda^2 I - \lambda A - B)x = 0$

[von $(\lambda^{(n)2} I - \lambda^{(n)} Q_n A Q_n - Q_n B Q_n)x = 0$].

In diesem Abschnitt werden wir bei persistent die ausführliche Formulierung "bzgl. $(\lambda^2 I - \lambda A - B)x = 0$ " weglassen, da das Baseproblem fixiert wird.

BEMERKUNG 1.6

$R(A,B,\cdot)$ ist wohldefiniert, da $\lambda_o \in \mathbb{R} \setminus \{0\}$ nicht Eigenwert von $(\lambda^2 I - \lambda A - B)x = 0$ bedeutet, daß 1 nicht Eigenwert von $1/\lambda_o\, A + 1/\lambda_o^2\, B$ ist; dies liefert mit der Vollstetigkeit von A, B die Wohldefiniertheit.

BEMERKUNG:

Schon im Fall der gewöhnlichen Eigenwertaufgabe $Ax = \lambda x$ (mit $A \in \mathcal{S}$ [siehe Einleitung]) spielt das Auftreten von persistenten Eigenwerten eine große Rolle. Wir diskutieren zunächst im folgenden Satz die nicht-persistenten Eigenwerte. Im Abschnitt 2. greifen wir dann die Frage nach den persistenten Eigenwerten auf.

SATZ 1.7

Voraussetzungen:

(1) Es gelte Voraussetzung 1.3 ;

(2) $\{\lambda_k\}_{k\in\mathbb{N}}$ sei Folge der nicht-negativen Eigenwerte von $(\lambda^2 I - \lambda A - B)x = 0$;

$\bigwedge_{n\in\mathbb{N}}$: $\{\lambda_k^{(n)}\}_{k\in\mathbb{N}}$ sei Folge der nicht-negativen Eigenwerte von $(\lambda^{(n)2} I - \lambda^{(n)} Q_n A Q_n - Q_n B Q_n)x = 0$;

$\{\lambda_k^{(\infty)}\}_{k\in\mathbb{N}}$ sei Folge der nicht-negativen Eigenwerte von $(\lambda^{(\infty)2} I - \lambda^{(\infty)} QAQ - QBQ)x = 0$;

dabei seien die Eigenwerte der Vielfachheit entsprechend aufgelistet und es gelte

$$\bigwedge_{k\in\mathbb{N}} : \lambda_{k+1} \le \lambda_k\,,\quad \lambda_{k+1}^{(n)} \le \lambda_k^{(n)}\,,\quad \lambda_{k+1}^{(\infty)} \le \lambda_k^{(\infty)}\ .$$

Behauptung:

(i) $\bigwedge_{n\in\mathbb{N}} : \bigwedge_{k\in\mathbb{N}} : \quad \lambda_k^{(\infty)} \le \lambda_k^{(n)} \le \lambda_k$;

(ii) $\bigwedge_{\substack{n \in \mathbb{N} \\ \lambda \in \mathbb{R}_+^*}}$ gilt: λ nicht-persistenter Eigenwert von $(\lambda^2 I - \lambda Q_n A Q_n - Q_n B Q_n)u = 0$ genau dann wenn λ Nullstelle von $W(A,B,\{p_i\}_{i=1}^n,\lambda)$ ist.

(iii) Die Vielfachheit eines nicht-persistenten Eigenwerts aus (ii) ist gleich der Dimension des Nullraumes der Matrix $\left((R(A,B,\lambda)p_i,p_j)\right)_{i,j=1}^n$.

Wir beweisen zunächst Teil (ii) und schicken eine triviale Zwischenrechnung im folgenden Lemma voraus:

LEMMA 1.8

Unter den Voraussetzungen 1.3 gilt:

$$\bigwedge_{\substack{\lambda \in \mathbb{R}\setminus\{0\} \\ x \in H}} \Big((\lambda^2 I - \lambda Q_n A Q_n - Q_n B Q_n)x = 0 \iff$$

$$\iff (\lambda^2 I - \lambda A - B)x = -\lambda P_n A x - P_n B x \text{ und } P_n x = 0 \Big).$$

Beweis des Lemmas:

$$[\lambda^2 I - \lambda Q_n A Q_n - Q_n B Q_n]x = 0 \overset{Q_n := I - P_n}{\iff}$$

$$[\lambda^2 I - \lambda(I - P_n)A - (I - P_n)B]x = 0 \text{ und } x \in (I - P_n)H$$

$$\iff$$

$$[\lambda^2 I - \lambda(A - P_n A) - (B - P_n B)]x = 0 \text{ und } (I - P_n)x = x$$

$$\iff$$

$$[\lambda^2 I - \lambda A - B]x = -P_n A x - P_n B x \text{ und } P_n x = 0 .$$

Beweis von Satz 1.7 (ii)

λ nicht-persistenter Eigenwert von $(\lambda^2 I - \lambda Q_n A Q_n - Q_n B Q_n)x = 0$

ist mit dem vorigen Lemma äquivalent zu (a) und (b) :

(a) λ Eigenwert der Aufgabe $(\lambda^2 I - \lambda A - B)x =$
$= - \lambda P_n Ax - P_n Bx$ mit $P_n x = 0$.

(b) λ nicht Eigenwert von $(\lambda^2 I - \lambda A - B)x = 0$.

$$\text{(a) und (b)} \iff \bigvee_{x \neq 0} : \; x = R(A,B,\lambda)[-\lambda P_n Ax - P_n Bx] \text{ und } P_n x = 0 .$$

Da $P_n Ax$, $P_n Bx \in \mathcal{P}_n$ ist, hat $- \lambda P_n Ax - P_n Bx$ eine Basisdarstellung $\sum_{i=1}^{n} \alpha_i(x) p_i$; und $x \neq 0 \iff$

$$\iff - \lambda P_n Ax - P_n Bx \neq 0 \iff \bigvee_i : \alpha_i(x) \neq 0 .$$

Also kann man obige Äquivalenzreihe fortführen mit:

$$\iff \bigvee_{x \in H} : \bigvee_{\alpha_i(x) \neq 0} : \; x = \sum_{i=1}^{n} \alpha_i(x) R(A,B,\lambda) p_i \text{ und } P_n x = 0$$

$$\iff \bigvee_{x \in H} : \bigvee_{\alpha_i(x) \neq 0} : \bigwedge_{k=1,\dots,n} : \; 0 = (x, p_k) = \sum_{i=1}^{n} \alpha_i(x) (R(A,B,\lambda) p_i, p_k) .$$

$$\iff \det((R(A,B,\lambda) p_i, p_k))_{i,k=1}^{n} = 0$$

$$\iff W(A,B,\{p_i\}_{i=1}^{n},\lambda) = 0 .$$

<u>Beweis von Satz 1.7 (iii):</u>

Sei also $\lambda_* \in \mathbb{R}_+^*$ nicht-persistenter Eigenwert von $(\lambda^2 I - \lambda Q_n A Q_n - Q_n B Q_n)u = 0$; dann ist nach (ii) die Dimension ν des Nullraumes ungleich 0. Also existieren $a_1, \dots, a_\nu \in \mathbb{R}^n$, die Lösungen der Matrixgleichung $((R(A,B,\lambda_*) p_i, p_k))_{i,k=1}^{n} \cdot a = 0$ sind. Mit der Bezeichnung $\bigwedge_{j=1,\dots,\nu} : a_j =: (a_{j1}, \dots, a_{jn})$ erhält man

$\bigwedge_{j=1,..,\nu}$: $v_j := \sum_{i=1}^{n} a_{ji} R(A,B,\lambda_*) p_i$ nichttriviale Lösungen der Gleichung $(\lambda_*^2 I - \lambda_* Q_n A Q_n - Q_n B Q_n)x = 0$ und $\{v_1,..,v_\nu\}$ ist eine linear unabhängige Menge. Aus $\sum_{j=1}^{\nu} \beta_j v_j = 0$ folgt nämlich $\sum_{j=1}^{\nu} \sum_{i=1}^{n} a_{ji}\beta_j R(A,B,\lambda_*) p_i = 0$, $\sum_{j=1}^{\nu} \sum_{i=1}^{n} a_{ji}\beta_j p_i = 0$. $\{p_1,..,p_n\}$ linear unabhängig bringt $\sum_{j=1}^{\nu} a_{ji}\beta_j = 0$ für $i = 1,..,n$; $\{a_1,..,a_\nu\}$ linear unabhängig bringt $\beta_j = 0$ für $j = 1,..,\nu$.

Beweis zu Satz 1.7 (i):

1. Die Paare (A,B), (QAQ,QBQ), (Q_nAQ_n, Q_nBQ_n) bestehen aus vollstetigen, selbstadjungierten Operatoren. B, $QBQ|_{QH}$, $Q_nBQ_n|_{Q_nH}$ sind positiv definit. Damit hat man analog 1.1:
2. $\lambda_k \neq 0$ max-min-charakterisierbar mit $q(A,B,\cdot): H \longrightarrow \mathbb{R}$;
   $\lambda_k^{(n)} \neq 0$ max-min-charakterisierbar mit $q(Q_nAQ_n,Q_nBQ_n,\cdot)|Q_nH \longrightarrow \mathbb{R}$;
   $\lambda_k^{(\infty)} \neq 0$ max-min-charakterisierbar mit $q(QAQ,QBQ,\cdot)|QH \longrightarrow \mathbb{R}$.
3. Wie man leicht checkt, gilt $QQ_n = Q_nQ = Q$, so daß $QQ_nAQ_nQ = QAQ$ und Entsprechendes für B gilt.
4. Für $\lambda_k^{(\infty)} \neq 0$ gilt dann:

$$\lambda_k^{(\infty)} = \max_{\substack{M \subseteq QH \\ \dim M = k}} \; \min_{x \in M\setminus\{0\}} q(QAQ,QBQ,x)$$

(mit 3. gilt dann:)

$$= \min_{x \in N_k^{(\infty)}\setminus\{0\}} q(QQ_nAQ_nQ, QQ_nBQ_nQ, x)$$

(dabei sei $N_k^{(\infty)} := \operatorname{span}(u_1,..,u_k)$, wenn $\lambda_1^{(\infty)},..,\lambda_k^{(\infty)}$ Eigenwerte zu $u_1,..,u_k$ sind. Nach Abschnitt 1., Beweis 1.1 ist $N_k^{(\infty)} \subseteq QH$; mit Q selbstadjungiert gilt weiter:)

$$= \min_{x \in N_k^{(\infty)} \setminus \{0\}} \frac{[(Q_nAQ_nQx,Qx)^2+4(Q_nBQ_nQx,Qx)(x,x)]^{\frac{1}{2}}+(Q_nAQ_nQx,Qx)}{2(x,x)}$$

(da für $x \in N_k^{(\infty)}$, $x \in QH$ gilt, ist $Qx = x$; also:)

$$= \min_{x \in N_k^{(\infty)} \setminus \{0\}} q(Q_nAQ_n, Q_nBQ_n, x)$$

(wegen Verzicht auf speziellen Teilraum gilt:)

$$\leq \max_{\substack{M \subseteq Q_nH \\ \dim M = k}} \min_{x \in M \setminus \{0\}} q(Q_nAQ_n, Q_nBQ_n, x)$$

(da dieser Ausdruck wegen $\lambda_k^{(\infty)} \neq 0$ größer Null ist, gilt nach dem Hauptsatz von WERNER [W1]:)

$$= \lambda_k^{(n)}$$

(wenn $N_k^{(n)} := \mathrm{span}(u_1,..,u_k)$, wobei $\lambda_1^{(n)},..,\lambda_k^{(n)}$ Eigenwerte zu $u_1,..,u_k$ sind, dann gilt wegen $N_k^{(n)} \subseteq Q_nH$:)

$$= \min_{x \in N_k^{(n)} \setminus \{0\}} q(Q_nAQ_n, Q_nBQ_n, x)$$

$$= \min_{x \in N_k^{(n)} \setminus \{0\}} \frac{[(AQ_nx,Q_nx)^2+4(BQ_nx,Q_nx)(x,x)]^{\frac{1}{2}} + (AQ_nx,Q_nx)}{2(x,x)}$$

(da für $x \in N_k^{(n)}$, $x \in Q_nH$ gilt, ist $Q_nx = x$, also:)

$$= \min_{x \in N_k^{(n)} \setminus \{0\}} q(A,B,x)$$

(wegen Verzicht auf speziellen Teilraum gilt:)

$$\leq \max_{\substack{M \subseteq H \\ \dim M = k}} \min_{x \in M \setminus \{0\}} q(A,B,x)$$

(da dieser Ausdruck wegen $\lambda_k^{(\infty)} \neq 0$ größer Null ist, gilt nach dem Hauptsatz von WERNER [W1]:)

$$= \lambda_k .$$

5. Falls $\lambda_k^{(\infty)} = 0$ ist und $\lambda_k^{(n)} \neq 0$, folgt aus dem zweiten Teil der Rechnung von 4. die Ungleichung. Für $\lambda_k^{(n)} = 0$ ist die Behauptung trivialerweise richtig.

BEMERKUNG:

Der letzte Satz rückt nur dann in die Nähe praktischer Verwendbarkeit, wenn $R(A,B,\lambda)$ bestimmbar ist. Das führt auf den folgenden Satz 1.9 . Die dort getroffenen Voraussetzungen sind recht speziell. Man wird jedoch bei der Anwendung auf den Fall, daß $A^{(\infty)}$, $B^{(\infty)}$ Integraloperatoren sind, die von einem Differenzkern erzeugt werden, die Voraussetzung des nächsten Satzes für das entsprechende Baseproblem realisiert sehen.

SATZ 1.9

V o r a u s s e t z u n g e n :

(1) $(H, \mathbb{R}, (\cdot,\cdot))$ Hilbert-Raum.

(2) $A,B \in \mathcal{B}_0(H,H)$ selbstadjungiert.

(3) $\{u_j\}_{j\in\mathbb{N}}$ sei VONS in H ;
für alle j sei u_j Eigenelement zu $Ax = \alpha x$ und zu $Bx = \beta x$ und $\{\alpha_j\}_{j\in\mathbb{N}}$ sei die Folge der Eigenwerte von A , $\{\beta_j\}_{j\in\mathbb{N}}$ sei die Folge der Eigenwerte von B , mit der Eigenschaft, daß
$\bigwedge_{j\in\mathbb{N}}$: u_j Eigenelement zu α_j und β_j .

B e h a u p t u n g :

Für alle $\lambda \in \mathbb{R}\setminus\{0\}$, mit λ nicht Eigenwert von $(\lambda^2 I - \lambda A - B)x = 0$ gilt:

$$\bigwedge_{x\in H} : \quad R(A,B,\lambda)x = \sum_{j=1}^{\infty} [\lambda^2 - \lambda\alpha_j - \beta_j]^{-1}(x,u_j)u_j .$$

2. Distinguished Choice

Bei der gewöhnlichen Eigenwertaufgabe $Ax = \lambda x$ versteht man unter der *Distinguished Choice* eine hinreichende Bedingung an ein Bestimmungselement der Intermediateprobleme, um eine Verbesserung der Schranke zu sichern. Etwas präziser haben wir damit folgendes Bild: λ_* sei Eigenwert des Baseproblems $Ax = \lambda x$ zum Originalproblem $QAQx = \lambda^{(\infty)}x$. Das Verhalten der Eigenwerte der Intermediateprobleme $(I-P_n)A(I-P_n)x = \lambda^{(n)}x$ (mit der othogonalen Projektion $P_n: H \longrightarrow \mathcal{P}_n$) wird sehr stark von $\mathcal{P}_n = \text{span}(p_1,..,p_n)$ geprägt. Wenn nun $p_1,..,p_n$ eine Distinguished Choice bzgl. λ_* mit der Eigenraumdimension n bildet, dann ist λ_* nicht Eigenwert des Intermediateproblems. Der entsprechende Eigenwert des Intermediateproblems bildet dann eine bessere Schranke für den Eigenwert des Originalproblems als λ_*.

Das Ziel dieses Abschnittes ist es, der entsprechenden Frage bei der Eigenwertaufgabe vom Typ $(\lambda^2 I - \lambda A - B)x = 0$ nachzugehen. Die nicht-persistenten Eigenwerte des Intermediateproblems haben wir bereits in 1.7 als Nullstellen von $W(A,B,\{p_i\}_{i=1}^{n},\lambda)$ charakterisiert. Dabei war über $\{p_1,..,p_n\}$ nur linear unabhängig vorausgesetzt. Die Forderung der Distinguished Choice 2.3 garantiert eine echte Verbesserung der Eigenwertschranke 2.2. Ferner wird die Existenz einer Distinguished Choice in Termen des Originalproblems charakterisiert.

LEMMA 2.1

Voraussetzungen:

(1) Es gelte Voraussetzung 1.3 (1) - (3), (6).

(2) Wir betrachten nun für alle $\{p_1,..,p_n\} \subseteq \mathcal{P}$

(mit $\{p_1,..,p_n\}$ linear unabhängig) die zugehörigen orthogonalen Projektionen, definiert auf H:

$P_n(\{p_i\}_{i=1}^n)$: $H \longrightarrow \operatorname{span}\{p_1,..,p_n\}$

und

$Q_n(\{p_i\}_{i=1}^n) := I - P_n(\{p_i\}_{i=1}^n)$.

(3) $\lambda_* \in \mathbb{R}_+^*$ sei Eigenwert von $(\lambda^2 I - \lambda A - B)x = 0$ mit der Vielfachheit n ; $u_1,..,u_n$ sei Orthonormalbasis zum Eigenraum des Eigenwertes λ_* .

Behauptung:

Für alle $\{p_1,..,p_n\} \subseteq \mathcal{P}$ mit $\det((p_i,u_j))_{i,j=1}^n \neq 0$ gilt: λ_* ist nicht-persistenter Eigenwert bezüglich

$$\left[\lambda^2 I - \lambda Q_n(\{p_i\}_{i=1}^n) A Q_n(\{p_i\}_{i=1}^n) - Q_n(\{p_i\}_{i=1}^n) B Q_n(\{p_i\}_{i=1}^n)\right]x = 0 .$$

Beweis:

1. Wir führen zunächst zwei Bezeichnungen ein:

$$L_1 := \lambda^2 I - \lambda A - B \ ; \quad L_2 := -\lambda P_n A - P_n B .$$

Dann gilt nach Lemma 1.8 :

$$\bigwedge_{x \in H} : \left((\lambda_*^2 I - \lambda_* Q_n A Q_n - Q_n B Q_n)x = 0 \iff \right.$$

$$\left. \iff L_1 x = L_2 x \text{ und } P_n x = 0 \iff \frac{1}{\lambda_*^2} L_1 x = \frac{1}{\lambda_*^2} L_2 x \text{ und } P_n x = 0 \right) .$$

Durch Anwendung der Fredholmschen Alternativen folgt:

$$\bigwedge_{\substack{\{p_1,..,p_n\} \subseteq \mathcal{P} \\ \text{lin. unabh.}}} : \bigwedge_{\substack{x \in H \\ P_n x = 0}} :$$

$$\left([\lambda_*^2 I - \lambda_* Q_n(\{p_i\}_{i=1}^n) A Q_n(\{p_i\}_{i=1}^n) - Q_n(\{p_i\}_{i=1}^n) B Q_n(\{p_i\}_{i=1}^n)]x \right.$$

$$\left. = 0 \iff \bigwedge_{\substack{f \in H \\ L_1(f)=0}} : (L_2 x, f) = 0 \right) .$$

2. Diese Aussage kann man nun mit $\det((p_i,u_j))_{i,j=1}^n \neq 0$ zur Behauptung des Lemmas verschärfen; wir schreiben sie in der Form:

$$\bigwedge_{\substack{\{p_1,..,p_n\} \subseteq \mathcal{P} \\ \det((p_i,u_j))_{i,j=1}^n \neq 0}} : \bigwedge_{\substack{x \in H \\ P_n x = 0}} : \left([\lambda_*^2 I - \lambda_* Q_n(\{p_i\}_{i=1}^n) A Q_n(\{p_i\}_{i=1}^n) - Q_n(\{p_i\}_{i=1}^n) B Q_n(\{p_i\}_{i=1}^n)]x = 0 \iff x = 0 \right) .$$

3. Aus $\det((p_i,u_j))_{i,j=1}^n \neq 0$ folgt $p_1,..,p_n$ linear unabhängig. Also bleibt mit 1. noch zu zeigen:

$$\bigwedge_{\substack{\{p_1,..,p_n\} \subseteq \mathcal{P} \\ \det((p_i,u_j))_{i,j=1}^n \neq 0}} : \bigwedge_{\substack{x \in H \\ P_n x = 0}} : \left(\bigwedge_{\substack{f \in H \\ L_1(f)=0}} (L_2 x, f) = 0 \iff x = 0 \right) .$$

Das liefern folgende Zeilen:

$$(L_2 x, f) = 0 \iff \bigwedge_{j=1,..,n} : (L_2 x, u_j) = 0$$

$$\left(P_n A x,\ P_n B x \in \mathcal{P}_n \Rightarrow L_2 x \in \mathcal{P}_n \Rightarrow \bigvee_{\{\alpha_i(x)\}_{i=1}^n} : \sum_{i=1}^n \alpha_i(x) p_i = L_2 x \ ;\ \text{d.h.} \right)$$

$$\iff \bigwedge_{j=1,..,n} : \sum_{i=1}^n \alpha_i(x)(p_i,u_j) = 0$$

$$\left(\det((p_i,u_j))_{i,j=1}^n \neq 0 \right)$$

$$\iff \bigwedge_{i=1}^n : \alpha_i(x) = 0 \iff$$

$$\Longleftrightarrow \quad \bigvee_{\{\gamma_j\}_{j=1}^n} : \quad x = \sum_{j=1}^n \gamma_j u_j$$

(nach Definition von P_n bedeutet $P_n x = 0$: $\bigwedge_{i=1,..,n} : (p_i,x) = 0$; d.h. $0 = \sum_{j=1}^n \gamma_j (p_i,u_j)$. Mit Determinantenbedingung erhält man $\gamma_1,..,\gamma_n = 0$; also:)

$$\Longleftrightarrow \quad x = 0 .$$

BEMERKUNG. Die Erfüllbarkeit der Forderung $\det((p_i,u_j)) \neq 0$ werden wir noch diskutieren.

COROLLAR 2.2

V o r a u s s e t z u n g e n :

(1) Es gelte Voraussetzung 2.1 (1), (2) .

(2) $\{\lambda_k\}_{k\in\mathbb{N}}$ sei Folge der nicht-negativen Eigenwerte von $(\lambda^2 I - \lambda A - B)x = 0$.

(3) $\bigwedge_{n\in\mathbb{N}} : \lambda_k^{(n)}(\{p_i\}_{i=1}^n)$ sei Folge der nicht-negativen Eigenwerte von

$$\left(\lambda^2 I - \lambda Q_n(\{p_i\}_{i=1}^n) A Q_n(\{p_i\}_{i=1}^n) - \right.$$
$$\left. - Q_n(\{p_i\}_{i=1}^n) B Q_n(\{p_i\}_{i=1}^n)\right) x = 0 .$$

(4) $\bigwedge_{k\in\mathbb{N}}$ sei $\mu(k)$ die Dimension des Eigenraumes von λ_k und $u_1,..,u_{\mu(k)}$ eine Orthonormalbasis.

B e h a u p t u n g :

$\bigwedge_{k\in\mathbb{N}}$: Für alle $\{p_1,..,p_{\mu(k)}\} \subseteq \mathcal{P}$ mit $\det((p_i,u_j))_{i,j=1}^{\mu(k)} \neq 0$ gilt: $\lambda_k^{(\mu(k))}(\{p_i\}_{i=1}^{\mu(k)}) < \lambda_k$.

Beweis: Mit Lemma 2.1 und 1.7 folgt die Behauptung.

Wie in der Theorie der Intermediateprobleme für gewöhnliche Eigenwertaufgaben legen wir die folgende Bezeichnung fest:

BEZEICHNUNG 2.3

Unter den Voraussetzungen 2.2 bezeichnen wir für $k \in \mathbb{N}$ $\{p_1,..,p_{\mu(k)}\} \subseteq \mathcal{P}$ als *distinguished choice* für λ_k genau dann, wenn $\det((p_i,u_j))_{i,j=1}^{\mu(k)} \neq 0$.

BEMERKUNG 2.4

Zum Corollar 2.2 ist noch folgende Aussage, unter der Voraussetzung 1.9 (3), zu ergänzen:

> Wenn für $k \in \mathbb{N}$ mit $\{p_1,..,p_{\mu(k)}\} \subseteq \mathcal{P}$ eine distinguished choice für λ_k vorliegt, dann gilt für das Intermediateproblem $\left(\lambda^2 I - \lambda Q_n(\{p_i\}_{i=1}^n) A Q_n(\{p_i\}_{i=1}^n) - Q_n(\{p_i\}_{i=1}^n) B Q_n(\{p_i\}_{i=1}^n)\right) x = 0$:
> $\lambda_k^{(n)}(\{p_i\}_{i=1}^n) < \lambda_k$ falls $\mathrm{span}(p_1,..,p_{\mu(k)}) \subseteq \mathrm{span}(p_1,..,p_n)$.

Im nächsten Satz soll für die Existenz einer distinguished choice eine Bedingung gegeben werden.

SATZ 2.5

V o r a u s s e t z u n g e n :

(1) Es gelten Voraussetzungen 1.3 (1) - (3), (6) .

(2) $\lambda_* \in \mathbb{R}_+^*$ sei Eigenwert von $(\lambda^2 I - \lambda A - B)x = 0$ mit Eigenraum U_* . $u_1,..,u_n$ sei Orthonormalbasis von U_*.

B e h a u p t u n g :

$$\bigvee_{\{p_1,..,p_n\} \subseteq \mathcal{P}} : \{p_1,..,p_n\} \text{ distinguished choice zu } \lambda_*$$

genau dann wenn

$$\bigwedge_{\substack{x \in U_* \\ \lambda \in \mathbb{R}_+^*}} : \Big((\lambda^2 I - \lambda QAQ - QBQ)x = 0 \Rightarrow x = 0 \Big) .$$

Anders ausgedrückt haben wir die Aussage:

Es existiert genau dann eine distinguished choice zu λ_* , wenn der zugehörige Eigenraum keine Eigenelemente des Originalproblems enthält.

Beweis: " $\Rightarrow$ " :

$\{p_1,..,p_n\}$ distinguished choice bedeutet

$$\bigwedge_{x \in U_*} : \left(\bigwedge_{i=1,..,n} : (p_i,x) = 0 \Rightarrow x = 0 \right) \quad \text{bzw.}$$

$$\bigwedge_{x \in U_* \setminus \{0\}} : \bigvee_{i=1,..,n} : (p_i,x) \neq 0 . \quad \text{Daraus folgt}$$

$$\bigwedge_{x \in U_* \setminus \{0\}} : \bigvee_{p \in \mathcal{P} \setminus \{0\}} : (p,x) \neq 0 . \quad \text{Damit ist } x \in U_* \setminus \{0\}$$

kein Eigenelement zur Eigenwertaufgabe $(\lambda^2 I - \lambda A - B)x = -\lambda PAx - PBx$ mit $Px = 0$ oder durch Analogon zu Lemma 1.8 : $x \in U_* \setminus \{0\}$ ist kein Eigenelement zur Aufgabe $(\lambda^2 I - \lambda QAQ - QBQ)x = 0$.

" $\Leftarrow$ " :

Wir machen die Annahme:

$$\bigwedge_{\{p_1,..,p_n\} \subseteq \mathcal{P}} : \det((p_i,u_j))_{i,j=1}^{n} = 0 . \quad \text{Daraus folgt}$$

$$\bigwedge_{\{p_1,..,p_n\} \subseteq \mathcal{P}} : \bigvee_{u \in U_*} : \bigwedge_{i=1,..,n} : (p_i,u) = 0 .$$

Daraus folgt $\bigvee_{u_* \in U_* \setminus \{0\}} : \bigwedge_{p \in \mathcal{P}} : (p,u_*) = 0$.

Für dieses u_* gilt $Pu_* = 0$ und $(\lambda_*^2 I - \lambda_* A - B)u_* = 0$, $-\lambda PAu_* - PBu_* = 0$. Also gilt:

Es gibt $\lambda \in \mathbb{R}_+^*$ und $x \in U_*$ mit $(\lambda^2 I - \lambda QAQ - QBQ)x = 0$.

3. Monotonie und Konvergenz

Für spezielle Fälle, so für positiv definite vollstetige Operatoren, gibt es Konvergenzsätze von ARONSZAJN und WEINSTEIN [AW1] .
Wir geben für die Eigenwertaufgabe $(\lambda^2 I - \lambda A - B)x = 0$ einen Satz über das monotone Verhalten der Eigenwerte der Intermediateprobleme, wie wir sie in 1. dargestellt haben, an; weiter wird die Konvergenz der Eigenwerte der Intermediateprobleme gegen die Eigenwerte des Originalproblems bewiesen.

SATZ 3.1

V o r a u s s e t z u n g :

Es sei Voraussetzung 1.7 wirksam;

B e h a u p t u n g :

(i) $\bigwedge_{\substack{k \in \mathbb{N} \\ n \in \mathbb{N}}} : \quad \lambda_k^{(n+1)} \leq \lambda_k^{(n)}$.

(ii) Falls $\{p_i \in \mathcal{P} \mid i \in \mathbb{N}\}$ Grundmenge von $\mathcal{P}$ (d.h. die endlichen Linearkombinationen der p_i liegen dicht in $\mathcal{P}$) , dann gilt:
$\bigwedge_{k \in \mathbb{N}} : \quad \lim_{n\to\infty} \lambda_k^{(n)} = \lambda_k^{(\infty)}$ falls $\lambda_k^{(\infty)} \neq 0$.

Beweis (i) :

1. Für $n \in \mathbb{N}$ sind Q_nAQ_n, $Q_nBQ_n \in \mathcal{B}_0(H,H)$ selbstadjungiert; Q_nAQ_n ist nicht-negativ, $Q_nBQ_n|_{Q_nH}$ positiv-definit. Also sind die Eigenwerte $\lambda_k^{(n)}$, $\lambda_k^{(n+1)}$, falls sie $\neq 0$ sind, max-min-charakterisierbar mit $q(Q_nAQ_n,Q_nBQ_n,\cdot)|_{Q_nH}$ bzw. $q(Q_{n+1}AQ_{n+1},Q_{n+1}BQ_{n+1},\cdot)|_{Q_{n+1}H}$.

2. Wie man leicht checkt, gilt $Q_{n+1}Q_n = Q_nQ_{n+1} = Q_{n+1}$, so daß $Q_{n+1}Q_nAQ_nQ_{n+1} = Q_{n+1}AQ_{n+1}$ und Entsprechendes für B gilt.

3. Für $\lambda_k^{(n+1)} \neq 0$ verwende man von Beweis 1.7 (i) (4) den ersten Teil ($\lambda_k^{(\infty)} \leq \lambda_k^{(n)}$) und ersetze ∞ durch n+1 und Q durch Q_{n+1}. Für $\lambda_k^{(n+1)} = 0$ ist die Behauptung trivialerweise erfüllt.

Beweis zu 3.1 (ii):

1. Unter den Voraussetzungen 1.7 gilt mit (i)

$$\bigwedge_{k \in \mathbb{N}} : \ (\lambda_k^{(\infty)} \neq 0 \ \Rightarrow \ \lambda_k^{(\infty)} \leq \lim_{n\to\infty} \lambda_k^{(n)}) \ ;$$

also bleibt zu zeigen, daß das Gleichheitszeichen gilt.

2. Da B nicht-negativ ist, sind es auch QBQ und Q_nBQ_n. Dann kann man nach P. H. MÜLLER [M1] folgende Operatoren definieren.

Wir betrachten H × H über $\mathbb{R}$. Mit dem Skalarprodukt

$$(\cdot,\cdot): \ H^2 \times H^2 \longrightarrow \mathbb{R}$$

$$\begin{pmatrix} x_1 \\ x_2 \end{pmatrix}, \begin{pmatrix} y_1 \\ y_2 \end{pmatrix} \longmapsto (x_1,y_1) + (x_2,y_2)$$

ist $(H^2, \mathbb{R}, (\cdot,\cdot))$ wieder ein separabler Hilbert-Raum. In ihm definieren wir:

$$\mathcal{Q} : \ H^2 \longrightarrow H^2$$

$$\begin{pmatrix} x_1 \\ x_2 \end{pmatrix} \longmapsto \begin{pmatrix} (QBQ)^{1/2}x_2 \\ (QBQ)^{1/2}x_1 + QAQx_2 \end{pmatrix}$$

und $\bigwedge_{n \in \mathbb{N}}$:

$$\mathcal{Q}_n : \ H^2 \longrightarrow H^2$$

$$\begin{pmatrix} x_1 \\ x_2 \end{pmatrix} \longmapsto \begin{pmatrix} (Q_nBQ_n)^{1/2}x_2 \\ (Q_nBQ_n)^{1/2}x_1 + Q_nAQ_nx_2 \end{pmatrix} .$$

Dann gelten die beiden folgenden Äquivalenzen:

$$\bigwedge_{\lambda \in \mathbb{R}_+^*} \Big(\lambda \text{ Eigenwert von } (\lambda^2 I - \lambda QAQ - QBQ)x = 0 \iff$$
$$\iff \lambda \text{ Eigenwert von } \mathcal{Q}\varphi = \lambda\varphi \Big) \;;$$

$$\bigwedge_{\lambda \in \mathbb{R}_+^*} \Big(\lambda \text{ Eigenwert von } (\lambda^2 I - \lambda Q_n A Q_n - Q_n B Q_n)x = 0 \iff$$
$$\iff \lambda \text{ Eigenwert von } \mathcal{Q}_n\varphi = \lambda\varphi \Big) \;.$$

Mit $\mathcal{Q}$, $\mathcal{Q}_n \in \mathcal{B}_0(H^2,H^2)$ selbstadjungiert ergibt sich die max-min-Charakterisierbarkeit der Eigenwerte.

Nach 1. ist noch zu zeigen für $k \in \mathbb{N}$ mit $\lambda_k^{(\infty)} \neq 0$:

$$\bigwedge_{\varepsilon > 0} : \bigvee_{N \in \mathbb{N}} : \bigwedge_{n > N} : \lambda_k^{(n)} - \lambda_k^{(\infty)} < \varepsilon \;.$$

Dafür zeigen wir die folgenden Aussagen (a) und (b) .

(a) $$\bigwedge_{\substack{n \in \mathbb{N} \\ \varepsilon_1 > 0}} : \lambda_k^{(n)} \leq \lambda_k^{(\infty)} + \varepsilon_1 + \|\mathcal{Q}_n - \mathcal{Q}\| \;;$$

(b) $$\bigwedge_{\varepsilon_2 > 0} : \bigvee_{N \in \mathbb{N}} : \bigwedge_{n > N} : \|\mathcal{Q}_n - \mathcal{Q}\| < \varepsilon \;.$$

Beweis für (a) :

Nach 2. gilt:

$$\bigwedge_{\substack{\varepsilon_1 > 0 \\ n \in \mathbb{N}}} : \bigvee_{\substack{M \subseteq H^2 \\ \dim M = n}} : \lambda_k^{(n)} - \min_{\varphi \in M \setminus \{0\}} \frac{(\mathcal{Q}_n\varphi,\varphi)}{(\varphi,\varphi)} < \varepsilon \;;$$

mit dem gleichen M gilt ebenfalls $\min_{\varphi \in M \setminus \{0\}} \frac{(\mathcal{Q}\varphi,\varphi)}{(\varphi,\varphi)} \leq$

$\leq \lambda_k^{(\infty)}$.

Aus $(\mathcal{Q}_n\varphi,\varphi) = (\mathcal{Q}\varphi,\varphi) + ([\mathcal{Q}_n - \mathcal{Q}]\varphi,\varphi)$ folgt

$$\frac{(\mathcal{Q}_n\varphi,\varphi)}{(\varphi,\varphi)} \le \frac{(\mathcal{Q}\varphi,\varphi)}{(\varphi,\varphi)} + \|\mathcal{Q}_n - \mathcal{Q}\| \qquad \text{und}$$

$$\min_{\varphi\in M\setminus\{0\}} \frac{(\mathcal{Q}_n\varphi,\varphi)}{(\varphi,\varphi)} \le \min_{\varphi\in M\setminus\{0\}} \frac{(\mathcal{Q}\varphi,\varphi)}{(\varphi,\varphi)} + \|\mathcal{Q}_n - \mathcal{Q}\| .$$

Mit den Ungleichungen am Anfang des Beweises erhält man die Behauptung.

5. Beweis für (b) :

$$\|\mathcal{Q}_n - \mathcal{Q}\| = \sup_{\substack{\varphi\in M^2\setminus\{0\} \\ \|\varphi\| = 1}} \Big(\Big\{\|[(Q_nBQ_n)^{1/2} - (QBQ)^{1/2}]x_2\|^2 +$$

$$+ \|[(Q_nBQ_n)^{1/2} - (QBQ)^{1/2}]x_1 + [Q_nAQ_n - QAQ]x_2\|^2\Big\}^{1/2}\Big) \le$$

$$\le \Big\{\|(Q_nBQ_n)^{1/2} - (QBQ)^{1/2}\|^2 +$$

$$+ \Big(\|(Q_nBQ_n)^{1/2} - (QBQ)^{1/2}\| + \|Q_nAQ_n - QAQ\|\Big)^2\Big\}^{1/2} .$$

Es gilt nach FICHERA [F1] der Satz:

> Sei T ein vollstetiger Operator und $\{P_n\}_{n\in\mathbb{N}}$ eine Folge orthogonaler Projektionen mit $\lim_{n\to\infty} \|P_nu - Pu\| = 0$ für $u \in H$; dann ist P wieder eine orthogonale Projektion und es gilt:
> $\lim_{n\to\infty} \|P_nTP_n - PTP\| = 0$.

Damit ist $\lim_{n\to\infty} \|Q_nAQ_n - QAQ\| = 0$ gesichert, da $\{p_i \in \mathcal{P} \mid i \in \mathbb{N}\}$ eine Grundmenge von $\mathcal{P}$ bilden. Also ist (b) gezeigt, wenn $\lim_{n\to\infty} \|(Q_nBQ_n)^{1/2} - (QBQ)^{1/2}\| = 0$ ist, was im nächsten Abschnitt geschieht.

6. Q_nBQ_n, $QBQ \in \mathcal{B}_0(H,H)$ selbstadjungiert haben die Darstellungen $Q_\nu BQ_\nu = \sum \mu_{k\nu}P_{k\nu}$, $QBQ = \sum\mu_kP_k$; dabei sind μ_k, $\mu_{k\nu}$ die jeweils verschiedenen Eigenwerte (mit

$\mu_{k+1} < \mu_k$, $\mu_{k+1,\nu} < \mu_{k\nu}$ für $k \in \mathbb{N}$) und P_k , $P_{k\nu}$ die zugehörigen orthogonalen Projektionen auf die entsprechenden Eigenräume. Nach STAKGOLD [S1] gilt für $k \in \mathbb{N}$: $\lim_{\nu\to\infty} \mu_{k\nu} = \mu_k$. Damit gilt $\lim_{\nu\to\infty} \mu_{k\nu}^{1/2} = \mu_k^{1/2}$ für $k \in \mathbb{N}$ und für alle $x \in H$:

$$\text{s-}\lim_{\nu\to\infty} \sum_k \mu_{k\nu}^{1/2} P_{k\nu} x = \sum_k \mu_k^{1/2} P_k .$$

Also hat man mit Lemma III.3.5 [K1]

$$\lim_{\nu\to\infty} \| \sum_k \mu_{k\nu}^{1/2} P_{k\nu} x - \sum_k \mu_k^{1/2} P_k \| . \qquad \text{q.e.d.}$$

Im Anschluß an diese Arbeit wird die numerische Seite des Problems in einer weiteren Veröffentlichung behandelt und ein Beispiel für den Fall angegeben, daß A, B Integraloperatoren mit Differenzkernen sind.

LITERATUR

[A1] ABRAMOV, Ju.S.: On the theory of nonlinear eigenvalue problems. Soviet Math. Dokl. 14 (1973), 1271--1275.

[A2] ABRAMOV, Ju.S.: Variational principles for nonlinear eigenvalue problems. Functional Anal. Appl. 7 (1973), 317-318.

[A3] ARONSZAJN, N.: Approximation methods for eigenvalues of completely continuous symmetric operators. Proc. Symp. Spectral Theory Diff. Problems, Stillwater, Oklahoma, 179-202, 1951.

[A4] ARONSZAJN, N. and WEINSTEIN, A.: Existence, Convergence, and equivalence in the unified theory of eigenvalues of plates and membrans. Proc. Nat. Acad. Sci. U.S.A. 27 (1941), 188-191.

[B1] BAZLEY, N.W.: Lower bounds for eigenvalues. J. Math. Mech. 10 (1961), 289-307.

[B2] BAZLEY, N.W. and D.W. FOX: Truncations in the method of intermediate problems for lower bounds to eigenvalues. J. Res. Nat. Bur. Standards Sect. B 65 (1961), 105-111.

[F1] FICHERA, G.: Linear elliptic systems and eigenvalue problems. Lecture Notes 8, Berlin-Heidelberg-New York, Springer 1965.

[G1] GOULD, S.H.: Variational methods for eigenvalue problems. 2. Aufl., Toronto, University of Toronto Press 1966.

[H1] HADELER, K.P.: Eigenwerte von Operatorpolynomen. Arch. Rat. Mech. Anal. 20 (1965), 72-80.

[H2] HADELER, K.P.: Über Operatorgleichungen mit nicht linear auftretendem Parameter. ZAMM 47 (1967), 91-96.

[H3] HADELER, K.P.: Mehrparametrige und nichtlineare Eigenwertaufgaben. Arch. Rat. Mech. Anal. 27 (1967), 306-328.

[H4] HADELER, K.P.: Ritzsches Verfahren bei nichtlinearen Eigenwertaufgaben. ZAMM 48 (1968), T75-T76.

[H5] HADELER, K.P.: Variationsprinzipien bei nichtlinearen Eigenwertaufgaben. Arch. Rat. Mech. Anal. 30 (1968), 297-307.

[H6] HERTLING, J.: Numerical treatment of algebraic integral equations by variational methods. SIAM J. Numer. Anal. 12 (1975), 203-212.

[H7] HADELER, K.P.: Nonlinear Eigenvalue Problems. (Vortrag auf der Tagung "Numerische Behandlung von Differentialgleichungen" im Math. Forschungsinstitut Oberwolfach vom 9. bis 14. Juni 1974) ISNM Vol.27, Basel-Stuttgart, Birkhäuserverlag 1975.

[K1] KATO, T.: Perturbation theory for linear operators. Grundlehren der mathematischen Wissenschaften, Bd. 132, Berlin-Heidelberg-New York: Springer 1966.

[L1] LANCASTER, P.: Lambda-matrices and vibrating systems. Oxford usw., Pergamon Press 1966.

[L2] LINDEN, H.: Obere Schranken für Eigenwerte von Eigenwertaufgaben der Form $(\lambda^2 I - \lambda A - B)x = 0$. Num. Math. 26 (1976), 17-26.

[L3] LEHMANN, R.: Zur numerischen Behandlung nichtlinearer Eigenwertaufgaben abgeschlossener Operatoren. Beiträge zur Numerischen Mathematik 3 (1975), 57-79.

[L4] LEHMANN, R.: Einige Abschätzungen von Eigenwerten und Eigenvektoren eines gestörten Operatorbüschels. Beiträge zur Numerischen Mathematik, 2 (1974), 103-113.

[M1] MÜLLER, P.H.: Eigenwertabschätzungen für Gleichungen vom Typ $(\lambda^2 I - \lambda A - B)x = 0$. Arch. Math. 12 (1961) 307-310.

[M2] MÜLLER, P.H. und H. KUMMER: Zur praktischen Bestimmung nicht-linear auftretender Eigenwerte. Anwendung des Verfahrens auf eine Stabilitätsuntersuchung (Kipperscheinung). ZAMM 40 (1960), 136-143.

[S1] STAKGOLD, I.: On Weinstein's Intermediate Problems for Integral Equations with Difference Kernels. Journal of Mathematics and Mechanics, 19 (1969), 301-307.

[T1] TURNER, R.E.L.: Some variational principles for a nonlinear eigenvalue problem. J. Math. Anal. Appl. 17 (1967), 151-160.

[T2] TURNER, R.E.L.: A class of nonlinear eigenvalue problems. J. Functional Anal. 7 (1968), 297-322.

[W1] WERNER, B.: Das Spektrum von Operatorscharen mit verallgemeinerten Rayleighquotienten. Arch. Rat. Mech. Anal. 42 (1971), 223-238.

[W2] WERNER, B.: Min-Max-Prinzipien für nichtlinear auftretende Eigenwerte bei klassischen und natürlichen Randeigenwertproblemen. Computing 9 (1972), 189-201.

[W3] WEINBERGER, H.F.: A Theory of Lower Bounds for Eigenvalues. Tech. Note BN-183, IFDAM, Univ. of Maryland, College Park, Maryland, 1959.

[W4] WEINBERGER, H.F.: On a nonlinear eigenvalue problem. J. Math. Anal. Appl. 21 (1968) 506-509.

[W5] WEINSTEIN, A. and W. STENGER: Methods of intermediate problems for eigenvalues. New York - London, Academic Press 1972.

Dr. Walter R. Richert

Mathematisches Institut der
Ludwig-Maximilians-Universität München

Theresienstraße 39

8000 M ü n c h e n 2

ISNM 38 Birkhäuser Verlag, Basel und Stuttgart, 1977

Variational methods for multiparametric eigenvalue problems

by G. F. Roach

§1. Introduction

Variational methods are a familiar and well developed technique in the theory of one parameter eigenvalue problems. The main aim of this paper is to show how these various concepts can be extended and generalised to deal with multiparametric eigenvalue problems. In order to do this it is first necessary to define the spectrum, in particular the eigenvalue spectrum of a multiparametric problem. This we find we can do very conveniently by introducing the notion of the state of a multiparametric problem.

§2. Statement of the problem

Probably the most natural way in which multiparametric problems arise in practice is when the method of separation of variables is applied to certain boundary value problems associated with partial differential equations. A typical example is afforded by the vibrating membrane problem. For a rectangular membrane with a fixed boundary the separation of variables technique leads to standard one parameter problems in that the separated equations are uncoupled Sturm-Liouville equations. A similar problem for an elliptic membrane, however, leads to two Mathieu equations which are coupled through separation parameters.

Multiparameter problems also arise in a number of other areas; for instance in the theory of approximations, in many body diffraction theory, and in non-linear control problems to name only a few. For a more comprehensive list of relevant multiparametric problems we would cite the works of F. V. Atkinson [1], L. Collatz [2], G. F. Roach [6] and B. D. Sleeman [8] which may be taken as reference sources.

With the prospect of so many fundamentally different types of problem appearing under the single heading of "multiparametric problem" we shall consider such problems in an abstract setting. To this end let $H_k := H(G_k)$, $k = 1,2, .., n$ denote complex separable Hilbert spaces the elements of which are defined over the (not necessarily distinct) regions $G_k \subset \mathbb{E}^m$. For all $k = 1,2, \ldots, n$ let A_k and B_{kj}, $j = 1,2, .. , n$ denote linear operators with domain and range in H_k. The general non-homogeneous multiparametric problem can now be conveniently expressed in the form

$$(A_k - \sum_{j=1}^{n} \lambda_j B_{kj})u_k = f_k \in H_k, \ k = 1,2, \ldots, n \qquad (2.1)$$

for all

$$u_k \in D_k := D(A_k) \cap \{ \bigcap_{j=1}^{n} D(B_{kj}) \}$$

where $\lambda_j \in \mathbb{C}$, $j = 1,2, \ldots, n$.

Basic problems associated with (2.1) are:

<u>P1</u> For what values of $\lambda_k \in \mathbb{C}$, $k = 1,2, \ldots, n$ do there exist non-trivial solutions $u_k \in H_k$, $k = 1,2, \ldots, n$ of (2.1).

<u>P2</u> How can the non-trivial solution $u_k \in H_k$, $k = 1,2, \ldots, n$ be determined.

In this paper we shall be principally concerned with P1 and the development of associated variational methods. In order to clarify the nature of this problem we introduce the concepts of the state of a multiparametric problem and then define its associated spectrum.

<u>§3 States of a multiparametric problem</u>

Let $B(X,Y)$ denote the space of all bounded linear operators mapping the linear space X into the linear space Y. For any $A \in B(X,Y)$ we shall denote by $D(A)$ the domain of A and by $R(A)$ the range of A. We now introduce the following notation used in the theory of linear operators (c.f. [9]).

A I $\Leftrightarrow$ $R(A) = Y$

A II $\Leftrightarrow$ $R(A) \neq Y, \overline{R(A)} = Y$

A III $\Leftrightarrow$ $\overline{R(A)} \neq Y$

A 1 $\Leftrightarrow$ A^{-1} exists, continuous

A 2 $\Leftrightarrow$ A^{-1} exists, not continuous

A 3 $\Leftrightarrow$ A^{-1} does not exist.

As an example of the use of this notation we offer the following: If $A: X \to Y$ is such that $R(A) \neq Y$, $\overline{R(A)} = Y$ and A^{-1} exists, but is not continuous then $A \in II_2$ and we say that A is the state II_2.

We can extend this notation as follows:

If, for example, the operator $(\lambda I - A)$: $X \supset D(A) \to Y$, $\lambda \in \mathbb{C}$ is such that $(\lambda I-A) \in III_2$, then we say: $\lambda \in III_2$.

In terms of this notation the spectral characteristics of an operator A can be characterised in the following way. Let $\rho(A)$, $\sigma(A)$, $\sigma_C(A)$, $\sigma_R(A)$, $\sigma_P(A)$ denote the resolvent set, spectrum, continuous spectrum, residual spectrum and point spectrum respectively of the operator A, these quantities being defined in the usual manner [9]. The following equivalences are now immediate.

$\lambda \in \rho(A) \iff \lambda \in I_1, II_1$

$\lambda \in \sigma_C(A) \iff \lambda \in I_2, II_2$

$\lambda \in \sigma_R(A) \iff \lambda \in III_1, III_2$

$\lambda \in \sigma_P(A) \iff \lambda \in I_3, II_3, III_3$.

Similar equivalences also obtain for the adjoint (conjugate) operator A*. A symbol of the form II_3 is said to denote the state of an operator A whilst an ordered pair (II_1, III_1) denotes the state of the operator pair (A,A*). Although the maximum number of states for the pair (A,A*) would appear to be 81, this number can be reduced by the following Theorems [4], [9].

<u>Theorem 1</u>. $R(A) = Y \iff (A^*)^{-1}$ exists.

This Theorem implies that if $A \in I$ or II then $A^* \in 1$ or 2 and vice versa.

Alternatively, it implies that $A \in I$ or II and $A^* \in 3$ is <u>impossible</u>.

$A \in III$ and $A^* \in 1,2$ is <u>impossible</u>.

<u>Theorem 2</u>. If $\overline{R(A^*)} = X^*$ then A^{-1} exists.

This Theorem implies that $A \in 3$ and $A^* \in I$ or II is <u>impossible</u>.

<u>Theorem 3</u>. $R(A^*) = X^* \iff A^{-1}$ exists and is continuous.

From this Theorem we see that $A \in 1$ and $A^* \in II$ or III is <u>impossible</u>.

$A \in 2$ or 3 and $A^* \in I$ is <u>impossible</u>.

As a summary of these various remarks the following state diagram is obtained

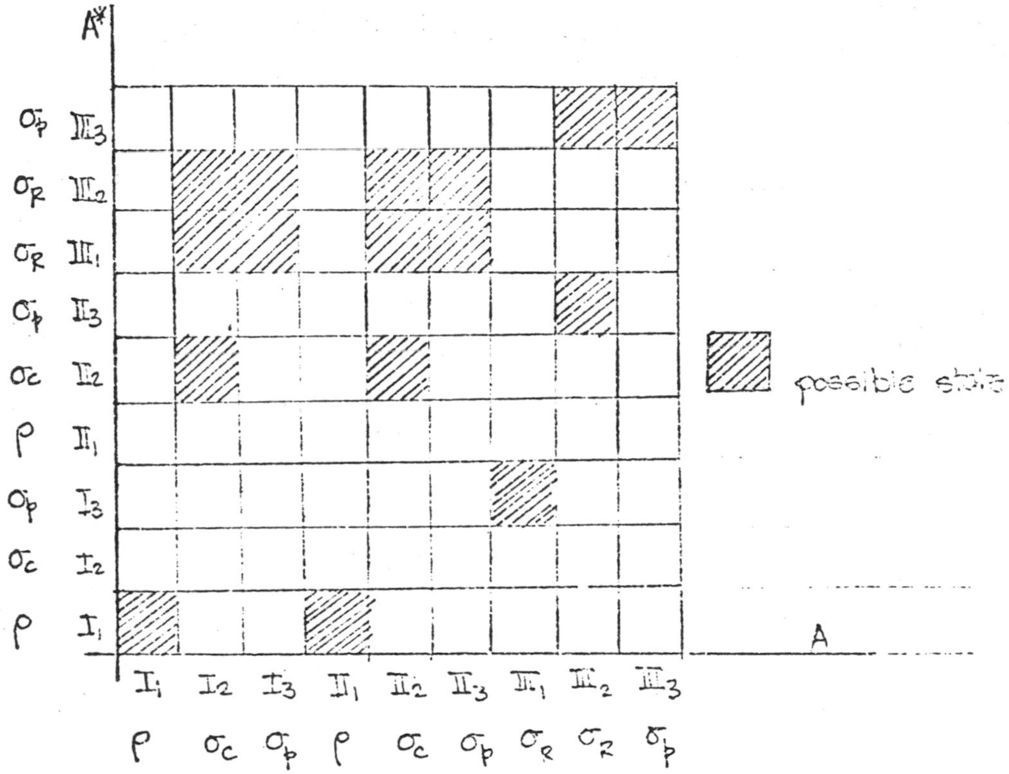

In the above diagram the number of possible states can be further reduced by restricting X and Y to be complete. Further forms of state diagram have been obtained by various authors and in this connection we would cite [4] and [9] as references.

The extension of these ideas to multiparametric problems is now a comparitively straightforward matter. For the sake of clarity and convenience in presentation we shall confine our attention to two parameter problems.

Paralleling the concept of eigenvalues for one parameter problems we have, (in the notation of §2)

Definition 3.1. The pair $(\lambda_1,\lambda_2) \in \mathbb{C} \times \mathbb{C}$ is an eigenvalue (pair) of the operator triple $\{A_k, B_{kj}\}_{j=1}^{2}$ if and only if there exists a non-trivial solution $u_k \in H_k$ of

$$M_k(\lambda_1,\lambda_2)u_k := (A_k-\lambda_1 B_{k1}-\lambda_2 B_{k2})u_k = \theta_k \in H_k \tag{3.1}$$

The non-trivial solution $u_k \in H_k$ is an eigenvector of the operator triple $\{A_k,B_{kj}\}_{j=1}^2$ corresponding to the eigenvalue pair (λ_1,λ_2).

Peculiar to multiparametric problems is the following situation.

Definition 3.2. The pair $(\lambda_1,\lambda_2) \in \mathbb{C}\times\mathbb{C}$ is an eigenvalue (pair) of the operator array $\{A_k,B_{kj}\}_{k,j=1}^2$ if and only if there exist non-trivial solutions $u_k \in H_k, k = 1,2$ of the equations $M_k u_k = \theta_k \in H_k$, $k = 1,2$. The non-trivial solution $u_k \in H_k$, $k = 1,2$ constitute an "eigenvector pair", (u_1,u_2), of the operator array corresponding to the eigenvalue pair (λ_1,λ_2).

The following definitions, paralleling those appearing in the standard one-parameter theory, are now quite natural.

Definition 3.3. Let k be a fixed integer

Nature of M_k^{-1}	$R(M_k)$	Set to which (λ_1,λ_2) belongs
1. Bounded	H_k	Resolvent set $= \rho(M_k)$
2. Unbounded	Dense in H_k	Continuous spectrum $= \sigma_C(M_k)$
3. Bounded or not	Not dense in H_k	Residual spectrum $= \sigma_R(M_k)$
4. Does not exist	Dense or not in H_k	Point spectrum $= \sigma_P(M_k)$.

Whence

$$\mathbb{C}\times\mathbb{C} = \rho(M_k)\cup\sigma_C(M_k)\cup\sigma_R(M_k)\cup\sigma_P(M_k) = \rho(M_k)\cup\sigma(M_k) .$$

These definitions hold and are quite satisfactory for individual values of k. However, corresponding definitions for an operator array are not easy to generate. This is because for the operator array the spectrum will be obtained by "mixing" the component spectra obtained for each value of k. These difficulties can be eased considerably by extending the previously introduced means of charactering spectra.

Definition 3.4. Given A,B,C: $X \to Y$ then for the operator

$M(\lambda,\mu) := A-\lambda B-\mu C: X \to Y$

$D(M) = D(A)\cap D(B)\cap D(C)$, $\lambda,\mu \in \mathbb{C}$

define

$$(\lambda,\mu)\in \rho(M) = \rho(A;B,C) \iff A-\lambda B-\mu C \in I_1, II_1 \ni (\lambda,\mu)$$

$$\left.\begin{array}{l}(\lambda,\mu)\in \sigma_C(M) = \sigma_C(A;B,C) \iff A-\lambda B-\mu C \in I_2, II_2 \ni (\lambda,\mu)\\ (\lambda,\mu)\in \sigma_R(M) = \sigma_R(A;B,C) \iff A-\lambda B-\mu C \in III_1, III_2 \ni (\lambda,\mu)\\ (\lambda,\mu)\in \sigma_P(M) = \sigma_P(A;B,C) \iff A-\lambda B-\mu C \in I_3, II_3, III_3 \ni (\lambda,\mu)\end{array}\right\}\sigma(M)$$

Definition 3.5 Given $A_k, B_{kj}: X_k \to Y_k$, $\lambda_k \in \mathbb{C}$, $j,k = 1,2$ we define the state of the multiparametric problem

$$M_k u_k := (A_k - \sum_{j=1}^{n} \lambda_j B_{kj}) u_k = f_k \in Y_k,\ u_k \in X_k,\quad k = 1,2$$

to be the ordered pair (m_1, m_2) where m_k denotes the state of the operator M_k, $k = 1,2$.

As a motivation for our final definition in this section consider the following abstract, non-homogeneous, two parameter problem

$$M_k u_k = f_k \in H_k, \quad k = 1,2 . \tag{3.2}$$

The underlying problem is; given $f_k \in H_k$, $k = 1,2$ determine the $u_k \in H_k$; $k = 1,2$ which satisfy (3.2). Formally it is quite clear that the required solution is given by

$$u_k = M_k^{-1} f_k \in H_k, \quad k = 1,2$$

and in consequence the underlying problem reduces to determining when and in what form do the operators M_k^{-1}, $k = 1,2$ exist. To a certain extent this has already been settled. However it is evident that the resolvent set, $\rho(M_1, M_2)$, and spectrum, $\sigma(M_1, M_2)$, associated with the two parameter problem (3.2) are governed as much by the spectral properties of the individual operators M_k as by the underlying requirement of obtaining a solution to the array of equations appearing in (3.2). This latter point is a feature of problems containing more than one parameter and its importance cannot be over emphasised. For instance if $(\lambda_1, \lambda_2) \in \rho(M_k)$, $k = 1,2$ then it is quite clear that the required solutions $u_k \in H_k$, $k = 1,2$ of (3.2) exist. However, if $(\lambda_1, \lambda_2) \in \rho(M_1) \cap \sigma_P(M_2)$ then although there exists a solution to the first equation in (3.2) there is no solution to the second equation in the array and consequently there can be no solution to the multiparametric problem as posed. This aspect of the theory of multiparametric problems has already been developed to a certain extent by the author in [6]. We would remark however that the concept of a "mixed" spectrum referred to above is a peculiar feature of multiparametric problems as considered here and as such should not be confused with the concept of "joint" spectrum introduced by A. T. Dash [3].

The various spectral possibilities which might arise in a two parameter problem are accounted for in the following

Definition 3.6. Given the multiparameter problem of Definition 3.1 with $n = 2$ we shall say

$$(\lambda_1,\lambda_2)\in \rho(M_1,M_2) \Longleftrightarrow (M_1,M_2) = \begin{cases}(I_1,I_1)\\(I_1,II_1)\\(II_1,I_1)\\(II_1,II_1)\end{cases}$$

$$(\lambda_1,\lambda_2)\in \sigma_C(M_1,M_2) \Longleftrightarrow (M_1,M_2) = \begin{cases}(I_2,I_2)\\(I_2,II_2)\\(II_2,I_2)\\(II_2,II_2)\end{cases}$$

$$(\lambda_1,\lambda_2)\in \sigma_R(M_1,M_2) \Longleftrightarrow (M_1,M_2) = \begin{cases}(III_1,III_1)\\(III_1,III_2)\\(III_2,III_1)\\(III_2,III_2)\end{cases}$$

$$(\lambda_1,\lambda_2)\in \sigma_P(M_1,M_2) \Longleftrightarrow (M_1,M_2) = \begin{cases}(I_3,I_3), (II_3,I_3), (III_3,I_3)\\(I_3,II_3), (II_3,II_3), (III_3,II_3)\\(I_3,III_3), (II_3,III_3), (III_3,III_3)\end{cases}$$

Here $\sigma_C(M_1,M_2)$ $\sigma_R(M_1,M_2$, $\sigma_P(M_1,M_2)$ are said to comprise the <u>pure spectrum</u> of the multiparametric problem.

whilst $\{(\lambda_1,\lambda_2)\in \mathbb{C}\setminus \rho(M_1,M_2)\setminus$ (pure spectrum)$\}$ is said to comprise <u>mixed spectrum</u> of the multiparametric problem.

<u>Example</u>:

(i) $\left.\begin{array}{l}(\lambda_1,\lambda_2)\in \rho(M_1)\\(\lambda_1,\lambda_2)\in \sigma_C(M_2)\end{array}\right\} \Longleftrightarrow (\lambda_1,\lambda_2)\in \sigma_{\rho C}(M_1,M_2)$

$$\left.\begin{array}{l}(\lambda_1,\lambda_2)\in\sigma_R(M_1)\\(\lambda_1,\lambda_2)\in\sigma_P(M_2)\end{array}\right\}\iff(\lambda_1,\lambda_2)\in\sigma_{RP}(M_1,M_2)\qquad\text{(ii)}$$

The preceding discussion of multiparametric spectral theory can be summarised in the following state diagram.

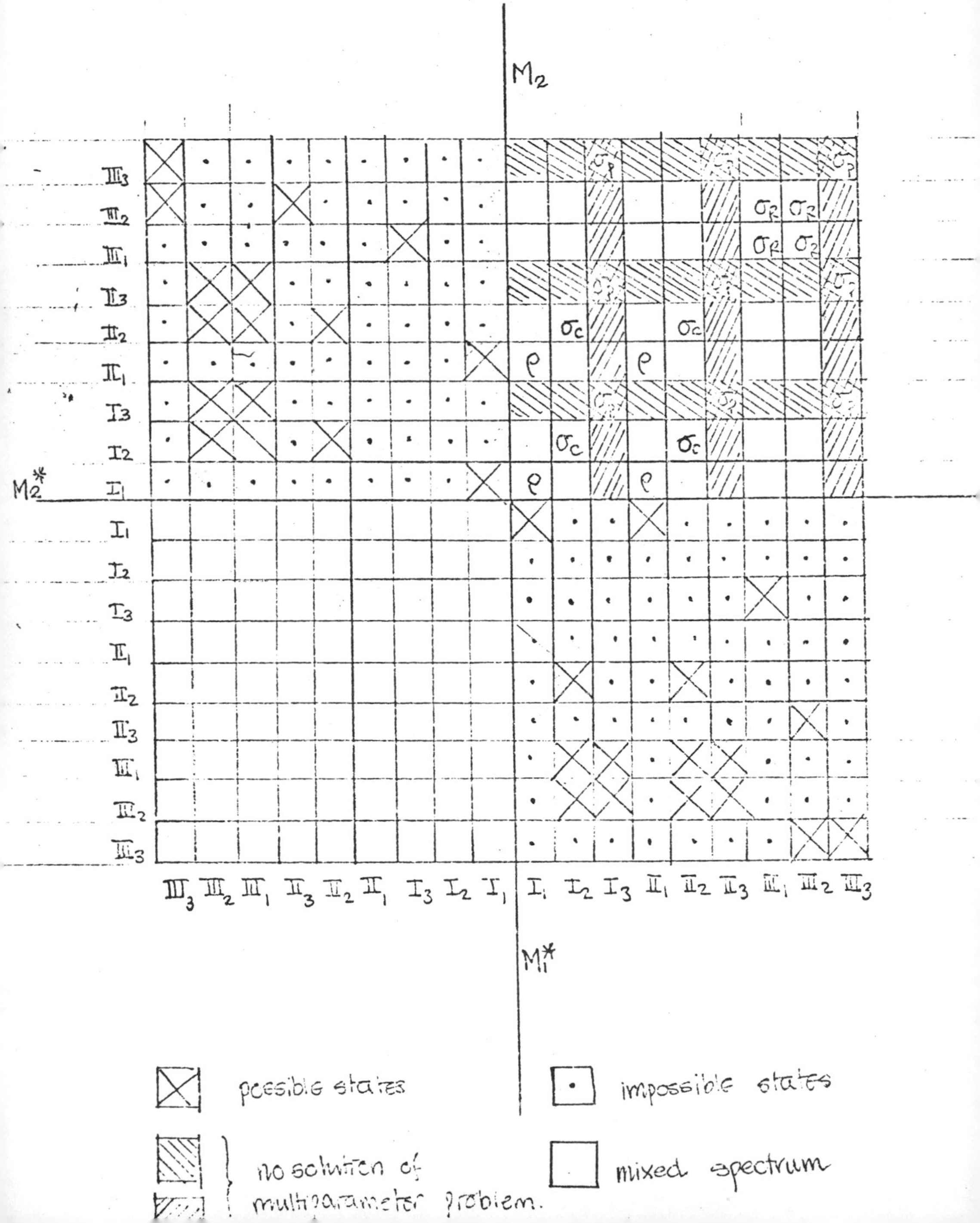

4. Variational methods

For the remainder of this paper we shall confine our attention to a discussion of the pure point spectrum of a multiparametric problem. In particular we shall show how variational methods may be developed to give approximation to elements of the pure point spectrum. A more detailed and comprehensive discussion of the spectrum of a multiparametric problem will be communicated separately.

Without any loss of generality we can confine our attention to a two parameter problem in the form

$$M_1(\lambda_1,\lambda_2)u_1 \equiv M_1u_1 := (A_1-\lambda_1B_{11}-\lambda_2B_{12})u_1 = \theta_1 \in H_1$$
$$M_2(\lambda_1,\lambda_2)u_2 \equiv M_2u_2 := (A_2-\lambda_1B_{21}-\lambda_2B_{22})u_2 = \theta_2 \in H_2 \qquad (4.1)$$

We shall assume

A1. $A_k, B_{kj}: H_k \to H_k$, $k = 1,2$, are Hermitian and continuous.

Fundamental to the study of such problems is the notion of a tensor product; both of Hilbert spaces and of operators acting in those spaces. In this particular connection these ideas are developed in [5] where a comprehensive bibliography is also given. Using these concepts it can be shown [5] that the multiparameter problem posed in H_1 and H_2 can be reduced to an equivalent array of two one-parameter problems posed in the tensor product space $H := H_1 \otimes H_2$. This indicates that to determine the required eigenvalues we should consider the equivalent problem in H, especially if variational methods are to be developed for multiparameter problems by extending the one-parameter theory. To this end we define an operator

$$\Delta: H \to H := H_1 \otimes H_2$$

by

$$\Delta F := \sum_{k=0}^{2} \alpha_k \Delta_k f := \det \begin{bmatrix} \alpha_0 & \alpha_1 & \alpha_2 \\ -A_1f_1 & B_{11}f_1 & B_{12}f_1 \\ -A_2f_2 & B_{21}f_2 & B_{22}f_2 \end{bmatrix}$$

where $\alpha_k \in \mathbb{R}$, $k = 0,1,2$ and $f = f_1 \otimes f_2 \in H$, $f_k \in H_k$, $k = 1,2$. The extension of this definition to arbitrary $f \in H$ can be made by linearity and continuity arguments.

As in one-parameter theory we shall need to have a certain definiteness condition. This we assume to be of the form:

A2. $\Delta: H \to H$ is positive definite in the sense that

$$(\Delta f,f)_H := \langle \Delta f,f \rangle := \det \begin{bmatrix} \alpha_o & \alpha_1 & \alpha_2 \\ -(A_1 f_1,f_1)_1 & (B_{11}f_1,f_1)_1 & (B_{12}f_1,f_1)_1 \\ -(A_2 f_2,f_2)_2 & (B_{21}f_2,f_2)_2 & (B_{22}f_2,f_2)_2 \end{bmatrix}$$

$$\geq C\|f_1\|_1^2 \, \|f_2\|_2^2 , \quad C > 0$$

It will be sufficient for our present purposes to assume

A3. $\alpha_1 = \alpha_2 = 0$.

This causes no loss of generality. Indeed the more general situation can be developed by a straightforward application of the theory in [7].

Notice that A3 implies that Δ_o is a positive definite operator and consequently Δ_o^{-1} exists as a bounded linear operator.

Following the theory in [5] the multiparameter problem:

$$M_1u_1 = \theta_1 \quad H_1 , \qquad M_2u_2 = \theta_2 \quad H_2$$

can be reduced to the array of one parameter problems

$$\lambda_k\Delta_o u = \Delta_k u \quad H := H_1 \otimes H_2 \qquad k = 1,2 \tag{4.2}$$

Ideally $u \in H$ has the form $u = u_1 \otimes u_2$ where u_k solves $M_ku_k = \theta_k$, $k = 1,2$. This question of decomposability is a non-trivial one. As it is discussed at some length in [5] we shall not pursue the matter here.

The following Theorems have been established [7].

Theorem 4.1 Norms induced in H by $\langle .,. \rangle$ and $[.,.] := \langle \Delta_o .,. \rangle$ are equivalent.

Theorem 4.2 For any $L: H \to H$ define $L^\#$ by $[Lf,g] = [f,L^\#g]$. The operators $\Gamma_k := \Delta_o^{-1}\Delta_k: H \to H$, $k = 1,2$ are self adjoint in the sense that $\Gamma_k = \Gamma_k^\#$, $k = 1,2$.

Theorem 4.3 $\lambda := (\lambda_1,\lambda_2)$ is an eigenvalue of the reduced array (4.2) $\iff$ λ an eigenvalue of the system $\{M_1,M_2\}$.

Theorem 4.4 Let $\lambda := (\lambda_1,\lambda_2)$ be an eigenvalue of the system $\{M_1,M_2\}$ then (i) $\lambda_j \in \mathbb{R}$, $j = 1,2$

(ii) distinct eigenvectors $u = u_1 \otimes u_2$, $v = v_1 \otimes v_2$ are orthogonal in the sense $[u,v] = 0$.

For any fixed k the eigenvalue problem

$$\lambda_k \Delta_o u = \Delta_k u$$

is a one-parameter problem, in $H = H_1 \otimes H_2$, for which the standard variational methods are available. Variational methods for the multiparametric problem can then be obtained by allowing k to vary. Consequently, as in the one parameter theory we have, by the properties of the operators involved

Theorem 4.5. The eigenvalue spectrum is bounded.

Continuing, as in one parameter theory we need to assume

A4. There exists a constant C_k such that

$$|\langle\Delta_k u,u\rangle| \leq C_k \langle\Delta_o u,u\rangle .$$

Consequently we can establish

Theorem 4.6. $\langle \Delta_k u,u \rangle$ is a bounded, Hermitian functional on H.

Corollary 4.1. The Rayleigh Quotient $\langle \Delta_k u,u \rangle / \langle \Delta_o u,u \rangle$ is bounded on H.

In preparation for allowing k to vary we introduce

Definition 4.1.

$$\lambda_k^{(1)} := \sup_{v\in H} \frac{\langle\Delta_k v,v\rangle}{\langle\Delta_o v,v\rangle} \equiv \sup \left\{ \frac{\langle\Delta_k v,v\rangle}{[v,v]} : v\in H \right\}$$

Making due allowance for the variability of k the following Theorem can be established by a straightforward application of standard theory.

Theorem 4.7. If there exist real scalars $\lambda_k^{(1)}$ k=1,2 and a non-trivial element $u^{(1)}\in H$ such that

$$\langle \Delta_k u^{(1)},u^{(1)} \rangle = \lambda_k^{(1)} \langle \Delta_o u^{(1)},u^{(1)} \rangle , \quad k = 1,2$$

then

$$\Gamma_k u^{(1)} = \lambda_k^{(1)} u^{(1)} , \qquad k = 1,2$$

$$\left[\text{alternatively: } \Delta_k u^{(1)} = \lambda_k^{(1)} \Delta_o u^{(1)} , \quad k = 1,2 \right]$$

In this case $\lambda^{(1)} := (\lambda_1,\lambda_2)$ is an eigenvalue pair of the system $\{M_1,M_2\}$ and $u^{(1)}\in H$ a simultaneous eigenvector [5] of $\Gamma_k, k = 1,2$.

Knowing $u^{(1)}$ a simultaneous eigenvector of Γ_k, k = 1,2 we use the orthogonality introduced in Theorem 4.4 to define

$$V_1 := \{v \in H: [v,u^{(1)}] = 0\}$$

and

$$\lambda_k^{(2)} := \sup \left\{ \frac{<\Delta_k v,v>}{[v,v]} : v \in V_1 \right\}$$

Consequently we obtain by an easy application of standard theory

Theorem 4.8. If there exist real scalars $\lambda_k^{(2)}$, k=1,2 and a non-trivial element $u^{(2)} \in V_1$ such that

$$< \Delta_k u^{(2)},u^{(2)} > = \lambda_k^{(2)} < \Delta_o u^{(2)},u^{(2)} > , \quad k = 1,2$$

then

$$\Gamma_k u^{(2)} = \lambda_k^{(2)} u^{(2)} , \qquad k = 1,2.$$

In this case $\lambda^{(2)} := (\lambda_1^{(2)},\lambda_2^{(2)})$ is an eiganvalue pair of the system $\{M_1,M_2\}$ and $u^{(2)}$ a simultaneous eigenvector of Γ_k, k = 1,2.

Continuing this development as in the standard theory we can establish

Theorem 4.9 The recursive definition:

(a) $\lambda_k^{(n)} = \sup\{< \Delta_k v,v >: [v,u^{(1)}] = [v,u^{(2)}] = \dots = [v,u^{(n-1)}]=0, [v,v]=$

(b) If there exists an element $u \in H$ which satisfies

$[u,v^{(1)}] = [u,u^{(2)}] = \dots = [u,u^{(n-1)}] = 0$

$[u,u] = 1$

$< \Delta_k u,u > = \lambda_k^{(n)}$

then define $u^{(n)} = u$,

leads to non increasing sequences of eigenvalues

$\lambda_k^{(1)} \geqslant \lambda_k^{(2)} \geqslant \dots \geqslant$, k = 1,2, ...

and "eigenvectors" $u^{(1)},u^{(2)}$, ... which terminate if and only if for some n the supremum in (a) is not attained or H has dimension (n-1).

The above discussion indicates that if an n-parameter problem is reduced to an array of n one-parameter problems then an almost complete parallel can be made with the development of the one parameter theory. In addition to the results presented here the way is now clear to apply to multiparametric eigenvalue problems a number of other techniques familiar in one parameter variational method. In particular we would mention the availability of the

Poincaré, the Courant-Weyl and certain monotonicity principles, the Rayleigh-Ritz, the Weinstein-Aronszajn and the Fichera methods and certain separation theorems. A detailed discussion of these various aspects will be communicated separately.

Department of Mathematics

University of Strathclyde

Glasgow G1 1XH.

References

[1] Atkinson, F.V., Multiparameter eigenvalue problems, Vol.1, Academic Press 1972.

[2] Collatz, L., Multiparametric eigenvalue problems in inner product spaces, J. Comput. System Sci. 2 (1968) 333-341

[3] Dash, A.T., Joint spectra. Studia Math. XLV (1973) 225-237.

[4] Goldberg, S., Unbounded linear operators, McGraw-Hill, New York 1966.

[5] Roach, G. F., Representation theorems for multiparametric problems in Hilbert space, Meth. Verf. Math. Phys. 16 (1975) 157-174.

[6] Roach, G. F., A Fredholm theory for multiparemetric problems, Nieuw Arch. v. Wiskunde (3), XXIV (1976) 49-76.

[7] Roach, G. F. & Sleeman, B.D., Generalised multiparameter spectral theory, Function theor. meth. in partial diff. equ. Lect. Notes in Maths No. 561 (1976) 394-411, Springer.

[8] Sleeman, B.D., Multiparemeter eigenvalue problems for ordinary differential equations, Bull. Inst. Poli. Jassy. 17 (21) (1971) 51-60.

[9] Taylor, A.E., Introduction to Functional Analysis, Wiley, New York 1958.

ISNM 38 Birkhäuser Verlag, Basel und Stuttgart, 1977

APPROXIMATION METHODS FOR EIGENVALUE PROBLEMS IN ELLIPTIC DIFFERENTIAL EQUATIONS

Friedrich Stummel

The paper presents a new approximation theory for eigenvalue problems of symmetric sesquilinear forms on continuously embedded subspaces of a Hilbert space. First, approximations of inhomogeneous equations are studied in order to introduce the fundamental approximability and closedness conditions. The approximation of eigenvalue problems, additionally, requires convergent, weakly collectively compact sequences of sesquilinear forms. Under these conditions, the convergence of spectra and resolvent sets, of approximation eigenvalues and eigenspaces is established.Main resultsare the associated discretization error estimates and improved convergence statements for Rayleigh quotients ensuring the quadratic convergence behaviour of eigenvalue approximations. The general theory is applied to finite element methods, difference approximations, penalty methods and singular perturbations.

1. Convergence theorems and error estimates

Convergence theorems and error estimates will be established in the following for the simplest model problems in inhomogeneous equations and symmetric eigenvalue problems. The approximations of Hilbert spaces, considered here, constitute a class of discrete approximations in the sense of Stummel [18], [19], which is very rich in structure, contains many specific approximation methods, and has numerous applications (see [22]). Discrete approximations of general eigenvalue problems have already been studied in [18], [19] and in great detail by Grigorieff in [8]. The main interests of the present paper, however, are the specific discretization error estimates and the associated error functionals for the class of approximations considered here.

Section 1.1 is largely based on the approximation theory for inhomogeneous equations presented in [22]. The functionals $\varepsilon_\iota, \delta_\iota$ have been introduced in [21] for the first time. The generalized distances δ_ι and the error functionals $\|d_\iota\|$ improve the corresponding functionals γ_h, Γ_h of Nitsche in [15]. Theorem 1.1 (13) shows that necessary and sufficient convergence conditions are obtained by means of our functionals. Sections 1.2, 1.3 deal with convergence theorems and error estimates for eigenvalue problems. Theorem 1.2 (11), concerning convergence and error of approximation eigenvalues, may be viewed as generalizing a corresponding result of Keller in [11]. Particular worthy of note is the improved convergence statement 1.3 (11) for eigenvalue approximations. This theorem yields the quadratic convergence behaviour of eigenvalue approximations in all of the applications considered in Section 2.

1.1. Proper convergence

The aims of our investigation are theorems concerning the convergence of the solutions of inhomogeneous equations of the simple form

(1) $(\varphi, u_\iota)_{E_\iota} = \ell_\iota(\varphi), \quad \varphi \in E_\iota, \quad \iota = 0,1,2,\ldots,$

and of the eigenvalues and eigensolutions of the problems

(2) $(\varphi, w_\iota)_{E_\iota} = \lambda_\iota b_\iota(\varphi, w_\iota), \quad \varphi \in E_\iota, \quad \iota = 0,1,2,\ldots\ .$

Here, ℓ_ι means continuous linear forms on Hilbert spaces E_ι which are continuously embedded subspaces of a Hilbert space E. The inhomogeneous equations are always uniquely solvable as is easily seen from the well-known representation theorem of Frêchet-Riez. Further, b_ι denotes compact symmetric sesquilinear forms on E_ι. The eigenvalues μ_ι of b_ι are the characteristic values $\frac{1}{\lambda_\iota}$ of the problems (2). The sequences of equations (1) and (2), for $\iota = 1,2,\ldots,$ are viewed as approximations of the corresponding equations for $\iota = 0$. So (E_ι) is a sequence of approximating spaces for the given space E_0.

In many cases, the usual concepts of strong convergence $\underset{E}{\rightarrow}$ and weak convergence $\underset{E}{\rightharpoonup}$ in the Hilbert space E are not sufficient for the study of problems as those described above. For example, in applications $(.,.)_E$ is an energy scalar product. Therefore, one is interested not only in the convergence of the solutions u_ι to u_0 in E but also of the energy approximations $\|u_\iota\|^2_{E_\iota}$ to $\|u_o\|^2_{E_o}$ for $\iota \to \infty$. Further, consider the eigenvalue problems (2) with the restrictions $b_\iota = b|E_\iota$ of a continuous sesquilinear form b on E. From the representation $\|w_\iota\|^2_{E_\iota} = \lambda_\iota b(w_\iota)$ one finds the convergence relation

$$\lambda_\iota \to \lambda_0 \iff \|w_\iota\|^2_{E_\iota} \to \|w_o\|^2_{E_o} \quad (\iota \to \infty)$$

of the eigenvalues of (2) for every convergent sequence of eigensolutions $w_\iota \underset{E}{\rightarrow} w_0$.

Hence the following proper convergence concept is of crucial importance: For infinite subsequences $\mathbb{N}' \subset \mathbb{N} = (1,2,3,\dots)$ and elements $u \in E, u_\iota \in E_\iota$, $\iota \in \mathbb{N}'$, the proper strong convergence s-lim is defined by

$$\text{s-lim } u_\iota = u \iff u_\iota \underset{E}{\to} u, \quad \|u_\iota\|_{E_\iota} \to \|u\|_{E_0}$$

and the proper weak convergence w-lim by

$$\text{w-lim } u_\iota = u \iff u_\iota \underset{E}{\rightharpoonup} u, \quad \|u_\iota\|_{E_\iota} \text{ is bounded,}$$

for $\iota \to \infty$, $\iota \in \mathbb{N}'$. Proper convergence is a suitable restriction of the ordinary convergence in E. When the norms $\|\cdot\|_{E_\iota}$ and $\|\cdot\|_E$ are equal, proper convergence is the restriction of the convergence in E to sequences $u_\iota \in E_\iota$.

We denote by J_ι the natural embeddings of E_ι into E for $\iota = 0,1,2,\dots$. The mappings J_ι are bounded linear operators because E_ι is continuously embedded into E. We shall make the following basic assumption concerning the norms of the spaces E_ι:

(3i) $\|u_0\|_E = \|u_0\|_{E_0}, u_0 \in E_0$; $\quad \|u_\iota\|_E \le \|J_\iota\| \, \|u_\iota\|_{E_\iota}, u_\iota \in E_\iota$, $\iota = 1,2,\dots,$

where

(3ii) $\qquad \limsup \|J_\iota\| \le 1.$

The associated adjoint operators $R_\iota = J_\iota^*: E \to E_\iota$ are defined by the relation

(4) $\quad (J_\iota u_\iota, v)_E = (u_\iota, R_\iota v)_{E_\iota}, \quad u_\iota \in E_\iota,\ v \in E,\ \iota = 0,1,2,\dots$.

From (3) and (4) one immediately obtains the inequalities

(5) $\quad \frac{1}{\|J_\iota\|} \|R_\iota v\|_E \le \|R_\iota v\|_{E_\iota} \le \|J_\iota\| \, \|v\|_E, \quad v \in E,\ \iota = 1,2,\dots$.

The first condition in (3i) implies the representation $(.,.)_E = (.,.)_{E_0}$ for the scalar product of E_0. Consequently, R_0 ist the orthogonal projection P_0 of E onto E_0.

By means of (4), one easily verifies the fundamental identity

(6) $\quad \|u_\iota - u\|_E^2 + \varepsilon_\iota(u_\iota) = \|u_\iota - R_\iota u\|_{E_\iota}^2 + \delta_\iota(u)$

for all $u \in E$, $u_\iota \in E_\iota$, where the quadratic functionals $\varepsilon_\iota, \delta_\iota$ are specified by

(7)
$$\varepsilon_\iota(u_\iota) = \|u_\iota\|_{E_\iota}^2 - \|u_\iota\|_E^2, \quad u_\iota \in E_\iota,$$
$$\delta_\iota(u) = \|u\|_E^2 - \|R_\iota u\|_{E_\iota}^2, \quad u \in E,$$

for $\iota = 0,1,2,\dots$. From (3) and (5) we find that

(8) $\liminf_{\iota\to\infty} \varepsilon_\iota(u_\iota) \geq 0, \quad \liminf_{\iota\to\infty} \delta_\iota(u) \geq 0$

for every $u \in E$ and every bounded sequence $u_\iota \in E_\iota$. Note that $-\varepsilon_\iota(u_\iota)$ is the remainder term in the approximation of $\|u_\iota\|_E^2$ by $\|u_\iota\|_{E_\iota}^2$. The above identity for $u_\iota = R_\iota u$ obviously gives the representation

$$(9) \quad \begin{aligned} \delta_\iota(u) &= \|u - R_\iota u\|_E^2 + \varepsilon_\iota(R_\iota u) \\ &= \min_{\varphi_\iota \in E_\iota} \{\|u - \varphi_\iota\|_E^2 + \varepsilon_\iota(\varphi_\iota)\}, \quad u \in E,\ \iota = 0,1,2,\dots . \end{aligned}$$

The minimum is attained for $\varphi_\iota = R_\iota u$. When $\delta_\iota(u) \geq 0$, the functional $\sqrt{\delta_\iota(u)}$ is a <u>generalized distance</u> from u to E_ι. For later use, we state the following estimates of the functionals $\varepsilon_\iota(R_\iota u)$. From (9) it is seen that the inequality

(10i) $\qquad \varepsilon_\iota(R_\iota u) \leq \delta_\iota(u)$

holds, and from (3), (5) we obtain

(10ii) $\qquad -\varepsilon_\iota(R_\iota u) \leq \|J_\iota\|^2 (\|J_\iota\|^2 - 1)_+ \|u\|_E^2,$

where $y_+ = \max(y,0)$.

The identity (6) and the conditions (8) immediately yield the equivalent characterization of the proper strong convergence

$$(11) \quad \begin{aligned} \text{s-lim}\, u_\iota = u &\iff \|u_\iota - u\|_E \to 0, \quad \varepsilon_\iota(u_\iota) \to 0; \\ &\iff \|u_\iota - R_\iota u\|_{E_\iota} \to 0, \quad \delta_\iota(u) \to 0; \end{aligned}$$

for $u \in E$, $u_\iota \in E_\iota$ and $\iota \to \infty$, $\iota \in \mathbb{N}'$. This convergence relations shows that the proper strong convergence is equivalent to the <u>discrete convergence</u> $\lim \|u_\iota - R_\iota u\|_{E_\iota} = 0$ for all $u \in E$ with the property $\lim \delta_\iota(u) = 0$. The operators $R_\iota = J_\iota^*$ constitute a sequence of <u>restriction operators</u>. From (11) for $u_\iota = R_\iota u$ it is seen that

(12) $\qquad \text{s-lim}\, R_\iota u = u \iff \lim \delta_\iota(u) = 0.$

Evidently, limits of properly convergent sequences are uniquely determined by the sequence. The proper weak convergence is linear. One can further show that also the proper strong convergence is linear (see [22, p.9]). Hence this convergence is a discrete convergence and the sequence (E_ι) a discrete approximation of E_0 in the sense of Stummel [18] whenever $\lim \delta_\iota(u_0) = 0$ for all $u_0 \in E_0$.

Having made these preparations, we are now in the position to prove the <u>general convergence theorem</u> for the solutions u_ι of the inhomogeneous equations (1), the <u>error functionals</u> d_ι being defined by

$$d_\iota(\varphi) = \ell_\iota(\varphi) - (\varphi, u_0)_E, \quad \varphi \in E_\iota, \quad \iota = 1,2,\dots .$$

(13) <u>The sequence</u> (u_ι) <u>is properly strongly convergent to</u> u_0 <u>if, and only if, the conditions</u>

(i) $\lim \delta_\iota(u_0) = 0, \quad \lim \|d_\iota\|_{E'_\iota} = 0,$

hold. The solutions u_ι satisfy the error equations

(ii) $\|u_o - u_\iota\|_E^2 + \varepsilon_\iota(u_\iota) = \|d_\iota\|_{E'_\iota}^2 + \delta_\iota(u_o), \quad \iota = 1,2,\ldots$.

Proof. From (4) we obtain $(\varphi,u_o)_E = (\varphi,R_\iota u_o)_{E_\iota}$ for all $\varphi \in E_\iota$. Further, $(\varphi,u_\iota)_{E_\iota} = \ell_\iota(\varphi)$ so that the norms of the error functionals d_ι have the representation

$$\|d_\iota\|_{E'_\iota} = \sup_{o \neq \varphi \in E_\iota} |(\varphi,u_\iota - R_\iota u_o)_{E_\iota}|/\|\varphi\|_{E_\iota} = \|u_\iota - R_\iota u_o\|_{E_\iota}.$$

The identity (6) for $u = u_o$ then yields the error equation (13ii). Since the two conditions (8) are valid, the convergence s-lim $u_\iota = u_o$, by (11), is equivalent to the convergence of the left and hence also of the right side in (13ii) to zero what, evidently, amounts to the validity of (13i). □

The condition $\lim \delta_\iota(u) = o$ is an approximability condition for $u \in E$. Indeed, as one sees from (9) there exists a sequence of elements $\varphi_\iota \in E_\iota$ with the property s-lim $\varphi_\iota = u$ if, and only if, $\lim \delta_\iota(u) = o$. Thus, the sequence (E_ι) is said to approximate E_o if the condition

(14) $\quad \forall u_o \in E_o: \ \lim \delta_\iota(u_o) = o$

is valid. Obviously, this condition holds trivially when $E_o \subset E_\iota$ for almost all ι. To verify condition (14), one has the following approximability criterion.

(15) The sequence (E_ι) approximates E_o if, and only if, there exists a dense subset $D_o \subset E_o$ such that (E_ι) approximates D_o.

Proof. Under this condition, to each $u_o \in E_o$ and each $\varepsilon > o$ there exist an element $\varphi \in D_o$ with the property $\|u_o - \varphi\|_E^2 \leq \varepsilon$ and sequence $\varphi_\iota \in E_\iota$ such that s-lim $\varphi_\iota = \varphi$. Using (9), (11), it follows that

$$\delta_\iota(u_o) \leq \|u_o - \varphi_\iota\|_E^2 + \varepsilon_\iota(\varphi_\iota) \to \|u_o - \varphi\|_E^2 \leq \varepsilon \ (\iota \to \infty).$$

Hence $\limsup \delta_\iota(u_o) \leq \varepsilon$ for every $\varepsilon > o$ and so (14) holds. Conversely, together with E_o, obviously, also each subset D_o of E_o satisfies the approximability condition. □

The second condition $\lim \|d_\iota\|_{E'_\iota} = o$ of the convergence theorem guarantees the proper convergence of the functionals ℓ_ι to ℓ_o for $\iota \to \infty$. This will be explained for an important special case occuring in many applications. Consider the special inhomogeneous equations

(16) $\quad (\varphi,u_\iota)_{E_\iota} = \ell(\varphi), \quad \varphi \in E_\iota, \ \iota = o,1,2,\ldots,$

for continuous linear forms ℓ on E. The right-hand sides of these equations are obtained by restricting the functionals ℓ onto E_ι.

Functionals of this type are denoted by $\ell|E_\iota$ or ℓ_{E_ι}. For the sake of simplicity, we write the norms $\|\ell_{E_\iota}\|_{E'_\iota}$ also as $\|\ell_{E_\iota}\|$ or $\|\ell\|_{E'_\iota}$. The error equation of the general convergence theorem for the solutions u_ι of (16) then reads

(17) $\|u_o - u_\iota\|_E^2 + \varepsilon_\iota(u_\iota) = \|d\|_{E'_\iota}^2 + \delta_\iota(u_o), \quad \iota = 1,2,\ldots,$

where the error functional d is specified by

$$d(\varphi) = \ell(\varphi) - (\varphi, u_o)_E, \quad \varphi \in E.$$

Since $(\varphi, u_o)_E = \ell(\varphi)$ for all $\varphi \in E_o$, the continuous sesquilinear form d on E is orthogonal to E_o, that is

(18) $\quad d \in E_o^\perp \iff d(\varphi) = o, \quad \varphi \in E_o.$

The equations (16) possess uniquely determined solutions u_ι for each $\ell = d \in E_o^\perp$. In this case, $u_o = o$ so that $\delta_\iota(u_o) = o$ and consequently $\|u_\iota\|_{E_\iota}^2 = \|d\|_{E'_\iota}^2$. Hence the solutions u_ι converge properly to $u_o = o$ if and only if, $\|d\|_{E'_\iota} \to o$ for $\iota \to \infty$. The sequence $E_o, (E_\iota)$ is said to be closed if

(19) $\quad \forall d \in E_o^\perp: \lim \|d\|_{E'_\iota} = o.$

The closedness condition is trivially satisfied whenever $E_\iota \subset E_o$, for almost all ι because in this case $d_{E_\iota} = o$ for all $d \in E_o^\perp$ and almost all ι.

Using these concepts, we can state the special convergence theorem

(2o) The solutions u_ι of the special inhomogeneous equations (16) converge properly to u_o for each $\ell \in E'$ with the error equation (17) if, and only if, (E_ι) approximates the subspace E_o and the sequence $E_o, (E_\iota)$ is closed.

Proof. It is readily seen from the error equation (17) that approximability and closedness imply the proper convergence of the solutions u_ι of (16). Conversely, each $u_o \in E_o$ specifies a continuous linear form $\ell(\varphi) = (\varphi, u_o)_E$ for $\varphi \in E$. If the solutions u_ι of the associated equations (16) converge to u_o, by (17), then $\delta_\iota(u_o) \to o$ for $\iota \to \infty$. Analogously, for each $\ell = d \in E_o^\perp$ the proper convergence of the associated solutions u_ι of (4) to zero entails $\|d\|_{E'_\iota} \to o$ for $\iota \to \infty$. □

In view of the above theorem, the sequence (E_ι) is said to be a convergent approximation of E_o if both (E_ι) approximates E_o and the sequence $E_o, (E_\iota)$ is closed. The closedness condition may be interpreted as saying that the spaces E_ι are asymptotically orthogonal $E_o^\perp$, that is, asymptotically contained in E_o. This is made precise by the following useful and interesting closedness criterion.

(21) The sequence $E_o,(E_\iota)$ is closed if, and only if, the limits of all properly convergent sequences $u_\iota \in E_\iota$, $\iota \in \mathbb{N}' \subset \mathbb{N}$ belong to E_o.

Proof. (i) Every properly strongly convergent sequence is properly weakly convergent too. Hence is suffices to consider weakly convergent sequences. Let $u_\iota \in E_\iota$, $\iota \in \mathbb{N}' \subset \mathbb{N}$, be an arbitrary properly weakly convergent sequence having the limit w-lim $u_\iota = u$. Further let d be any continuous linear form in $E_o^\perp$. The closedness condition entails the relation

$$|d(u_\iota)| \leq \|d_{E_\iota}\| \, \|u_\iota\|_{E_\iota} \to o \quad (\iota \to \infty, \ \iota \in \mathbb{N}').$$

Hence $d(u) = \lim d(u_\iota) = o$ for all $d \in E_o^\perp$, that is, the limit u belongs to E_o.

(ii) For the converse, suppose that the limits of all properly convergent sequences are in E_o. Let d be any continuous linear form in $E_o^\perp$ and choose the subsequence $\mathbb{N}' \subset \mathbb{N}$ such that

$$\limsup_{\iota \in \mathbb{N}} \|d_{E_\iota}\| = \lim_{\iota \in \mathbb{N}} \|d_{E_\iota}\|.$$

There exists an associated sequence of elements $\varphi_\iota \in E_\iota$, $\iota \in \mathbb{N}'$, with the property

$$\|\varphi\|_{E_\iota} = 1, \ d(\varphi_\iota) = \|d_{E_\iota}\|.$$

This sequence is bounded and, therefore, weakly compact in E so that there exists a subsequence $\mathbb{N}'' \subset \mathbb{N}'$ and an element $\varphi \in E$ with the property $\varphi_\iota \underset{E}{\rightharpoonup} \varphi$ for $\iota \in \mathbb{N}''$, $\iota \to \infty$. By the above assumption, $\varphi \in E_o$ and consequently,

$$\limsup_{\iota \in \mathbb{N}} \|d_{E_\iota}\| = \lim_{\iota \in \mathbb{N}''} d(\varphi_\iota) = d(\varphi) = o,$$

that is, $\lim \|d_{E_\iota}\| = o$ and so the sequence $E_o,(E_\iota)$ is closed. □

1.2. Approximation of spectra and resolvent sets

We are now in the position to prove the convergence of spectra and resolvent sets of the eigenvalue problems 1.1 (2). Henceforth, it is assumed that lim sup $\|J_\iota\| \leq 1$ and that (E_ι) is a convergent approximation of the subspace E_o. Additionally, we shall require that the sequence (b_ι) is weakly collectively compact and satisfies the assumption (2) below. An important result of this section is the error estimate (1o) or (11i) concerning the convergence of eigenvalues. This result can be regarded as an extension of a corresponding theorem of H.B. Keller [11] to the class of approximations considered here.

The compact symmetric sesquilinear forms b_ι can be written as $b_\iota(u,v) = (u,B_\iota v)_{E_\iota}$ for all $u,v \in E_\iota$, using uniquely determined compact symmetric operators B_ι in E_ι. The eigenvalue problems 1.1 (2) then read

(1) $\quad w_\iota = \lambda_\iota B_\iota w_\iota, \quad \iota = 0,1,2,\ldots$.

The eigenvalues μ_ι of B_ι and the eigenvalues λ_ι of (1) or 1.1 (2) are related by the equation $\mu_\iota = 1/\lambda_\iota$. Evidently, all eigenvalues λ_ι are different from zero. Let $P(B_\iota)$ be the resolvent set and $\Sigma(B_\iota) = \mathbb{C} - P(B_\iota)$ the spectrum of B_ι. The sepctrum $\Sigma(B_\iota)$ of a compact symmetric operator B_ι is a compact subset of the real line consisting of the sequence of eigenvalues of B_ι and, in case $\dim E_\iota = \infty$, of the accumulation point 0. For simplicity, it is presupposed in the following that $\dim E_o = \infty$.

Furthermore, we assume that there exists a bounded symmetric sesquilinear form b on E with the property

(2) $\quad b_o = b|E_o, \quad \lim \|b_\iota - b|E_\iota\| = o.$

The functionals

(3) $\quad \tau_\iota(v_o) = \|R_\iota B_o v_o - B_\iota R_\iota v_o\|_{E_\iota}, \quad \iota = 1,2,\ldots,$

specify a sequence of discretization errors of the sequence (b_ι) at the point $v_o \in E_o$. It is easily verified that the representation

(4) $\quad \tau_\iota(v_o) = \sup_{o \neq \varphi \in E_\iota} |b(\varphi,e_\iota) - d(\varphi) - (b_\iota - b)(\varphi,R_\iota v_o)| / \|\varphi\|_{E_\iota}$

holds where

(5) $\quad e_\iota = v_o - R_\iota v_o, \quad d(\varphi) = b((I - P_o)\varphi, v_o), \quad \varphi \in E.$

Using 1.1 (9), (1o), one has the estimates

(6) $\quad \|e_\iota\|_E^2 \leq \delta_\iota(v_o) - \varepsilon_\iota(R_\iota v_o) \leq \delta_\iota(v_o) + \|J_\iota\|^2 (\|J_\iota\|^2 - 1)_+ \|v_o\|_E^2.$

Since (E_ι) approximates E_o and the condition 1.1 (3) is valid, the right side of this inequality and thus $\|e_\iota\|_E$ tend to zero for $\iota \to \infty$. Obviously, $\varphi = P_o\varphi$ and hence $d(\varphi) = o$ for all $\varphi \in E_o$. That is, the linear form d belongs to the orthogonal complement of E_o. As the closedness condition is valid, $\|d\|_{E'_\iota}$ converges to zero for $\iota \to \infty$. For an eigenvector $v_o = w_o$ of B_o to the eigenvalue μ_o the error functional d takes on the same specific form as in Section 1.1,

(7) $\quad d(\varphi) = \ell(\varphi) - (\varphi,u_o)_E, \; \ell(\varphi) = b(\varphi,w_o), \; u_o = \mu_o w_o,$

for all $\varphi \in E$. Finally, the estimate

(8) $\quad \tau_\iota(v_o) \leq \|b\| \|J_\iota\| \|e_\iota\|_E + \|d\|_{E'_\iota} + \|b_\iota - b|E_\iota\| \|J_\iota\| \|v_o\|_E$

holds. Consequently, the above assumptions guarantee that

(9) $\quad \tau_\iota(v_o) \to o \quad (\iota \to \infty).$

The following first theorem establishes the approximability of the sepctrum $\Sigma(B_o)$ by the sequence of spectra $\Sigma(B_\iota)$. Using this theorem, one obtains to each eigenvalue λ_o of 1.1 (2) or $o \neq \mu_o = 1/\lambda_o \in \Sigma(B_o)$ an approximating sequence of eigenvalues λ_ι of 1.1 (2) or $o \neq \mu_\iota = 1/\lambda_\iota \in \Sigma(B_\iota)$ satisfying the error estimates

$$(1o) \qquad \left| \frac{1}{\lambda_o} - \frac{1}{\lambda_\iota} \right| = \frac{\tau_\iota(w_o)}{(1-\delta_\iota(w_o))^{1/2}}$$

for all ι such that $\delta_\iota(w_o) < 1$ and $\tau_\iota(w_o) < |\mu_o|(1-\delta_\iota(w_o))^{1/2}$.

(11) For each eigenvalue μ_o of B_o and each associated normed eigenvector w_o the inequality

$$(i) \qquad |\mu_o, \Sigma(B_\iota)| \leq \frac{\tau_\iota(w_o)}{(1-\delta_\iota(w_o))^{1/2}}$$

is true for all ι such that $\delta_\iota(w_o) < 1$. In addition ,

$$(ii) \qquad \forall \mu_o \in \Sigma(B_o): \quad |\mu_o, \Sigma(B_\iota)| \to o \quad (\iota \to \infty).$$

Proof. (i) The operators B_ι are bounded and symmetric. The norms of the associated resolvents $B_\iota(z)^{-1} = (B_\iota - zI_\iota)^{-1}$ for $z \in P(B_\iota)$ then have the well-known representation

$$(12) \qquad \| B_\iota(z)^{-1} \| = \frac{1}{|z, \Sigma(B_\iota)|}$$

where $|z, \Sigma(B_\iota)|$ denotes the shortest distance from z to the spectrum $\Sigma(B_\iota)$ (see Kato [1o, p. 272]). From this representation the inclusion theorem

$$(13) \qquad \min_{\mu \in \Sigma(B_\iota)} |z - \mu| = |z, \Sigma(B_\iota)| \leq \frac{\|zv_\iota - B_\iota v_\iota\|_{E_\iota}}{\|v_\iota\|_{E_\iota}}, \quad o \neq v_\iota \in E_\iota,$$

follows for all $z \in \mathbb{C}$. Now let $z = \mu_o$ be an eigenvalue of B_o, let w_o be an associated normed eigenvector, and let $v_\iota = R_\iota w_o$. In view of 1.1 (7) and $\|w_o\|_E = 1$, one has the relation

$$(14) \qquad \|v_\iota\|^2_{E_\iota} = \|R_\iota w_o\|^2_{E_\iota} = 1 - \delta_\iota(w_o).$$

The approximability condition gives $\delta_\iota(w_o) \to o$ for $\iota \to \infty$ so that $v_\iota \neq o$ for almost all ι. Using the functionals τ_ι, the above inequality (13) can be written in the form (11i) for all ι such that $v_\iota \neq o$.

(ii) The inequality (11i) entails the convergence of $|\mu_o, \Sigma(B_\iota)| \to o$ $(\iota \to \infty)$ for every eigenvalue μ_o of B_o. By assumption, $\dim E_o = \infty$ so that zero is an accumulation point of the eigenvalues of the operator B_o and thus $o \in \Sigma(B_o)$. Hence, for every $\varepsilon > o$, there exists an eigenvalue μ_o of B_o such that $|\mu_o| \leq \varepsilon$. Let w_o be an associated normed eigenvector and choose $v_\iota = R_\iota w_o$. Then

$$B_\iota v_\iota = \mu_o v_\iota + B_\iota R_\iota w_o - R_\iota B_o w_o.$$

From the above inequality (13) for $z = o$, one obtains

$$|o, \Sigma(B_\iota)| \leq \frac{\|B_\iota v_\iota\|_{E_\iota}}{\|v_\iota\|_{E_\iota}} \leq |\mu_o| + \frac{\tau_\iota(w_o)}{(1-\delta_\iota(w_o))^{1/2}}$$

for $\delta_\iota(w_o) < 1$. Consequently,

$$\lim\sup |o, \Sigma(B_\iota)| \leq |\mu_o| \leq \varepsilon$$

for every $\varepsilon > o$, that is, $\lim |o, \Sigma(B_\iota)| = o$. □

The eigenvalue problems 1.1 (2) have the form of the inhomogeneous equations $u_\iota = B_\iota w_\iota$ or 1.1 (1) where

(15) $\quad u_\iota = \frac{1}{\lambda_\iota} w_\iota, \; \ell_\iota(\varphi) = b_\iota(\varphi, w_\iota), \quad \varphi \in E_\iota.$

Any sequence $u_\iota = B_\iota w_\iota \in E_\iota$, $\iota = o,1,2,\ldots$, satisfies the error equations 1.1 (13ii), that is,

(16) $\|u_o - u_\iota\|_E^2 + \varepsilon_\iota(u_\iota) = \|d_\iota\|_{E'_\iota}^2 + \delta_\iota(u_o)$,

using the error functionals

$$d_\iota(\varphi) = \ell_\iota(\varphi) - (\varphi, u_o)_E$$
$$= b_\iota(\varphi, w_\iota - R_\iota w_o) + (\varphi, (B_\iota R_\iota - R_\iota B_o)w_o)_{E_\iota}$$

for $\varphi \in E_\iota$ and $\iota = 1,2,\ldots$. The norms of these error functionals permit the estimate

(17) $\|d_\iota\|_{E'_\iota} \leq \sup_{o \neq \varphi \in E_\iota} |b_\iota(\varphi, w_\iota - R_\iota w_o)| / \|\varphi\|_{E_\iota} + \tau_\iota(w_o).$

The sequence (b_ι) is said to be <u>weakly collectively compact</u> if b_ι is compact for each $\iota = o,1,2,\ldots$ and, moreover, the condition

(18) $\text{w-lim } z_\iota = o \Rightarrow \sup_{o \neq \varphi \in E_\iota} |b_\iota(\varphi, z_o)| / \|\varphi\|_{E_\iota} \to o \; (\iota \to \infty)$

holds for every properly weakly convergent null sequence $z_\iota \in E_\iota$, $\iota \in \mathbb{N}'' \subset \mathbb{N}'$.

The significance of this condition can be explained by considering (16), (17). The approximability and the closedness condition, together with the assumptions (2) and 1.1 (3), ensure the convergence of $\delta_\iota(u_o) \to o$, $\tau_\iota(w_o) \to o$ for $\iota \to \infty$. In order that the sequence $u_\iota = w_\iota / \lambda_\iota$ be properly strongly convergent, it suffices that w_ι is properly weakly convergent to w_o. For, in this case $z_\iota = w_\iota - R_\iota w_o$ is a properly weakly convergent null sequence. Hence, using (18), the first term on the right side of (17) is a null sequence too and so $\lim \|d_\iota\|_{E'_\iota} = o$.

By these means, the second basic theorem will now be proved ascertaining the closedness of the sequence of spectra $\Sigma(B_\iota)$.

(19) Let the sequence (b_ι) be weakly collectively compact and let $\dim E_o = \infty$. Then, given any sequence of values $\mu_\iota \in \Sigma(B_\iota)$, $\iota = 1,2,\ldots$, each accumulation point μ_o of this sequence belongs to the spectrum of B_o.

Proof. Let $\mathbb{N}' \subset \mathbb{N}$ be any subsequence of the natural numbers such that $\mu_\iota \to \mu_o$ for $\iota \to \infty$, $\iota \in \mathbb{N}'$. If $\mu_o = o$, this value belongs to the spectrum of B_o because $\dim E_o = \infty$. If $\mu_o \neq o$, almost all μ_ι are also different from zero and, consequently, eigenvalues of B_ι. Let (w_ι) be an associated sequence of normed eigenvectors, that is

$$u_\iota = \mu_\iota w_\iota = B_\iota w_\iota, \quad \|w_\iota\|_{E_\iota} = 1, \quad \iota \in \mathbb{N}'.$$

The sequence (w_ι) is weakly compact in E. Hence there exist a subsequence $\mathbb{N}'' \subset \mathbb{N}'$ and an element w_o such that $w_\iota \underset{E}{\rightharpoonup} w_o$ for $\iota \in \mathbb{N}''$ and $\iota \to \infty$. Upon setting $u_o = B_o w_o$, it is seen from (16), (17) that u_ι converges properly strongly to u_o for $\iota \in \mathbb{N}''$, $\iota \to \infty$, as we have explained above. From $w_\iota \rightharpoonup w_o$ and $\mu_\iota \to \mu_o \neq o$, one infers

$$\mu_o w_o = \underset{\iota \in \mathbb{N}''}{\text{w-lim}}\ u_\iota = u_o = B_o w_o$$

and $w_o \neq o$ so that μ_o is an eigenvalue of B_o. □

The above theorems establish the convergence of the spectra $\Sigma(B_\iota)$ and resolvent sets $P(B_\iota)$ viewed as subsets of the complex plane. For arbitrary subsets $G_1, G_2, \ldots$ of a topological space, the following four Hausdorff limits exists:

$$\overline{\text{Lim}}\ \inf G_\iota = \{z \mid \forall U_z : U_z \cap G_\iota \neq \emptyset \text{ eventually}\},$$
$$\overline{\text{Lim}}\ \sup G_\iota = \{z \mid \forall U_z : U_z \cap G_\iota \neq \emptyset \text{ frequently}\},$$
$$\underline{\text{Lim}}\ \inf G_\iota = \{z \mid \exists U_z : U_z \subset G_\iota \text{ eventually}\},$$
$$\underline{\text{Lim}}\ \sup G_\iota = \{z \mid \exists U_z : U_z \subset G_\iota \text{ frequently}\},$$

(see Hausdorff [9, p. 236]). Frequently means that the relation between U_z and G_ι holds for infinitely many ι, and eventually means that it holds for almost all ι. One easily verifies the relations

$$\text{(2o)} \quad \begin{aligned} \overline{\text{Lim}}\ \inf G_\iota &= \complement\, \underline{\text{Lim}}\ \sup \complement\, G_\iota, \\ \overline{\text{Lim}}\ \sup G_\iota &= \complement\, \underline{\text{Lim}}\ \inf \complement\, G_\iota, \end{aligned}$$

for the complements $\complement G_\iota$ of the sets G_ι. Thus, choosing $G_\iota = \Sigma(B_\iota)$, a convergence relation for the spectra of B_ι becomes equivalent to a corresponding dual convergence relation for the resolvent sets $\complement G_\iota = P(B_\iota)$.

Using these notions, the approximability of the spectrum $\Sigma(B_o)$, proved in Theorem (11), can be stated in the two equivalent forms

(21) $\Sigma(B_o) \subset \overline{\text{Lim}} \inf \Sigma(B_\iota) \iff \underline{\text{Lim}} \sup P(B_\iota) \subset P(B_o)$.

This exhibits the lower semicontinuity of the sequence of spectra and the upper semicontinuity of the sequence of resolvent sets. Correspondingly, Theorem (19) yields the two relations

(22) $\overline{\text{Lim}} \sup \Sigma(B_\iota) \subset \Sigma(B_o) \iff P(B_o) \subset \underline{\text{Lim}} \inf P(B_\iota)$,

that is, the upper semicontinuity of the sequence of spectra and the lower semicontinuity of the sequence of resolvent sets. Both theorems together establish the convergence of the spectra $\Sigma(B_\iota)$ to $\Sigma(B_o)$ in the sense of the closed limit

(23)
$$\Sigma(B_o) = \overline{\text{Lim}}\ \Sigma(B_\iota)$$
$$\iff \Sigma(B_o) = \overline{\text{Lim}} \inf \Sigma(B_\iota) = \overline{\text{Lim}} \sup \Sigma(B_\iota),$$

and the convergence of the resolvent sets $P(B_\iota)$ to $P(B_o)$ with respect to the open limit

(24)
$$P(B_o) = \underline{\text{Lim}}\ P(B_\iota)$$
$$\iff P(B_o) = \underline{\text{Lim}} \inf P(B_\iota) = \underline{\text{Lim}} \sup P(B_\iota).$$

1.3. Convergence of eigenspaces and improved convergence statements for eigenvalue approximations

This section investigates the convergence of eigensolutions and eigenspaces of the problems 1.1 (2) and derives the associated error estimates. Further, the convergence of Rayleigh quotients is studied. In this way, one obtains improved convergence statements for eigenvalue approximations. In the following applications and examples, Theorem (11) ensures the quadratic convergence behaviour of approximation eigenvalues for simple eigenvalues of the given problem. Throughout this section, we assume that the sequence (E_ι) is a convergent approximation of E_o, that conditions 1.1 (3) and 1.2 (2) are valid and that the sequence (b_ι) is weakly collectively compact.

Let $\mu_o \neq o$ be an eigenvalue of B_o, let $\Sigma'(B_o) = \Sigma(B_o) - \{\mu_o\}$, and let $\Delta(\mu_o)$ be the shortest distance $|\mu_o, \Sigma'(B_o)|$ from the eigenvalue μ_o to the remaining part $\Sigma'(B_o)$ of the spectrum of B_o. Denote by K the closed disk with center μ_o and radius $\frac{1}{2}\Delta(\mu_o)$. Then $\Sigma(B_o) \cap K = \{\mu_o\}$ and the boundary ∂K of the disk lies in the resolvent set $P(B_o)$. The convergence of the spectra and resolvent sets implies that $\partial K \subset P(B_\iota)$ for all $\iota \geq \nu$ where ν is some appropriate index. Additionally, all sequences of eigenvalues $\mu_\iota \in \Sigma(B_\iota) \cap K$ converge to μ_0. The orthogonal projections Q_ι of the spaces E_ι onto the orthogonal sum of the eigenspaces, belonging to eigenvalues in $\Sigma(B_\iota) \cap K$, have the well-known representation

(1) $$Q_\iota = -\frac{1}{2\pi i} \int_{\partial K} B_\iota(z)^{-1} dz, \quad \iota \geq \nu,$$

using the resolvents $B_\iota(z) = (B_\iota - zI_\iota)^{-1}$ of B_ι for $z \in P(B_\iota)$ (see Kato [1o, V-§ 3.5]). By

$$|\partial K, \Sigma(B_\iota)| = \inf_{\substack{z \in \partial K \\ \mu \in \Sigma(B_\iota)}} |z - \mu|$$

is meant the shortest distance between the boundary ∂K of the disk and the spectrum $\Sigma(B_\iota)$. Thus $|\partial K, \Sigma(B_\iota)| > o$ for all $\iota \geq \nu$ and the convergence $\overline{\text{Lim}}\, \Sigma(B_\iota) = \Sigma(B_0)$ of the spectra entails

(2) $$\lim |\partial K, \Sigma(B_\iota)| = \frac{1}{2} \Delta(\mu_0).$$

Using the functionals defined in Sections 1.1, 1.2, we can state the following theorem.

(3) <u>For every eigenvector</u> w_0 <u>of</u> B_0 <u>to the eigenvalue</u> $\mu_0 \neq o$ <u>the estimates</u>

(i) $$\| v_\iota - Q_\iota v_\iota \|_{E_\iota} \leq \frac{\tau_\iota(w_0)}{|\partial K, \Sigma(B_\iota)|}$$

<u>and</u>

(ii) $$\| w_0 - w_\iota \|_E^2 + \varepsilon_\iota(w_\iota) \leq \frac{\tau_\iota(w_0)^2}{|\partial K, \Sigma(B_\iota)|^2} + \delta_\iota(w_0)$$

<u>are true for all</u> ι <u>such that</u> $|\partial K, \Sigma(B_\iota)| > o$ <u>and</u> $v_\iota = R_\iota w_0$, $w_\iota = Q_\iota v_\iota$. <u>Moreover, for almost all</u> ι <u>both</u> $|\partial K, \Sigma(B_\iota)| > o$ <u>and</u>

(iii) $$\dim Q_\iota = Q_0.$$

<u>Proof.</u> (i) The resolvents $B_\iota(z)^{-1}$ satisfy the relation

$$B_\iota(z)^{-1} R_\iota | E_0 - R_\iota B_0(z)^{-1} = B_\iota(z)^{-1}(R_\iota B_0 - B_\iota R_\iota) B_0(z)^{-1}$$

for all $z \in \partial K$ such that $|\partial K, \Sigma(B_\iota)| > o$. For eigenvectors w_0 of B_0 to the eigenvalue μ_0 the representations $B_0(z)^{-1} w_0 = w_0/(\mu_0 - z)$ and thus

$$(B_\iota(z)^{-1} R_\iota - R_\iota B_0(z)^{-1}) w_0 = \frac{1}{\mu_0 - z} B_\iota(z)^{-1} (\mu_0 v_\iota - B_\iota v_\iota)$$

hold. Integrating both sides of this equation over ∂K gives the following relation between the orthogonal projections Q_ι,

$$(Q_\iota R_\iota - R_\iota Q_0) w_0 = \frac{1}{2\pi i} \int_{\partial K} \frac{B_\iota(z)^{-1}}{z - \mu_0} dz\, (\mu_0 v_\iota - B_\iota v_\iota).$$

By virtue of 1.2 (12),

$$\| B_\iota(z)^{-1} \| = \frac{1}{|z, \Sigma(B_\iota)|} \leq \frac{1}{|\partial K, \Sigma(B_\iota)|}, \quad z \in \partial K.$$

Evidently, $Q_0 w_0 = w_0$ so that the asserted inequality (3i) follows by estimating the above representation. In view of the error estimate (3i), the identity 1.1 (6) for $u_\iota = w_\iota$, $u = w_0$ yields the error estimate (3ii).

(ii) The statement (3iii) concerning the dimensions $\dim Q_\iota = m_\iota$ of the eigenspaces of B_ι to the subsets $\Sigma(B_\iota) \cap K$ of the spectra will be proved in two steps. The eigenvalue μ_0 has the multiplicity $m = m_0$. Hence there exists an orthonormal system $w_0^{(1)}, \ldots, w_0^{(m)}$ of eigenvectors of B_0 to this eigenvalue. Let $v_\iota^{(k)} = R_\iota w_0^{(k)}$ and $w_\iota^{(k)} = Q_\iota v_\iota^{(k)}$ for $k = 1, \ldots, m$. From (3i) one concludes the convergence of $\| v_\iota^{(k)} - w_\iota^{(k)} \|_{E_\iota} \to o$ for $\iota \to \infty$. By 1.1 (4), we have $(v_\iota^{(k)}, v_\iota^{(\ell)})_{E_\iota} = (w_0^{(k)}, R_\iota w_0^{(\ell)})_E$. Using 1.1 (12), then

$$\lim\, (w_\iota^{(k)}, w_\iota^{(\ell)})_{E_\iota} = \lim\, (v_\iota^{(k)}, v_\iota^{(\ell)})_{E_\iota} = (w_0^{(k)}, w_0^{(\ell)})_E = \delta_{k\ell}$$

for $k, \ell = 1, \ldots, m$. Consequently, there exists an index ν_0 such that the vectors $w_\iota^{(1)}, \ldots, w_\iota^{(m)} \in Q_\iota E_\iota$ are linearly independent for all $\iota \geq \nu_0$ and, therefore,

$$m_0 \leq \liminf\, m_\iota .$$

(iii) Next let $n = \limsup m_\iota$ and let $w_\iota^{(1)}, \ldots, w_\iota^{(n)}$ be an orthonormal system in $Q_\iota E_\iota$ for all $\iota \geq \nu_1$ and some index ν_1. Each sequence $(w_\iota^{(k)})$ is weakly compact in E so that there exist elements $w_0^{(k)}$ and a subsequence $\mathbb{N}' \subset \mathbb{N}$ such that $w_\iota^{(k)} \rightharpoonup w_0^{(k)}$ for $\iota \in \mathbb{N}'$, $\iota \to \infty$, and all $k = 1, \ldots, n$. Due to the closedness condition, the vectors $w_0^{(k)}$ belong to E_0. Each $w_\iota^{(k)}$ is an eigenvector of B_ι to some eigenvalue $\mu_\iota^{(k)} \in K$ and $\mu_\iota^{(k)} \to \mu_0 \neq o$ for $\iota \in \mathbb{N}'$, $\iota \to \infty$. The sequence (b_ι) is weakly collectively compact. Hence by 1.2 (16), (17), $u_\iota^{(k)} = B_\iota w_\iota^{(k)}$ is properly strongly convergent to $u_0^{(k)} = B_0 w_0^{(k)}$ for $\iota \in \mathbb{N}'$, $\iota \to \infty$, and each $k = 1, \ldots, n$. Then $w_\iota^{(k)} = u_\iota^{(k)} / \mu_\iota^{(k)}$ is properly strongly convergent to $u_0^{(k)} / \mu_0 = B_0 w_0^{(k)} / \mu_0$. The weak convergence of $w_\iota^{(k)}$ to $w_0^{(k)}$ entails that $B_0 w_0^{(k)} = \mu_0 w_0^{(k)}$. Further,

$$(w_0^{(k)}, w_0^{(\ell)})_E = \lim_{\iota \in \mathbb{N}'} (w_\iota^{(k)}, w_\iota^{(\ell)})_{E_\iota} = \delta_{k\ell},$$

so that $w_0^{(1)}, \ldots, w_0^{(n)}$ is an orthonormal system of eigenvectors of B_0 to the eigenvalue μ_0. Therefore, $n = \limsup m_\iota \leq m_0$. Together with the result of part (ii) of this proof, we thus have $\lim m_\iota = m_0$ or (3iii).

□

Improved statements concerning the convergence behaviour of eigenvalue approximations can be obtained by means of Rayleigh quotients. We shall now establish error estimates for such approximations. Rayleigh quotients of the operators B_ι are specified by

$$(4)\quad \rho_\iota(v_\iota) = \frac{b_\iota(v_\iota)}{\|v_\iota\|^2_{E_\iota}} = \frac{(v_\iota, B_\iota v_\iota)_{E_\iota}}{\|v_\iota\|^2_{E_\iota}}, \quad o \neq v_\iota \in E_\iota .$$

For simplicity of notation let us introduce the functionals

$$(5)\quad \sigma_\iota(w_o) = \mu_o \delta_\iota(w_o) - b(e_\iota) + 2\mathrm{Re}\, d(e_\iota) + (b - b_\iota)(R_\iota w_o)$$

for $w_o \in E_o$, $\iota = 1,2,\ldots$, where e_ι, d are specified by 1.2 (5), (7). Using these notations we have the following result:

(6) Given an eigenvalue $\mu_o \neq o$ of B_o and an associated normed eigenvector w_o, the representation

$$\mu_o = \rho_\iota(R_\iota w_o) + \frac{\sigma_\iota(w_o)}{1 - \delta_\iota(w_o)}$$

is valid for all ι such that $\delta_\iota(w_o) < 1$.

Proof. First, $R_\iota w_o = w_o - e_\iota$ and $b(w_o) = b_o(w_o) = \mu_o$ since $\|w_o\|_E = 1$ and $b_o = b|E_o$. Therefore,

$$b(R_\iota w_o) = \mu_o + b(e_\iota) - 2\mathrm{Re}\, b(e_\iota, w_o).$$

In view of $\|w_o\|_E = 1$, we next have

$$(e_\iota, w_o)_E = 1 - \|R_\iota w_o\|^2_{E_\iota} = \delta_\iota(w_o).$$

From the representation 1.2 (7) of the error functional d it is seen that

$$b(e_\iota, w_o) = d(e_\iota) + \mu_o (e_\iota, w_o)_E = d(e_\iota) + \mu_o \delta_\iota(w_o)$$

and, consequently,

$$b(R_\iota w_o) = \mu_o(1 - 2\delta_\iota(w_o)) + b(e_\iota) - 2\mathrm{Re}\, d(e_\iota).$$

Hereby, one obtains the relation

$$\mu_o \|R_\iota w_o\|^2_{E_\iota} = b_\iota(R_\iota w_o) + \sigma_\iota(w_o)$$

which immediately yields the asserted representation. □

Let β^o_ι be a lower, β^1_ι an upper bound for the symmetric sesquilinear form b_ι on E_ι, that is

$$(7)\quad \beta^o_\iota \|v_\iota\|^2_{E_\iota} \leq b_\iota(v_\iota) \leq \beta^1_\iota \|v_\iota\|^2_{E_\iota}, \quad v_\iota \in E_\iota,$$

and let $\Delta\beta_\iota = \beta^1_\iota - \beta^o_\iota$ for $\iota = o,1,2,\ldots$. In addition the following lemma is needed.

(8) Let Q_ι be an orthogonal projection in E_ι commuting with B_ι. Then the inequality

$$|\rho_\iota(v_\iota) - \rho_\iota(Q_\iota v_\iota)| \le \Delta\beta_\iota \frac{\|v_\iota - Q_\iota v_\iota\|^2_{E_\iota}}{\|v_\iota\|^2_{E_\iota}}$$

holds for every $v_\iota \in E_\iota$ such that $v_\iota \neq o$ and $Q_\iota v_\iota \neq o$.

Proof. This inequality is, evidently, correct if $v_\iota = Q_\iota v_\iota$. So let $v_\iota \neq Q_\iota v_\iota$ in the following. The vector v_ι has the orthogonal decomposition

$$v_\iota = y_\iota + z_\iota, \quad y_\iota = Q_\iota v_\iota \neq o, \quad z_\iota = v_\iota - Q_\iota v_\iota \neq o.$$

Thus

$$\|v_\iota\|^2_{E_\iota} = \|y_\iota\|^2_{E_\iota} + \|z_\iota\|^2_{E_\iota}.$$

Next, the orthogonality relation $b_\iota(y_\iota, z_\iota) = (y_\iota, B_\iota z_\iota)_{E_\iota} = o$ is true since Q_ι and B_ι commute. Consequently, one obtains the decomposition

$$b_\iota(v_\iota) = b_\iota(y_\iota) + b_\iota(z_\iota) = \rho_\iota(y_\iota)\|v_\iota\|^2_{E_\iota} + (\rho_\iota(z_\iota) - \rho_\iota(y_\iota))\|z_\iota\|^2_{E_\iota}$$

whence the relation

$$\rho_\iota(v_\iota) - \rho_\iota(y_\iota) = (\rho_\iota(z_\iota) - \rho_\iota(y_\iota)) \frac{\|z_\iota\|^2_{E_\iota}}{\|v_\iota\|^2_{E_\iota}}$$

follows. The asserted estimate is finally obtained by applying (7) to this relation. □

As in the beginning of this section let $\mu_o \neq o$ be an eigenvalue of B_o and K the disc with center μ_o and radius $\frac{1}{2}\Delta(\mu_o)$. Let $\Theta_\iota(K)$ be the convex hull of the eigenvalues of B_ι in K,

(9) $\Theta_\iota(K) = \operatorname{conv}(\Sigma(B_\iota) \cap K), \quad \iota = 1,2,\ldots$.

This is the closed interval of the real line having the smallest eigenvalue of B_ι in K as its left and the largest eigenvalue as its right end point. When μ_o is a simple eigenvalue of B_o, by Theorem (3), also B_ι possesses exactly one simple eigenvalue μ_ι in K for almost all ι so that

(10) $\Theta_\iota(K) = \{\mu_\iota\}$

eventually. By means of the above theorems (3), (6), (8), using the orthogonal projections Q_ι in (1), the following result is obtained, concerning the quadratic convergence behaviour of eigenvalue approximations.

(11) Let $\mu_o \neq o$ be an eigenvalue of B_o and let w_o be an associated normed eigenvector. The shortest distance $|\mu_o, \Theta_\iota(K)|$ from μ_o to the intervall $\Theta_\iota(K)$ then satisfies the estimate

(i) $|\mu_0, \theta_\iota(K)| \leq \frac{1}{1-\delta_\iota(w_0)}\{|\sigma_\iota(w_0)| + \frac{\Delta\beta_\iota}{|\partial K, \Sigma(B_\iota)|^2}\tau_\iota(w_0)^2\}$

for all $\iota = 1,2,..$ such that

(ii) $\delta_\iota(w_0) < \frac{1}{2}$, $\tau_\iota(w_0)^2 < \frac{1}{2}|\partial K, \Sigma(B_\iota)|^2$.

Proof. For brevity, put $v_\iota = R_\iota w_0$. Due to the assumption (11ii), $\|v_\iota\|^2_{E_\iota} = 1 - \delta_\iota(w_0) > \frac{1}{2}$. Using the spectral projections Q_ι in (1), Theorem (3) yields

$$\|v_\iota\|^2_{E_\iota} - \|Q_\iota v_\iota\|^2_{E_\iota} = \|v_\iota - Q_\iota v_\iota\|^2_{E_\iota} \leq \frac{\tau_\iota(w_0)^2}{|\partial K, \Sigma(B_\iota)|^2} < \frac{1}{2}$$

so that $v_\iota \neq o$ and $Q_\iota v_\iota \neq o$. From Theorems (3), (6), (8) we then obtain

$$(12)\quad |\mu_0 - \rho_\iota(Q_\iota v_\iota)| \leq \frac{1}{1-\delta_\iota(w_0)}\{|\sigma_\iota(w_0)| + \frac{\Delta\beta_\iota}{|\partial K, \Sigma(B_\iota)|^2}\tau_\iota(w_0)^2\}.$$

The intervals $\theta_\iota(K)$ are the numerical ranges of the operators $Q_\iota B_\iota = B_\iota Q_\iota$. Hence $\rho_\iota(Q_\iota v_\iota) \in \theta_\iota(K)$ and so the last inequality immediately gives (11i). □

2. Applications and examples

The most important applications and examples of this theory in boundary value problems of elliptic differential equations deal with: projection methods, particularly, the method of conforming as well as nonconforming finite elements, and perturbation of domains of boundary value problems; quasi-projection methods with applications to difference approximations, quadrature formula approximations, and approximations by functions having nearly-zero boundary values; penalty methods; singular perturbations and the method of regularization; least-squares methods. Moreover, appropriate combinations of the above-named approximation methods may be considered. The work [22] contains numerous examples for approximations of inhomogeneous equations by these methods. On the basis of [2o], we have in [21] studied examples of domain perturbations in elliptic boundary value problems. Further applications, in particular to the method of nonconforming finite elements, will be given in a forthcoming paper. For the sake of brevity, we must limit the study in this paper to four selected examples: the method of finite elements, difference approximations, the penalty method and singular perturbations.

2.1. The given boundary value problem

The general results will be explained by the simplest example, the poisson or Helmholtz differential equation under Dirichlet boundary conditions. The inhomogeneous equation reads

(1) $-\Delta u_o + k^2 u_o = f$ in G, $u_o = o$ on ∂G.

The associated eigenvalue problem has the form

(2) $-\Delta w_o + k^2 w_o = \lambda_o w_o$ in G, $w_o = o$ on ∂G.

The domain G is a bounded open subset of $\mathbb{R}^n$ and $k^2 \geqq o$ is some fixed, given constant.

These problems are meant in the generalized sense in the Sobolev space $E_o = H_o^1(G)$. The inhomogeneous equation (1) signifies

(3) $\int_G (\nabla\varphi \cdot \overline{\nabla u_o} + k^2 \varphi \overline{u_o}) dx = \int_G \varphi \overline{f} dx, \quad \varphi \in H_o^1(G),$

and the associated generalized eigenvalue problem is defined by

(4) $\int_G (\nabla\varphi \cdot \overline{\nabla w_o} + k^2 \varphi \overline{w_o}) dx = \lambda_o \int_G \varphi \overline{w_o} dx, \quad \varphi \in H_o^1(G).$

Accordingly, the scalar product

(5) $(u,v)_E = \int_G (\nabla u \cdot \overline{\nabla v} + k^2 u\overline{v}) dx$

for $u,v \in H_o^1(G)$ is chosen. Let the linear form ℓ and sesquilinear form b be specified by

(6) $\ell(u) = \int_G u\overline{f} dx, \quad b(u,v) = \int_G u\overline{v} dx, \quad u,v \in L^2(G),$

f being any function in $L^2(G)$. The given problems (3), (4) then have the form 1.1 (1), (2) for $\iota = o$ and $\ell_o = \ell | H_o^1(G)$, $b_o = b | H_o^1(G)$. Evidently, all eigenvalues μ_o of b_o and λ_o of (2), (4) are positive. The concrete form of the approximating problems, the associated spaces E, E_ι and scalar products $(.,.)_{E_\iota}$ depend upon the specific approximation method. This will be explained by the examples in the following sections.

2.2. The method of conforming finite elements

This method approximates the Sobolev space $E_o = H_o^1(G)$ by sequences of finite-dimensional subspaces $E_\iota \subset H_o^1(G)$, $\iota = 1,2,\ldots$. The approximating inhomogeneous equations have the form

(1) $\int_G (\nabla\varphi \cdot \overline{\nabla u_\iota} + k^2 \varphi \overline{u_\iota}) dx = \int_G \varphi \overline{f} dx, \quad \varphi \in E_\iota,$

and the approximating eigenvalue problems are

(2) $\int_G (\nabla\varphi \cdot \overline{\nabla w_\iota} + k^2 \varphi \overline{w_\iota}) dx = \lambda_\iota \int_G \varphi \overline{w_\iota} dx, \quad \varphi_\iota \in E_\iota,$

for $\iota = 1,2,\ldots$. Correspondingly, one takes $E = E_o = H_o^1(G)$ with the scalar product 2.1 (5) for the subspaces E_ι and $\ell_\iota = \ell|E_\iota$, $b_\iota = b|E_\iota$ with ℓ and b from 2.1 (6). The assumption 1.1 (3) is then satisfied trivially with $\|J_\iota\| = 1$. From equation 1.1 (4) one sees that the restriction operators $R_\iota = J_\iota^*$ are the orthogonal projections P_ι of $H_o^1(G)$ onto E_ι. The proper convergence is identical with the ordinary convergence in $H^1(G)$ restricted to sequences $u_\iota \in E_\iota$, $\iota \in \mathbb{N}$. The functionals ε_ι vanish and the functionals δ_ι are, in accordance with 1.1 (9), the squares of the shortest distances to E_ι,

(3) $$\delta_\iota(u) = \min_{\varphi \in E_\iota} \|u - \varphi\|_E^2 = |u,E_\iota|^2, \qquad u \in H_o^1(G),\ \iota = 1,2,\ldots .$$

Typical subspaces E_ι consist of continuous, piecewise polynomial functions in $H_o^1(G)$. To satisfy the Dirichlet boundary condition, one has to assume in general that G is a polyhedral domain. The sequence (E_ι) belongs to the approximation class $\mathcal{S}_o^{1,r}(G)$, $r > 1$, if there exist a null sequence of positive numbers h_ι and to each function $u \in H_o^1(G) \cap H^r(G)$ a constant $\gamma_r(u)$ and a sequence of functions $\varphi_\iota \in E_\iota$ with the property

(4) $$\|u - \varphi_\iota\|_o^2 + h_\iota^2 |u - \varphi_\iota|_1^2 \leq h_\iota^{2r} \gamma_r(u)^2, \qquad \iota = 1,2,\ldots .$$

For the shortest distances from u to E_ι this inequality gives the estimates

(5) $$|u,E_\iota| \leq h_\iota^{r-1} \gamma(u),$$

where $\gamma(u)$ is some appropriate constant for each $u \in D_o = H_o^1(G) \cap H^r(G)$. This subspace D_o is dense in $H_o^1(G)$. Then (5) guarantees, by Theorem 1.1 (15), that (E_ι) approximates $H_o^1(G)$. The error functional $d(\varphi) = \ell(\varphi) - (\varphi,u_o)_E$ vanishes for all $\varphi \in E_\iota$ as $E_\iota \subset E_o = H_o^1(G)$. Therefore, the sequence $H_o^1(G),(E_\iota)$ is closed. The solutions u_ι of the inhomogeneous equations (1) permit, by Theorem 1.1 (13), the error estimate

(6) $$\|u_o - u_\iota\|_E = |u_o,E_\iota| \leq h_\iota^{r-1} \gamma(u_o), \qquad \iota = 1,2,\ldots ,$$

for each solution $u_o \in H_o^1(G) \cap H^r(G)$ of the given problem.

The sesquilinear form b and the scalar product $(.,.)_o$ of $L^2(G)$ are the same. Thus $b_o = b|H_o^1(G)$ is compact, symmetric on $E_o = H_o^1(G)$, and so are the restrictions $b_\iota = b|E_\iota$ of b to the subspace E_ι. From the well-known inequality

(7) $$\|\varphi\|_o^2 = \int_G |\varphi|^2 dx \leq \beta^2 \int_G |\nabla \varphi|^2 dx, \qquad \varphi \in H_o^1(G),$$

where β is a positive constant, it follows that $\|b\| \leq \beta^2$ for any

$k^2 \geq o$ and that the inequality

(8) $|b(\varphi,z)| \leq \beta \|\varphi\|_E \|z\|_o, \quad \varphi, z \in H_o^1(G),$

holds. Every weakly convergent sequence $z_\iota \in H_o^1(G)$ is strongly convergent in $L^2(G)$. Using the last inequality, one obtains the validity of condition 1.2 (18) so that the sequence $(b_\iota) = (b|E_\iota)$ is weakly collectively compact.

Hereby, all assumptions are now verified in order to apply the theorems of the previous sections. First note that the convergence of spectra and resolvent sets in the sense of 1.2 (23), (24) is true. The error functionals τ_ι, σ_ι can be estimated by

(9) $\tau_\iota(w_o) \leq \|b\| |w_o, E_\iota|, \quad |\sigma_\iota(w_o)| \leq \|b\| |w_o, E_\iota|^2,$

because

(1o) $\delta_\iota(w_o) = \|e_\iota\|_E^2 = |w_o, E_\iota|^2, \quad d|E_\iota = o,$
$b_\iota = b|E_\iota, \quad b \geq o, \quad o < \mu_o \leq \|b\|, \quad \Delta\beta_\iota \leq \|b\|.$

The error estimate 1.2 (1o) for the approximation eigenvalues hence gives

(11) $\left|\frac{1}{\lambda_o} - \frac{1}{\lambda_\iota}\right| \leq \|b\| \frac{|w_o, E_\iota|}{(1-|w_o,E_\iota|^2)^{1/2}},$

and the error estimate 1.3 (3ii) for approximation eigenvectors yields

(12) $\|w_o - w_\iota\|_E \leq \alpha_\iota |w_o, E_\iota|$

where

(13) $\alpha_\iota = \left\{1 + \frac{\|b\|^2}{|\partial K, \Sigma(B_\iota)|^2}\right\}^{1/2}, \quad \iota = 1,2,\ldots .$

Finally, Theorem 1.3 (11) ascertains the quadratic convergence behaviour of eigenvalue approximations from the intervals $\Theta_\iota(K)$ in the form

(14) $\left|\frac{1}{\lambda_o}, \Theta_\iota(K)\right| \leq \alpha_\iota^2 \|b\| \frac{|w_o, E_\iota|^2}{1-|w_o,E_\iota|^2}.$

When the eigenfunction w_o belongs to the subspace $H_o^1(G) \cap H^r(G)$, by (5), the terms on the right sides of (11),(12) tend to zero as $O(h_\iota^{r-1})$ and the term on the right side of (14) as $O(h_\iota^{2r-2})$ for $\iota \to \infty$. By our general methods, we have thus retrieved well-known results (see [12], [23]).

2.3. Difference approximations

This section deals with the quasi-variational derivation of the well-known five-point difference approximations of problems 2.1 (1), (2). In the method of finite elements, the approximating equations have a similar form like difference equations. Birkhoff-Gulati [5] study in great detail the form of the approximating equations in Rayleigh-Ritz methods using continuous, piecewise linear functions in two variables. They prove that the common five-point difference approximation on a quadratic mesh in $\mathbb{R}^2$ is obtained for the equation $\Delta u = o$ but not for the Helmholtz equation $(k^2 \neq o)$ by means of Ritz approximations alone. The quasi-variational approach, simultaneously, approximates the scalar product $(.,.)_o$ of $L^2(G)$ by an appropriate quadrature formula and thus gives the desired difference approximation.

Let G be a bounded open polyhedral subset of $\mathbb{R}^n$ for n = 1,2,3 and let $(\mathcal{K}_\iota)$ be a regular sequence of triangulations of G by n-simplexes with the property

$$(1) \quad \overline{G} = \bigcup_{K\in\mathcal{K}_\iota} K, \qquad h_\iota = \max_{K\in\mathcal{K}_\iota} d_\iota(K) \rightarrow o \qquad (\iota\rightarrow\infty),$$

where $d_\iota(K)$ denotes the greatest diameter of K. The given generalized boundary value problems 2.1 (3), (4) are approximated by means of the quadrature formulas

$$(2) \quad \int_K v(x)dx = \frac{|K|}{n+1} \sum_{x\in K^\bullet} v(x) + e_K(v)$$

for continuous functions v on the simplexes $K \in \mathcal{K}_\iota$. Here $|K|$ is the volume of the n-simplex, $K^\bullet$ the set of the n + 1 vertices of K and e_K the remainder term of these quadrature formulas. Let $\mathcal{P}^1_1(\mathcal{K}_\iota)$ be the finite-dimensional subspace of all those functions in $H^1(G)$ which are continuous on $\overline{G}$ and linear on each $K\in\mathcal{K}_\iota$. Let $E_\iota = \mathcal{P}^1_{1,o}(\mathcal{K}_\iota)$ be the subspace of all functions in $\mathcal{P}^1_1(\mathcal{K}_\iota)$ vanishing on the boundary ∂G.

For these subspaces E_ι of $E = E_o = H^1_o(G)$ define the scalar products

$$(3) \quad (u_\iota,v_\iota)_{E_\iota} = \sum_{K\in\mathcal{K}_\iota} \frac{|K|}{n+1} \sum_{x\in K^\bullet} \{\nabla u^K_\iota(x)\cdot\overline{\nabla v^K_\iota(x)} + k^2 u_\iota(x)\overline{v_\iota(x)}\}$$

and the sesquilinear forms

$$(4) \quad b_\iota(u_\iota,v_\iota) = \sum_{K\in\mathcal{K}_\iota} \frac{|K|}{n+1} \sum_{x\in K^\bullet} u_\iota(x)\overline{v_\iota(x)}, \quad u_\iota,v_\iota \in \mathcal{P}^1_{1,o}(\mathcal{K}_\iota).$$

The associated equations 1.1 (1), (2) then constitute approximations of the given boundary value problems. The solutions of the approximating equations satisfy difference equations on the mesh consisting of all vertices of simplexes $K \in \mathcal{K}_\iota$. For n = 2 and triangulations by congruent isosceles right triangles, the well-known five-point difference equations can be obtained (see [5], [22]).

The gradients ∇u_ι of the functions $u_\iota \in \mathcal{P}^1_1(\mathcal{K}_\iota)$ are constant on the simplexes $K \in \mathcal{K}_\iota$ such that the representation

(5) $$\int_G \nabla u_\iota \cdot \overline{\nabla v_\iota}\, dx = \sum_{K \in \mathcal{K}_\iota} \frac{|K|}{n+1} \sum_{x \in K^\cdot} \nabla u_\iota^K(x) \cdot \overline{\nabla v_\iota^K}(x)$$

is valid. The error in approximating the scalar product $(.,.)_E$ by the sequence $(.,.)_{E_\iota}$ is given by

(6) $$-\,\mathcal{E}_\iota(u_\iota) = \|u_\iota\|^2_E - \|u_\iota\|^2_{E_\iota} = k^2 \sum_{K \in \mathcal{K}_\iota} e_K(|u_\iota|^2).$$

Accordingly,

(7) $$(b - b_\iota)(u_\iota) = \sum_{K \in \mathcal{K}_\iota} e_K(|u_\iota|^2).$$

The quadrature formula (2) is exact for polynomials of the first degree, that means, $e_K(w) = o$ for $w \in \mathcal{P}^1_1(K)$. On each simplex K, the functions $u_\iota \in \mathcal{P}^1_1(\mathcal{K}_\iota)$ are linear and thus $|u_\iota|^2 = u_\iota \overline{u_\iota}$ are polynomials of the second degree. The next result follows from well-known theorems in the theory of finite element methods.

(8) <u>There exists a constant η such that the estimates</u>

$$\Big|\sum_{K \in \mathcal{K}_\iota} e_K(|u_\iota|^2)\Big| \leq \eta\, h_\iota^2 |u_\iota|_1^2, \qquad u_\iota \in E_\iota,$$

<u>are valid uniformly for all $\iota = 1,2,\ldots$</u> .

Consequently, the inequalities

(9) $$(1 - \eta_\iota)\|u_\iota\|^2_E \leq \|u_\iota\|^2_{E_\iota} \leq (1 + \eta_\iota)\|u_\iota\|^2_E, \qquad u_\iota \in E_\iota,$$

hold where $\eta_\iota = \eta k^2 h_\iota^2$ for $\iota = 1,2,\ldots$. The norms $\|\cdot\|_E$ and $\|\cdot\|_{E_\iota}$ are thus equivalent for almost all ι since η_ι tends to zero for $\iota \to \infty$. It is readily seen from these inequalities that the proper strong and weak convergence are the same as the ordinary strong and weak convergence in $H^1(G)$. The norms of the natural embeddings J_ι, by (9), permit the estimate

(1o) $$\|J_\iota\| \leq \frac{1}{\sqrt{1-\eta_\iota}}$$

for all ι such that $\eta_\iota < 1$. Hence the requirement $\limsup \|J_\iota\| \leq 1$ is fulfilled.

By the condition imposed on the dimension n, Sobolev's embedding theorem ensures that functions $u_o \in \overset{\circ}{H}{}^1(G) \cap H^2(G)$ are continuous on $\overline{G} \subset \mathbb{R}^n$. The continuous, piecewise linear interpolate $\varphi_\iota \in \mathcal{P}^1_{1,o}(\mathcal{K}_\iota)$ of

u_o, specified by $\varphi_\iota(x) = u_o(x)$ for $x \in K^\cdot$, $K \in \mathcal{K}_\iota$, satisfies the error estimate 2.2 (4) for r = 2. By means of the representation 1.1 (9) of the functionals δ_ι, we thus obtain the inequalities

(11) $\delta_\iota(u_o) \leq \|u_o - \varphi_\iota\|_E^2 + \eta_\iota |\varphi_\iota|_1^2 \leq h_\iota^2 \gamma^2 \|u_o\|_2^2$

for some constant γ. The subspace $D_o = H_o^1(G) \cap H^2(G)$ is dense in $E_o = H_o^1(G)$. Hence Theorem 1.1 (15) implies that the sequence $E_\iota = \mathcal{P}_{1,o}^1(\mathcal{K}_\iota)$ approximates $H_o^1(G)$. Since $E_\iota \subset H_o^1(G)$, $\iota = 1,2,\ldots$, the sequence $H_o^1(G), (E_\iota)$ is closed. Theorem 1.1 (13) yields the error estimate

(12) $\|u_\iota - u_o\|_E^2 \leq \|\ell_\iota - \ell_o|E_\iota\|_{E'_\iota}^2 + h_\iota^2\{\gamma^2\|u_o\|_2^2 + \eta k^2 \|u_\iota\|_E^2\}$

for the solutions u_ι of the approximating inhomogeneous equations.

The sesquilinear forms b_ι approximate the scalar product $b = (.,.)_o$ of $L^2(G)$. This is made precise by the estimate

(13) $|(b_\iota - b)(u_\iota)| \leq \eta h_\iota^2 \|u_\iota\|_{E_\iota}^2, \quad u_\iota \in E_\iota,$

uniformly for $\iota = 1,2,\ldots$, where we have used the inequality $|u_\iota|_1^2 \leq \|u_\iota\|_{E_\iota}^2$, following from (5). The norm of the symmetric sesquilinear form $b_\iota - b|E_\iota$ is equal to the norm of the associated quadratic form. So (13) yields $\|b_\iota - b|E_\iota\| \leq \eta h_\iota^2$ for all ι. Consequently, the sequence (b_ι) satisfies assumption 1.2 (2). The sesquilinear forms b_ι on E_ι are compact because E_ι is finite-dimensional. By 2.2 (7) one gets the inequality

$$|b_\iota(\varphi, z_\iota)| \leq \|b_\iota - b|E_\iota\| \, \|\varphi\|_{E_\iota} \|z_\iota\|_{E_\iota} + \beta \|\varphi\|_{E_\iota} \|z_\iota\|_o$$

and thus

(14) $$\sup_{0 \neq \varphi \in E_\iota} |b_\iota(\varphi, z_\iota)| / \|\varphi\|_{E_\iota} \leq \eta h_\iota^2 \|z_\iota\|_{E_\iota} + \beta \|z_\iota\|_o.$$

Every properly weakly convergent sequence $z_\iota \in E_\iota$ is weakly convergent in $E = H_o^1(G)$. The natural embedding of $H_o^1(G)$ into $L^2(G)$ is compact. Hence every properly weakly convergent null sequence $z_\iota \in E_\iota$ converges strongly to zero in $L^2(G)$. (14) then implies that the sequence (b_ι) is weakly collectively compact.

Under these conditions, Section 1.2 establishes the convergence of spectra and resolvent sets of the approximating problems to those of the given problem 2.1 (4). From the error estimates 1.2 (1o), 1.3 (3) for approximation eigenvalues and eigenvectors one concludes the convergence statements

(15) $$\frac{1}{\lambda_\iota} = \frac{1}{\lambda_o} + O(h_\iota), \quad \|w_\iota - w_o\|_E = O(h_\iota).$$

Theorem 1.3 (11) ascertains the quadratic convergence of eigenvalue approximations from $\Theta_\iota(K)$ in the form

(16) $$\left| \frac{1}{\lambda_o}, \Theta_\iota(K) \right| = O(h_\iota^2).$$

For every simple eigenvalue λ_0 of 2.1 (4), $\Theta_\iota(K) = \sum(B_\iota) \cap K = \{1/\lambda_\iota\}$ eventually so that

(17) $$\frac{1}{\lambda_\iota} = \frac{1}{\lambda_0} + O(h_\iota^2).$$

2.4. Penalty methods

Penalty methods have been recommended already by Courant in [6], [7] for use in the direct methods of solving variational problems. In finite element methods, Dirichlet boundary conditions for general domains cannot be satisfied exactly and, therefore, penalty methods are applied (see, for example, Aubin [1, Chap. 9]; Babuška [3]; Babuška-Aziz [4] ; Nitsche [15]). By virtue of the results in Section 1, we easily obtain the associated, specific error estimates for approximation solutions of inhomogeneous equations and eigenvalue problems. Note the interesting fact, that also for this class of approximation methods improved convergence statements are obtained, ensuring the quadratic convergence behaviour of eigenvalue approximations.

Let G be a bounded open Lipschitz domain in $\mathbb{R}^n$. Courant approximates the Dirichlet boundary value problems 2.1 (1), (2) by the sequence

(1) $$-\Delta u_\iota + k^2 u_\iota = f \text{ in } G, \quad u_\iota + \varkappa_\iota^2 \frac{\partial u_\iota}{\partial N} = o \text{ on } \partial G;$$

and the corresponding eigenvalue problem by

(2) $$-\Delta w_\iota + k^2 w_\iota = \lambda_\iota w_\iota \quad \text{in } G, \quad w_\iota + \varkappa_\iota^2 \frac{\partial w_\iota}{\partial N} = o \quad \text{on } \partial G;$$

where $(\varkappa_\iota)$ is a null sequence of positive numbers and N the outward normal on the boundary of G. Thus the essential boundary condition $u_0 = o$, $w_0 = o$ is approximated by a sequence of natural boundary conditions. These may be interpreted as saying that the linear extrapolation of u_ι at boundary points vanishes at a distance $\varkappa_\iota^2$ from the boundary in the outward normal direction.

The above equations (1), (2) are understood in the generalized sense in the Sobolev space $H^1(G)$ with the scalar product

(3) $$(u,v)_E = \int_G (\nabla u \cdot \overline{\nabla v} + k^2 u\bar{v})dx + \int_{\partial G} u\bar{v} ds, \quad u,v \in H^1(G).$$

We define the approximating problems more generally than (1), (2) by a sequence of closed subspaces $E_\iota \subset H^1(G)$ for $\iota = 1,2,\dots$. The scalar products for these spaces are specified by

(4) $$(u_\iota, v_\iota)_{E_\iota} = \int_G (\nabla u_\iota \cdot \overline{\nabla v_\iota} + k^2 u_\iota \overline{v_\iota})dx + \frac{1}{\varkappa_\iota^2} \int_{\partial G} u_\iota \overline{v_\iota} ds, u_\iota, v_\iota \in E, \iota = 1,2,\dots,$$

where $0 < \varkappa_\iota \leq 1$ and $\varkappa_\iota \to 0$ for $\iota \to \infty$. Obviously,

(5) $$\|u_\iota\|_E \leq \|u_\iota\|_{E_\iota}, \quad u_\iota \in E_\iota, \quad \iota = 1,2,\dots,$$

so that the assumption 1.1 (3) is true. From (4) one sees that

(6) $$\int_{\partial G} |u_\iota|^2 ds \leq \varkappa_\iota^2 \|u_\iota\|_{E_\iota}^2, \quad u_\iota \in E_\iota, \quad \iota = 1,2,\dots .$$

Let the linear form ℓ and sesquilinear form b be defined as in 2.1 (6) and put $\ell_\iota = \ell | E_\iota$, $b_\iota = b | E_\iota$. Let us consider approximations of the form 1.1 (1), (2) for the given problems 2.1 (3), (4). Upon setting $E_\iota = H^1(G)$ for all ι, the approximating problems have just the form (1), (2) in the generalized sense. The functionals ε_ι, δ_ι assume the form

(7) $$\varepsilon_\iota(u_\iota) = (\frac{1}{\varkappa_\iota^2} - 1) \int_{\partial G} |u_\iota|^2 ds, \quad u_\iota \in E_\iota,$$
$$\delta_\iota(u_0) = \min_{\varphi \in E_\iota} \{ \int_G (|\nabla(u_0 - \varphi)|^2 + k^2 |u_0 - \varphi|^2) dx + \frac{1}{\varkappa_\iota^2} \int_{\partial G} |\varphi|^2 ds \}, u_0 \in H_0^1(G),$$

for $\iota = 1,2,\dots$. The proper convergence then reads

(8) $$\text{s-lim}\, u_\iota = u \iff u_\iota \to u \text{ in } H^1(G), \int_{\partial G} |u_\iota|^2 ds = o(\varkappa_\iota^2),$$
$$\text{w-lim}\, u_\iota = u \iff u_\iota \rightharpoonup u \text{ in } H^1(G), \int_{\partial G} |u_\iota|^2 ds = O(\varkappa_\iota^2),$$

using the Landau symbols o,O.

It is readily seen here that the sequence $b_\iota = b | E_\iota$, $\iota = 0,1,2,\dots$, is weakly collectively compact. Indeed, by the conditions imposed on G, the natural embedding of $H^1(G)$ into $L^2(G)$ is compact. Hence b is compact on $H^1(G)$. For each ι, obviously, $\|\cdot\|_{E_\iota}$ is equivalent to a norm of the Sobolev space $H^1(G)$. Therefore, $b | E_\iota$ is compact too. From the well-known inequality

(9) $$\|\varphi\|_0^2 = \int_G |\varphi|^2 dx \leq \beta^2 \{ \int_G |\nabla\varphi|^2 dx + \int_{\partial G} |\varphi|^2 ds \}, \quad \varphi \in H^1(G),$$

where β is a suitable positive constant, one concludes the estimate

(1o) $$\sup_{0 \neq \varphi \in E_\iota} |b(\varphi, z_\iota)| / \|\varphi\|_{E_\iota} \leq \beta \|z_\iota\|_0, \quad z_\iota \in E_\iota .$$

Every properly weakly convergent null sequence (z_ι) is, by (8), weakly convergent in $H^1(G)$. The compactness of the natural embedding of $H^1(G)$ into $L^2(G)$ then implies $z_\iota \to 0$ in $L^2(G)$ and thus the convergence of (1o) to zero for $\iota \to \infty$.

Next, the following basic statement is true.

(11) <u>The sequence</u> $H_o^1(G)$, (E_ι) <u>is closed.</u>

<u>Proof.</u> This assertion will be proved by means of Theorem 1.1 (21). Let $v_\iota \in E_\iota$, $\iota \in \mathbb{N}'$, be any properly weakly convergenct sequence and let w-lim $v_\iota = v$. This sequence is properly bounded, that is $\|v_\iota\|_{E_\iota} \le \gamma$, $\iota \in \mathbb{N}'$. In view of (6),

$$\int_{\partial G} |v_\iota|^2 ds \le \kappa_\iota^2 \gamma \to o \quad (\iota \to \infty).$$

Schwarz's inequality gives the convergence relation

$$\left|\int_{\partial G} v_\iota \bar{v} ds\right|^2 \le \int_{\partial G} |v_\iota|^2 ds \int_{\partial G} |v|^2 ds \to o \quad (\iota \to \infty).$$

It is well-known that the trace operator is continuous from $H^1(G)$ into $L^2(\partial G)$. Hence $v_\iota \rightharpoonup v$ in $H^1(G)$ implies

$$\int_{\partial G} |v|^2 ds = \lim_{\iota \in \mathbb{N}'} \int_{\partial G} v_\iota \bar{v} ds = o.$$

Consequently, the trace of v on the boundary ∂G vanishes and, therefore, $v \in H_o^1(G)$. □

We assume now that the given generalized boundary value problems 2.1 (3), (4) possess solutions $u_o, w_o \in H_o^1(G) \cap H^2(G)$. In this case, u_o, w_o are solutions of the differential equations 2.1 (1), (2). The error functional d may be then converted by partial integration into

$$(12)\quad d(\varphi) = \int_G \varphi \bar{f} dx - \int_G (\nabla \varphi \cdot \overline{\nabla u_o} + k^2 \varphi \overline{u_o}) dx = - \int_{\partial G} \varphi \frac{\partial u_o}{\partial N} ds$$

for all $\varphi \in H^1(G)$. Using (6), one thus obtains the estimate

$$|d(\varphi)| \le \|\varphi\|_{o,\partial G} \left\|\frac{\partial u_o}{\partial N}\right\|_{o,\partial G} \le \kappa_\iota \|\varphi\|_{E_\iota} \left\|\frac{\partial u_o}{\partial N}\right\|_{o,\partial G}$$

that is,

$$(13)\quad \|d\|_{E'_\iota} \le \kappa_\iota \left\|\frac{\partial u_o}{\partial N}\right\|_{o,\partial G}, \quad \iota = 1,2,\dots .$$

<u>Example 1.</u> First choose $E_\iota = H^1(G)$ for all ι. For $\varphi = u_o$ in (7), it follows that $\delta_\iota(u_o) = o$ for all $u_o \in H_o^1(G)$. Since $o < \kappa_\iota \le 1$, we have $\varepsilon_\iota \geq o$ and, by 1.1 (9), then $R_\iota u_o = u_o$, $e_\iota = u_o - R_\iota u_o = o$ for all ι. The functionals τ_ι, σ_ι assume the simple form

$$(14)\quad \tau_\iota(u_o) = \|d\|_{E'_\iota}, \qquad \sigma_\iota(w_o) = o.$$

By virtue of (13), 1.1 (13), the solutions u_ι of the approximating inhomogeneous equations permit the error estimates

$$(15)\quad \int_G (|\nabla(u_o - u_\iota)|^2 + k^2 |u_o - u_\iota|^2) dx + \frac{1}{\kappa_\iota^2} \int_{\partial G} |u_\iota|^2 ds \le \kappa_\iota^2 \int_{\partial G} \left|\frac{\partial u_o}{\partial N}\right|^2 ds$$

for solutions $u_o \in H_o^1(G) \cap H^2(G)$ and all ι. In the context of eigenvalue problems, the error functional d is specified by 1.2 (7). Hence eigenvalues λ_o to eigensolutions $w_o \in H_o^1(G) \cap H^2(G)$ possess approximation eigenvalues with the error

$$(16)\quad \left|\frac{1}{\lambda_0} - \frac{1}{\lambda_\iota}\right| \leq \frac{\kappa_\iota}{\lambda_0}\left(\int_{\partial G}\left|\frac{\partial w_0}{\partial N}\right|^2 ds\right)^{1/2}$$

for almost all ι. The improved convergence statement 1.3 (11) yields

$$(17)\quad \left|\frac{1}{\lambda_0}, \theta_\iota(K)\right| \leq \frac{\kappa_\iota^2}{\lambda_0^2} \frac{\|b\|}{|\partial K, \Sigma(B_\iota)|^2} \int_{\partial G}\left|\frac{\partial w_0}{\partial N}\right|^2 ds$$

since $\Delta\beta_\iota = \beta_\iota^1 \leq \|b\|$. □

Example 2. Now let $E_\iota \subset H^1(G)$ be a sequence of finite-dimensional subspaces like those in finite element methods: For each $u \in H^r(G)$ there exist approximations $\varphi_\iota \in E_\iota$ with the property

$$(18)\quad \|u - \varphi_\iota\|_0^2 + h_\iota^2 |u - \varphi_\iota|_1^2 \leq h_\iota^{2r} \gamma_r(u)^2, \quad \iota = 1,2,\ldots .$$

As G is a Lipschitz domain, the following well-known inequality

$$\int_{\partial G}|v|^2 ds \leq \alpha\left\{\varepsilon\|v\|_1^2 + \frac{1}{\varepsilon}\|v\|_0^2\right\}, \quad v \in H^1(G),$$

holds for all $0 < \varepsilon \leq 1$. When $v \neq 0$, one can replace ε by $\|v\|_0 / \|v\|_1$ and thus

$$\int_{\partial G}|v|^2 ds \leq 2\alpha\|v\|_0\|v\|_1, \quad v \in H^1(G).$$

Hence, using (18), we get the following approximability condition on the boundary ∂G

$$(19)\quad \int_{\partial G}|\varphi_\iota|^2 ds = \int_{\partial G}|u_0 - \varphi_\iota|^2 ds \leq 2\alpha\gamma_r(u)^2 h_\iota^{2r-1}$$

for $u_0 \in H_o^1(G) \cap H^r(G)$ and the associated functions φ_ι, specified by (18). On setting $\kappa_\iota^2 = h_\iota^{r-1/2}$, the generalized distances δ_ι can be estimated by

$$(20)\quad \delta_\iota(u_0) \leq |u_0 - \varphi_\iota|_1^2 + k^2\|u_0 - \varphi_\iota\|_0^2 + \frac{1}{\kappa_\iota^2}\int_{\partial G}|\varphi_\iota|^2 ds \leq \gamma(u_0)^2 h_\iota^{r-1/2}$$

where $r \geq 2$ and $\gamma(u_0)$ is some appropriate constant. Then the solutions u_ι of the approximating inhomogeneous equations, by (13), 1.1 (13), satisfy the error estimate

$$\int_G (|\nabla(u_0 - u_\iota)|^2 + k^2|u_0 - u_\iota|^2)dx + h_\iota^{-r+1/2}\int_{\partial G}|u_\iota|^2 dx$$

$$\leq h_\iota^{r-1/2}\left\{\gamma(u_0)^2 + \int_{\partial G}\left|\frac{\partial u_0}{\partial N}\right|^2 ds\right\}$$

for all ι such that $h_\iota \leq 1$.

Finally let us consider the error estimates for eigenvalue problems, established in Sections 1.2, 1.3. We have $\|J_\iota\| \leq 1$, $\varepsilon_\iota \geq 0$, and by 1.2 (6), (8)

$$(21)\quad \|e_\iota\|_E^2 \leq \delta_\iota(w_0), \quad \tau_\iota(w_0) \leq \|b\|\,\delta_\iota(w_0)^{1/2} + \|d\|_{E'_\iota}.$$

Using (13), (2o) and 1.2 (8) for eigenvectors $w_o \in H_o^1(G) \cap H^r(G), r \geq 2$, and $\kappa_\iota^2 = h_\iota^{r-1/2}$, one obtains the estimate

$$\tau_\iota(w_o) \leq h_\iota^{r/2-1/4} \|b\| \{\gamma(w_o) + \| \frac{\partial w_o}{\partial N} \|_{o,\partial G}\},$$

since $\mu_o \leq \|b\|$. In this case, 1.2 (1o) gives the convergence statement

$$(22) \qquad \frac{1}{\lambda_\iota} = \frac{1}{\lambda_o} + O(h_\iota^{r/2-1/4}) \qquad (\iota \to \infty).$$

Before estimating the functionals σ_ι in 1.3 (5) for eigensolutions $w_o \in H_o^1(G) \cap H^r(G)$, we have first to analyse the term

$$(23) \ d(e_\iota) = - \mu_o \int_{\partial G} e_\iota \overline{\frac{\partial w_o}{\partial N}} ds, \qquad e_\iota = w_o - R_\iota w_o.$$

The representation 1.1 (9) of the generalized distance reads

$$\delta_\iota(w_o) = \int_G (|\nabla e_\iota|^2 + k^2 |e_\iota|^2) dx + \frac{1}{\kappa_\iota^2} \int_{\partial G} |e_\iota|^2 ds$$

because $e_\iota = R_\iota w_o$ on the boundary ∂G. Consequently,

$$(24) \ \int_{\partial G} |e_\iota|^2 ds \leq \kappa_\iota^2 \delta_\iota(w_o), \qquad \iota = 1,2,\ldots .$$

From (23), (24) on infers the inequality

$$(25) \ |d(e_\iota)| \leq \kappa_\iota \delta_\iota(w_o)^{1/2} \|b\| \, \| \frac{\partial w_o}{\partial N} \|_{o,\partial G}.$$

Hence the functionals σ_ι satisfy the estimate

$$|\sigma_\iota(w_o)| \leq \kappa_\iota \delta_\iota(w_o)^{1/2} \|b\| \{ \frac{\delta_\iota(w_o)^{1/2}}{\kappa_\iota} + 2 \| \frac{\partial w_o}{\partial N} \|_{o,\partial G} \},$$

since $o < \mu_o \leq \|b\|$ and $b \geq o$. In view of $\kappa_\iota^2 = h_\iota^{r-1/2}$ and (2o), the last inequality thus yields

$$(26) \ |\sigma_\iota(w_o)| \leq h_\iota^{r-1/2} \|b\| \gamma(w_o) \{\gamma(w_o) + 2 \| \frac{\partial w_o}{\partial N} \|_{o,\partial G}\}.$$

Finally, Theorem 1.3 (11) ensures the quadratic convergence behaviour of eigenvalue approximations from $\Theta_\iota(K)$ in the form

$$(27) \ | \frac{1}{\lambda_o}, \Theta_\iota(K) | = O(h_\iota^{r-1/2}) \qquad (\iota \to \infty)$$

for each eigensolution $w_o \in H_o^1(G) \cap H^r(G)$. □

2.5. Singular perturbations

Our perturbation theory also applies to certain classes of singular perturbations. In particular, singular perturbations of elliptic boundary value problems by higher order elliptic problems are covered. The approximations of inhomogeneous equations, considered in this section for $E_\iota = D$, are a specific case of the boundary layer problems treated by Lions in [13, Chap. II]. However, we shall additionally consider approximations of eigenvalue problems, approximations by finite-dimensional subspaces, and establish the associated error estimates. In [19], we have already developed a general approximation theory for the treatment of elliptic problems in Hilbert spaces and indicated applications to singular perturbations.

Typical examples of singular perturbations for the Dirichlet boundary value problems 2.1 (1), (2) are the following,

(1) $\varkappa_\iota^2 \Delta^2 u_\iota - \Delta u_\iota + k^2 u_\iota = f$ in G

and

(2) $\varkappa_\iota^2 \Delta^2 w_\iota - \Delta w_\iota + k^2 w_\iota = \lambda_\iota w_\iota$ in G

for $\iota = 1,2,\ldots$, together with suitable boundary conditions on ∂G, where $(\varkappa_\iota)$ is a null sequence of positive numbers. In addition, we shall admit approximations of the above equations by finite element methods. Let $E = E_o$ be the Sobolev space $\overset{\circ}{H}{}^1(G)$ with the scalar product 2.1 (5) and let D be a closed subspace of $H^2(G)$ with the property

(3) $\overset{\circ}{H}{}^2(G) \subset D \subset H^2(G) \cap \overset{\circ}{H}{}^1(G)$.

Further let a sequence of closed subspaces $E_\iota \subset D$ be given, endowed with the scalar products

(4) $(u_\iota, v_\iota)_{E_\iota} = \int_G (\varkappa_\iota^2 \nabla^2 u_\iota \cdot \overline{\nabla^2 v_\iota} + \nabla u \cdot \overline{\nabla u} + k^2 u_\iota \overline{v_\iota}) dx$

for $u_\iota, v_\iota \in E_\iota$, $\iota = 1,2,\ldots$, denoting by $\nabla^2 u_\iota$ the vector of the partial derivatives of second order of u_ι. The approximating problems then read

(5) $\int_G (\varkappa_\iota^2 \nabla^2 \varphi \cdot \overline{\nabla^2 u_\iota} + \nabla \varphi \cdot \overline{\nabla u_\iota} + k^2 \varphi \overline{u_\iota}) dx = \int_G \varphi \overline{f} dx, \quad \varphi \in E_\iota$,

and

(6) $\int_G (\varkappa_\iota^2 \nabla^2 \varphi \cdot \nabla^2 w_\iota + \nabla \varphi \cdot \overline{\nabla w_\iota} + k^2 \varphi \overline{w_\iota}) dx = \lambda_\iota \int_G \varphi \overline{w_\iota} dx, \quad \varphi \in E_\iota$,

for $\iota = 1,2,\ldots$. The linear form ℓ and the sesquilinear form b are again specified by 2.1(6). Obviously,

(7) $\|u_\iota\|_E \le \|u_\iota\|_{E_\iota}, \quad u_\iota \in E_\iota, \quad \iota = 1,2,\ldots,$

and thus the requirement 1.1 (3) is fulfilled. The functionals $\varepsilon_\iota, \delta_\iota$ have the form

(8)
$$\varepsilon_\iota(u_\iota) = \varkappa_\iota^2 \int_G |\nabla^2 u_\iota|^2 dx$$
$$\delta_\iota(u) = \min_{\varphi \in E_\iota} \int_G \{|\nabla(u-\varphi)|^2 + k^2|u-\varphi|^2 + \varkappa_\iota^2 |\nabla^2 \varphi|^2\} dx, \quad u \in H^1(G),$$

for $\iota = 1,2,\ldots$. The proper strong and weak convergence are defined by

(9)
$$\text{s-lim}\, u_\iota = u \iff u_\iota \to u \text{ in } H^1(G), \int_G |\nabla^2 u_\iota|^2 dx = o(\tfrac{1}{\varkappa_\iota^2}),$$
$$\text{w-lim}\, u_\iota = u \iff u_\iota \to u \text{ in } H^1(G), \int_G |\nabla^2 u_\iota|^2 dx = O(\tfrac{1}{\varkappa_\iota^2}).$$

The subspaces $E_\iota \subset D$ are, by (3), contained in the space $E_o = H^1_o(G)$ for all ι so that, trivially, the sequence $H^1_o(G),(E_\iota)$ is closed. The subspace D is dense in $H^1_o(G)$. In view of Theorem 1.1 (15), the sequence (E_ι) approximates $H^1_o(G)$ if, and only if, it approximates the subspace D. By inequality 2.2 (7), the scalar product $b = (.,.)_o$ of $L^2(G)$ is a bounded sesquilinear form on $E = H^1_o(G)$ and $\|b\| \leq \beta^2$. In a similar way as in Sections 2.2, 2.4, the weak collective compactness of the sequence $b_\iota = b|E_\iota$, $\iota = o,1,2,\ldots$, is verified. From 1.2 (6), (8) the inequalities

(1o) $\|e_\iota\|^2_E \leq \delta_\iota(v_o)$, $\quad \tau_\iota(v_o) \leq \|b\| \sqrt{\delta_\iota(v_o)}$,

are obtained because

$$\varepsilon_\iota \geq o, \quad \|J_\iota\| \leq 1, \quad d|E_\iota = o, \quad b_\iota = b|E_\iota .$$

The error functionals σ_ι, defined in 1.3 (5), permit the estimate

(11) $\qquad \sigma_\iota(w_o) \leq \|b\| \delta_\iota(w_o)$

since $b \geq o$ and $\mu_o \leq \|b\|$.

The error equations 1.1 (13ii) for the solutions u_ι of the inhomogeneous equations (5) now assume the simple form

(12) $\|u_o - u_\iota\|^2_E + \varkappa^2_\iota \|\nabla^2 u_\iota\|^2_o = \delta_\iota(u_o)$, $\quad \iota = 1,2,\ldots$,

because $d_\iota = d|E_\iota = o$. The error estimates 1.2 (1o), 1.3 (3ii) yield

$$\left| \frac{1}{\lambda_o} - \frac{1}{\lambda_\iota} \right| \leq \left\{ \frac{\delta_\iota(w_o)}{1-\delta_\iota(w_o)} \right\}^{1/2} \|b\|,$$

(13)

$$\|w_o - w_\iota\|^2_E + \varkappa^2_\iota \|\nabla^2 w_\iota\|^2_o \leq \delta_\iota(w_o)\, \alpha^2_\iota ,$$

using the constants α_ι from 2.2 (13). Finally, the error estimates 1.3 (11) give

(14) $$\left| \frac{1}{\lambda_o}, \theta_\iota(K) \right| \leq \frac{\delta_\iota(w_o)}{1-\delta_\iota(w_o)}\, \alpha^2_\iota \|b\|.$$

<u>Example 1.</u> Let us first consider approximations by the constant sequence of subspaces $E_\iota = D = H^2(G) \cap H^1_o(G)$ with the scalar products (4) for $\iota = 1,2,\ldots$. The solutions u_ι, w_ι of the approximating problems (5), (6) then satisfy the differential equations (1), (2) in the open domain G. As D is dense in $H^1_o(G)$, by Theorem 1.1 (15), the generalized distances $\delta_\iota(v_o)$ tend to zero for $\iota \to \infty$ and each $v_o \in H^1_o(G)$. Indeed, when v_o belongs to the subspace $H^2(G) \cap H^1_o(G)$ choose $\varphi = v_o$ in the representation (8) of δ_ι. Thus it is seen that

(15) $\delta_\iota(v_o) \leq \varkappa^2_\iota \|\nabla^2 v_o\|^2_o$, $\quad \iota = 1,2,\ldots$.

Hence the error functionals τ_ι, σ_ι have the convergence behaviour

(16) $\tau_\iota(v_o) = O(\varkappa_\iota), \quad \sigma_\iota(v_o) = O(\varkappa_\iota^2) \quad (\iota \to \infty).$ □

Example 2. Given a sequence of finite-dimensional subspaces $E_\iota \subset D = H_o^2(G)$ of the approximation class $\mathcal{S}_o^{2,r}(G)$, $r \geq 2$, for each $u \in H_o^2(G) \cap H^r(G)$, there exist a constant $\gamma_r(u)$, a null sequence of positive numbers h_ι, and a sequence of functions $\varphi_\iota \in E_\iota$ with the property

$$\sum_{k=o}^{2} h_\iota^{2k} |u - \varphi_\iota|_k^2 \leq h_\iota^{2r} \gamma_r(u)^2, \qquad \iota = 1,2,\ldots .$$

Hereby,

(17) $\|u - \varphi_\iota\|_E \leq h_\iota^{r-1} \gamma(u), \quad |\varphi_\iota|_2 \leq \gamma(u),$

for some appropriate constant $\gamma(u)$. From the representation (8) we see that

$$\delta_\iota(u) \leq h_\iota^{2(r-1)} \gamma(u)^2 + \varkappa_\iota^2 \gamma(u)^2 \to o$$

for $\iota \to \infty$. Thus the sequence (E_ι) approximates the subspace $H_o^2(G) \cap H^r(G)$ of $H_o^1(G)$. This subspace is dense in $H_o^1(G)$ so that, by Theorem 1.1 (15), (E_ι) also approximates $H_o^1(G)$. Putting $\varkappa_\iota = h_\iota^{r-1}$, one obtains the convergence behaviour

(18) $\delta_\iota(u) = O(h_\iota^{2(r-1)}), \quad u \in H_o^2(G) \cap H^r(G).$

Now all of the assumptions are valid to apply the general theorems. In particular, inserting (18) into the error estimates (12), (13), (14) yields the basic convergence statements for eigenvalue and eigenvector approximations. □

References

[1] Aubin, J.P.: Approximation of elliptic boundary-value problems. New York: Wiley-Interscience 1972.

[2] Babuška, I.: Error bounds for finite element methods. Numer. Math. 16, 322-333 (1971).

[3] —— The finite element method with penalty. Math. Comput. 27, no. 122, 221-228 (1973).

[4] Babuška, I., and Aziz, A.K.: Survey lectures on the mathematical foundations of the finite element method. Proc. Symp. "The Mathematical Foundations of the Finite Element Method with Applications to Partial Differential Operators", Baltimore 1972 (A.K. Aziz, Ed.) 1-359. New York: Academic Press 1972.

[5] Birkhoff, G., and Gulati, S.: Optimal few-point discretizations of linear source problems. SIAM J. Numer. Anal. 11, 7oo-728 (1974).

[6] Courant, R.: Über direkte Methoden in der Variationsrechnung und über verwandte Fragen. Math. Ann. 97, 711-736 (1927).

[7] —— Variational methods for the solution of problems of equilibrum and vibration. Bull. Amer. Math. Soc. 49, 1-23 (1943).

[8] Grigorieff, R.D.: Diskrete Approximation von Eigenwertproblemen.
I. Qualitative Konvergenz. Numer. Math. 24, 355-374 (1974).
II. Konvergenzordnung. Numer. Math. 24, 415-433 (1974).
III. Asymptotische Entwicklungen. Numer. Math. 25, 79-97 (1975).

[9] Hausdorff, F.: Grundzüge der Mengenlehre. New York: Chelsea 1965.

[1o] Kato, T.: Perturbation theory for linear operators. Berlin-Heidelberg-New York: Springer 1966.

[11] Keller, H.B.: On the accuracy of finite difference approximations to the eigenvalues of differential and integral operators. Numer. Math. 7, 412-419 (1965).

[12] Krasnosel'skii, M.A., Vainikko, G.M. et al.: Approximate solution of operator equations. Groningen: Wolters-Noordhoff 1972.

[13] Lions, J.L.: Perturbations singulières dans les problems aux limites et en contrôle optimal. Lecture Notes in Mathematics 323. Berlin-Heidelberg-New York: Springer 1973.

[14] Nitsche, J.: Lineare Spline-Funktionen und die Methoden von Ritz für elliptische Randwertprobleme. Arch. Rational Mech. Anal. 36, 348-355 (197o).

[15] —— Convergence of nonconforming methods. Proc. Symp. "Mathematical Aspects of Finite Elements in Partial Differential Equations" (C. de Boor, Ed.), Madison 1974, 15-53. New York-London: Academic Press 1974.

[16] Raviart, P.A.: Methode des éléments finis. Lecture Notes. Université de Paris VI, Laboratoire Associé 189, 1973.

[17] Strang, G., and Fix, G.J.: An analysis of the finite element method. Englewood Cliffs: Prentice Hall 1973.

[18] Stummel, F.: Diskrete Konvergenz linearer Operatoren. I Math. Ann. 19o, 45-92 (197o), II Math. Z. 12o, 231-264 (1971). III Proc. Conf. Linear Operators and Approximation, Oberwolfach 1971. Int. Series of Numerical Mathematics 2o, 196-216. Basel: Birkhäuser 1972.

[19] —— Singular perturbations of elliptic sesquilinear forms. Proc. Conf. Differential Equations, Dundee 1972. Lecture Notes in Mathematics 28o, 155-18o. Berlin-Heidelberg-New York: Springer 1972.

[2o] —— Perturbation theory for Sobolev spaces. Proc. Royal Soc. Edinburgh 73A, 1-49 (1974/75).

[21] —— Perturbation of domains in elliptic boundary value problems. Proc. Conf. "Application of Methods of Functional Analysis to Problems of Mechanics", Marseille 1975. Lecture Notes in Mathematics 5o3, 11o-136. Berlin-Heidelberg-New York: Springer 1976.

[22] —— Näherungsmethoden für Variationsprobleme elliptischer Differentialgleichungen. Frankfurt: Preprint 1976.

[23] Varga, R.S.: Functional analysis and approximation theory in numerical analysis. Philadelphia: SIAM 1971.

Prof. Dr. F. Stummel
Fachbereich Mathematik
Johann Wolfgang Goethe-Universität
Robert-Mayer-Straße 1o
D-6ooo Frankfurt am Main
West-Germany

ISNM 38 Birkhäuser Verlag, Basel und Stuttgart, 1977

ASYMPTOTIC STABILITY RESULTS FOR A SYSTEM OF DIFFUSION EQUATIONS

Alberto Tesei

We study a system of nonlinear parabolic equations arising in the theory of nuclear reactors. Under a condition on the coefficients, the (unique) positive equilibrium solution is proved to be asymptotically stable in an appropriate function space.

1. GENERALITIES

I shall report here on some recent results by P. de Mottoni, G. Talenti and myself, concerning the behaviour for $t \to \infty$ of the solutions of the problem

$$(1) \quad \begin{cases} \partial_t u = \Delta u + \lambda u - buv & \\ \partial_t v = ku - pv & \text{in } \Omega \times (0, \infty) \\ u = u_o , \quad v = v_o & \text{in } \Omega \times \{0\} \\ u = v = 0 & \text{in } \partial\Omega \times [0, \infty) \end{cases}$$

where λ, b, k, p are positive parameters, Ω is an open bounded subset of $\mathbb{R}^3$ with boundary $\partial\Omega$; u_o, v_o are given functions. It should be remarked that the following results hold true when replacing the Laplace operator Δ by a gene-

ral linear elliptic operator of the second order.
The problem (1) is suggested by the theory of nuclear reactors; in fact, it is a simplified version of a system of four differential equations, which describes the occurrence of accidents in a fast nuclear reactor. From a physical point of view, u is the magnitude of the flow of fast neutrons and v is a temperature.
As a heuristic approach, let us first consider the following ordinary differential problem:

$$(2)\quad \begin{cases} u' = \mu u - buv \\ v' = ku - pv \\ u(0) = u_o\,, \quad v(0) = v_o \qquad\qquad u_o, v_o \in \mathbb{R} \end{cases}$$

that is, the system (1) with the differential operator replaced by a real parameter μ. It is easily seen that, if μ is negative, the only nonnegative equilibrium solution of (2) is u=v=0, whereas, in the case $\mu>0$, the nonnegative equilibrium solution $\hat{u}=\mu p/bk$, $\hat{v}=\mu/b$ (besides the trivial one) exists. Using the Liapunov linearization procedure, one easily recognizes that u=v=0 is asymptotically stable when $\mu<0$, unstable when $\mu>0$; in the latter case the nontrivial solution $(\hat{u},\hat{v})$ is asymptotically stable.
We shall prove that similar results hold for the problem (1) in a suitable function space, the role of μ being played by the difference $\lambda-\lambda_o$, where λ_o denotes the principal eigenvalue of the Laplacian; however, the asymptotical stability of the nontrivial equilibrium solution in the case $\lambda-\lambda_o > 0$ will only be proved under the additional assumption $\lambda-\lambda_o < p$.
Thus in the sequel we shall always be working under the following assumption:

(A) $\quad 0 < \lambda - \lambda_o < p.$

As for the methods we shall employ, they are Liapunov's direct method [3] and LaSalle's theorem [4], instead of the linearized stability procedure. We shall be working in the space $X := H^2(\Omega) \cap H_0^1(\Omega) \oplus H_0^1(\Omega)$; the following notations will be used: $|\cdot| := |\cdot|_{L^2(\Omega)}$; $|\cdot|_1 := |\cdot|_{H_0^1(\Omega)}$; $|\cdot|_2 := |\cdot|_{H^2(\Omega)}$; $(\cdot,\cdot)$ denotes the scalar product in $L^2(\Omega)$. The X-norm will be defined in the natural way.

Looking for stationary solutions of system (1) amounts to solving the following system with Dirichlet bondary conditions:

$$(3) \quad \begin{cases} \Delta u + \lambda u - buv = 0 \\ ku - pv = 0 \end{cases} ,$$

i.e., to solving the equation

$$(4) \quad \Delta u + \lambda u - \frac{bk}{p} u^2 = 0 ,$$

v being then obviously determined. By monotone methods it follows that, when $\lambda > \lambda_0$, a unique positive solution $\hat{u}$ of eq. (4) does exist [5], [6]. Then, for $\lambda > \lambda_0$, two stationary nonnegative solutions of the system (1) exist: the trivial one (0,0) and $(\hat{u},\hat{v})$, where $\hat{v} := k\hat{u}/p$.

As for (1), the following results hold:

a) local existence and uniqueness of the solution can be proved by semigroup methods, when the Cauchy data belong to $C_0(\Omega) \oplus C_0(\Omega)$; general regularity results ensure that the same result holds true when the Cauchy data are taken in X;

b) from the maximum principle it follows that, if the Cauchy data are nonnegative, then $u(t) \geq 0$, $v(t) \geq 0$ for all t in the maximal domain of existence.

2. STABILITY RESULTS

We can now state the following

THEOREM 1. *Let assumption* (A) *be satisfied; then* $(\hat{u},\hat{v})$ *is stable in* X.

The proof will rely on the construction of a nonlinear functional W on X with the following properties:

i) W is continuous;

ii) W is decreasing along the solutions of (1);

iii) W is uniformly convex in a suitable X-neighbourhood of $(\hat{u},\hat{v})$; in other words, there exists $\sigma = \sigma(\lambda) > 0$ such that, in a suitable X-neighbourhood of $(\hat{u},\hat{v})$:

$$W(u,v) - W(\hat{u},\hat{v}) \geq \sigma \{ |u-\hat{u}|_2^2 + |v-\hat{v}|_1^2\} \quad .$$

The result will then follow via Liapunov's direct method.

Proof: Let us introduce the following nonlinear functionals:

$$(5) \quad F : X \to \mathbb{R} \; , \; (u,v) \to F(u,v) := \tfrac{1}{2}|\Delta u + \lambda u - buv|^2 + F_0(u) \; ,$$
$$F_0(u) := \tfrac{p}{2}\{ |Du|^2 - \lambda|u|^2\} + \tfrac{bk}{3}\int_\Omega u^3 \; ;$$

$$(6) \quad G : X \to \mathbb{R} \; , \; (u,v) \to G(u,v) := \tfrac{1}{2}|ku-pv|^2 + G_0(v) \; ,$$
$$G_0(v) := \tfrac{bp}{3}\int_\Omega v^3 + \tfrac{p}{2}\{|Dv|^2 - \lambda|v|^2\} \; ;$$

$$(7) \quad W : X \to \mathbb{R} \; , \; (u,v) \to W(u,v) := F(u,v) + G(u,v) \; .$$

The continuity of W is obvious from the definition. To prove property ii) let us consider, for all t in the maximal domain of existence, the map $t \to F(u(t),v(t))$: regularity results [1] ensure that the following calculations have a sound meaning. Then we have:

$$(8) \quad \frac{d}{dt} F(u(t),v(t)) = \frac{d}{dt}\{\tfrac{1}{2}|u_t(t)|^2 + F_0(u(t))\} =$$
$$= \int_\Omega u_t\{ u_{tt} + bku^2 - p(\Delta u + \lambda u)\} \; .$$

On the other hand, we have (the derivatives existing only in a weak sense):

$$u_{tt} = \Delta u_t + \lambda u_t - bu_t v - buv_t =$$
$$= (\Delta+\lambda)u_t - bu_t v - bu(ku-pv) =$$
$$= (\Delta+\lambda)u_t - bu_t v - bku^2 - p(u_t-\Delta u-\lambda u) =$$
$$= (\Delta+\lambda-p)u_t - bu_t v - bku^2 + p(\Delta u+\lambda u).$$

It follows that:

$$(9) \quad \frac{d}{dt} F(u(t),v(t)) = ((\Delta+\lambda-p)u_t,u_t) - b\int_\Omega u_t^2 v \leq$$
$$\leq (\lambda-\lambda_0-p)\,|u_t(t)|^2 \qquad ,$$

due to the positivity of v. Under assumption (A), it follows that the map $t \to F(u(t),v(t))$ is nonincreasing. A similar calculation shows that, under assumption (A), the same result is true for the map $t \to G(u(t),v(t))$; thus ii) is proved.

In view of further developments involving LaSalle's theorem, it is important to remark that, under assumption (A), the time derivative of $W(u(t),v(t))$ is equal to zero if and only if $|u_t(t)| = |v_t(t)| = 0$. In fact, the sufficiency is obvious from (8); as for the necessity, observe that, according to (9), we have:

$$0 = \frac{d}{dt} F(u(t),v(t)) \leq (\lambda-\lambda_0-p)\,|u_t(t)|^2 \qquad ,$$

which proves the claim, due to assumption (A).

It remains to prove iii). For this purpose we shall need the following result, whose proof can be found in [2]:

<u>For any</u> $\lambda>\lambda_0$, <u>there exists</u> $\nu(\lambda)>0$ <u>such that, for all</u> $\phi\in H_0^1(\Omega)$, <u>the following inequality holds</u>:

$$(10) \quad ((\Delta+\lambda-\frac{2bk}{p}\hat{u})\phi,\phi) \leq -\nu(\lambda)\,|\phi|_1^2 \qquad .$$

We proceed now to prove iii). It is clear that F_0 belongs to $C^\infty(H_0^1(\Omega);\mathbb{R})$; moreover, its first derivative is equal to zero when evaluated at the equilibrium solution, i.e., $F_0'(\hat{u})=0$. Then a second order Taylor development at $\hat{u}$ gives:

$$F(u,v) - F(\hat{u},\hat{v}) = \tfrac{1}{2}|\Delta u + \lambda u - buv|^2 + F_0(u) - F_0(\hat{u}) =$$
$$= \tfrac{1}{2}|\Delta u + \lambda u - buv|^2 + \tfrac{1}{2}(F_0''(\hat{u})(u-\hat{u}),u-\hat{u}) + o(|u-\hat{u}|_1^2) =$$
$$= \tfrac{1}{2}|\Delta u + \lambda u - buv|^2 + \frac{p}{2}\{ - ((\Delta+\lambda)(u-\hat{u}),u-\hat{u}) +$$
$$+ \frac{2bk}{p}(\hat{u}(u-\hat{u}),u-\hat{u})\} + o(|u-\hat{u}|_1^2) \geq$$
$$\geq \tfrac{1}{2}|\Delta u + \lambda u - buv|^2 + \frac{\nu(\lambda)p}{2}|u-\hat{u}|_1^2 + o(|u-\hat{u}|_1^2) \quad ,$$

where use of (10) has been made. Then there exists $\sigma'=\sigma'(\lambda)>0$ such that, in a suitable H_o^1-neighbourhood of $\hat{u}$,

$$\text{(11)} \qquad F(u,v) - F(\hat{u},\hat{v}) \geq \sigma'\{|\Delta u + \lambda u - buv|^2 + |u-\hat{u}|_1^2\} \quad .$$

A similar calculation proves the existence of $\sigma''=\sigma''(\lambda)>0$ such that, in a suitable H_o^1-neighbourhood of $\hat{v}$,

$$\text{(12)} \qquad G(u,v) - G(\hat{u},\hat{v}) \geq \sigma''\{|ku-pv|^2 + |v-\hat{v}|_1^2\} \quad .$$

On the other hand, it is easily seen that, in any X-neighbourhood of $(\hat{u},\hat{v})$, the following inequality holds:

$$|\Delta u - \Delta\hat{u}| \leq \text{const.}\{|\Delta u + \lambda u - buv| + |u-\hat{u}|_1 + |v-\hat{v}|_1\} \quad .$$

By adding (11) and (12), the last inequality implies that $\sigma=\sigma(\lambda)>0$ exists, such that

$$W(u,v) - W(\hat{u},\hat{v}) \geq \sigma\{|u-\hat{u}|_2^2 + |v-\hat{v}|_1^2\}$$

in a suitable X-neighbourhood of $(\hat{u},\hat{v})$, and iii) is proved. This completes the proof.

3. ATTRACTIVITY RESULTS

We prove now that the stability of $(\hat{u},\hat{v})$ in X is asymptotic. In fact, the following theorem holds:

THEOREM 2. *Let assumption* (A) *be satisfied; then* $(\hat{u},\hat{v})$ *is attractive in X.*

Let us consider the space $Y := H_o^1(\Omega) \oplus L^2(\Omega)$; then X is compactly embedded in Y. We shall first prove that

PROPOSITION 3. $(\hat{u},\hat{v})$ <u>is X-Y attractive</u>;

or, in other words, for any Cauchy data (u_0,v_0) in a suitable X-neighbourhood of $(\hat{u},\hat{v})$, the corresponding solution $(u(t),v(t))$ converges to $(\hat{u},\hat{v})$ in Y.

Proof of Proposition 3: (i') Observe that the proof of the X-stability of $(\hat{u},\hat{v})$ implies that, for any Cauchy data in a suitable X-neighbourhood of $(\hat{u},\hat{v})$, the corresponding solution $(u(t),v(t))$ belongs to a bounded subset of X, thus to a relatively compact subset of Y. Thus the orbit $\Gamma_+(u_0,v_0)$ has a compact closure in Y and the positive limit set $\Lambda_+(u_0,v_0)$ is nonempty, connected, compact in Y.
(ii') In addition, the Liapunov function W is easily seen to be lower semicontinuous in Y; then we can make use of LaSalle's theorem to conclude that $\Lambda_+(u_0,v_0)$ is contained in the set of equilibrium solutions, i.e.,

$$\Lambda_+(u_0,v_0) \subseteq \{(0,0)\} \cup \{(\hat{u},\hat{v})\} \quad .$$

As $\Lambda_+(u_0,v_0)$ is connected, it follows that either $\Lambda_+(u_0,v_0) = \{(0,0)\}$, or $\Lambda_+(u_0,v_0)=\{(\hat{u},\hat{v})\}$. In both cases $(u(t),v(t))$ converges to $\Lambda_+(u_0,v_0)$ in Y.
(iii') We can exclude that $(u(t),v(t))$ converges to $(0,0)$ in Y by the following argument: we have $W(\hat{u},\hat{v}) = -\frac{bk}{3}\int_\Omega \hat{u}^3 < 0$, thus $W<0$ in a suitable X-neighbourhood of $(\hat{u},\hat{v})$ by continuity; if we choose the Cauchy data in such a neighbourhood, the corresponding solution $(u(t),v(t))$ cannot converge to $(0,0)$, as $W(0,0)=0$ and W is not increasing along the orbit. This completes the proof of the X-Y attractivity.

We can now conclude as follows.

Proof of Theorem 2: Let m denote the minimum of $W(u,v)$ on $\overline{\Gamma}_+(u_0,v_0)$, i.e., on the Y-closure of $\Gamma_+(u_0,v_0)$; this minimum does exist, as $\overline{\Gamma}_+(u_0,v_0)$ is Y-compact and W is lower semicontinuous on Y. Due to the nonincreasing character of W along the orbit, it follows that $m = \lim_{t\to\infty} W(u(t),v(t)) \geq W(\hat{u},\hat{v})$, as $(u(t),v(t))$ converges to $(\hat{u},\hat{v})$ in Y as $t \to \infty$, and W is lower semicontinuous on Y. It follows that $m = W(\hat{u},\hat{v}) = \lim_{t \to \infty} W(u(t),v(t))$; then the result follows from the uniform convexity of W at $(\hat{u},\hat{v})$.

BIBLIOGRAPHY

1. Barbu, Viorel: Nonlinear semigroups and differential equations in Banach spaces, Groningen, Noordhoff 1976.
2. de Mottoni, P., Talenti, G., Tesei, A.: Stability results for a class of nonlinear parabolic equations, Ann. di Mat. Pura e Appl., *in press*.
3. Hahn, Wolfgang: Theorie und Anwendungen der direkten Methode von Liapunov, Berlin-Göttingen-Heidelberg, Springer 1959.
4. LaSalle, J.P.: An invariance principle in the theory of stability, in International symposium on differential equations and dynamical systems, Hale, J.K. and LaSalle, J.P., Eds., New York, Academic Press 1967.
5. Sattinger, D.H.: Monotone methods in nonlinear elliptic and parabolic boundary value problems, Indiana Univ. Mathem. Journ. 21 (1972), 979-1000.
6. Stakgold, I., Payne, L.E.: Nonlinear problems in nuclear reactor analysis, in Nonlinear problems in the physical sciences and biology, Proc. Battelle Summer Inst. 1972, Stakgold, I., Joseph, D.D., Sattinger, D.H., Eds., Lecture notes in mathematics *N.* 322, Berlin-Heidelberg-New York, Springer 1973, 298-307.

Alberto Tesei
Istituto per le Applicazioni del Calcolo "M. Picone"
Consiglio Nazionale delle Ricerche
Viale del Policlinico 137
I-00161 ROMA

ISNM 38 Birkhäuser Verlag, Basel und Stuttgart, 1977

BEMERKUNGEN ZUR AUFWANDSMINIMIERUNG BEI STETIGKEITSMETHODEN SOWIE ALTERNATIVEN BEI DER BEHANDLUNG DER SINGULÄREN SITUATION

Hj.Wacker, H.Engl, E.Zarzer

Bei der Lösung nichtlinearer Gleichungen verwendet man zur Globalisierung von Iterationsverfahren Stetigkeitsmethoden. Für das Verfahren des minimalen Residuums werden dazu hinreichende Bedingungen angegeben; dieselben Bedingungen erlauben (bei gleichmäßiger Stufenbreite Δs und $k=k(\Delta s)$ Iterationen/Stufe) eine Minimierung der Gesamtzahl der Iterationen. Im Fall einer Singularität von $B:=T'_x(x,s)$ werden verschiedene Lösungsalternativen (Zerlegung von B unter Verwendung verschiedener Null-Räume, Vermeidung von Bifurkation durch Parameterwechsel) diskutiert.

Stetigkeitsmethoden und Verzweigung

1. Einleitung

Wir suchen Lösungen der nichtlinearen Operatorgleichung in einem B-Raum

(1) $\quad T(x) = \theta$

Jedes lokale auf dem Kontraktionsprinzip beruhende Iterationsverfahren zur Lösung dieser Gleichung erfordert (bei der Berechnung der Lösung $\bar{x}$) hinreichende Bedingungen folgender Art :

(V1) Existenz einer Startlösung x_0, die hinreichend nahe bei $\bar{x}$ liegt.

(V2) Stetigkeitsbedingungen an T, T' (eventuell T''); Existenz einer lokalen Inversen $T'(x_0)^{-1}$.

(V3) Die Lipschitzkonstante des lokalen Verfahrens ist kleiner 1.

(V4) Die Bedingungen V2, V3 gelten in einer "hinreichend großen" Kugel um x_0.

Dann liefert der Kontraktionssatz ein konstruktives Verfahren zur Berechnung einer zumindest lokal eindeutigen Lösung $\bar{x}$ mit Fehlerschranken.

Die Idee der Einbettung (Stetigkeitsmethode, Homotopiemethode) erlaubt den Verzicht auf (V1) und (V3); allerdings muß bei der Berechnung ein gewisser Mehraufwand geleistet werden. In Verbindung mit Bifurkationsmethoden läßt sich auch teilweise (V2) - die Forderung nach der Existenz einer lokalen Inversen von $T'(x_0)$ - umgehen, hier jedoch auf Kosten eines u.U. beträchtlichen Aufwandes.

Aus diesen Bemerkungen ergibt sich bereits, daß Einbettungsmethoden nur dann sinnvoll sind, wenn keine brauchbare Näherung vorliegt und wenn problemangepaßte Methoden - etwa Ausnützung von Monotonie - versagen.

2. Die Idee der Einbettung

Anstelle der Gleichung (1) betrachtet man eine Schar von Problemen:

$$(2)\quad T(x,s) = \theta \quad \text{mit} \quad s \in I := [0,1]$$

Def.1.1. (Schwetlick) Eine Abbildung $T: \mathbb{R}^n \times [0,1] \to \mathbb{R}^n$ heißt eine Einbettung von T bezüglich $x_0 \in \mathbb{R}^n$: $\Leftrightarrow$

(1) $T(x_0,0) = \theta$

(2) $\bigwedge_{x \in \mathbb{R}^n} \quad T(x,1) = T(x)$

2. Die Einbettung $T(x,s)$ heißt regulär: $\Longleftrightarrow$

(1) T ist auf $\mathbb{R}^n x[o,1]$ stetig fréchetdifferenzierbar nach beiden Variablen.

(2) $\bigwedge_{(x,s)\in\mathbb{R}^n xI}$ ex. $T'_x(x,s)^{-1}$ und $\bigvee_{M>o} \bigwedge_{(x,s)\in\mathbb{R}^n xI}$

$\|T'_x(x,s)^{-1}\| \leq M$

[16]

Die globalen Forderungen lassen sich auch auf Kugeln um x_o - der Startlösung - einschränken.

Bem.1. Die Zielvorstellung besteht darin, die Lösung x_o des Problems $T(x,o)=\theta$ kontinuierlich überzuführen in die (bzw. eine) Lösung $\bar{x}$ des Problems $T(x,1) \equiv T(x)=\theta$

Beispiele:

(1) $T(x,s) \equiv T(x)+(s-1)T(x_o)$ mit der Startlösung x_o (x_o frei wählbar)

(2) $x(t) = \int_o^s k(t,\tau,x(\tau))\, d\tau$ mit dar Startlösung $x_o=\theta$ - fest vorgegeben

(3) $\Delta u = sf(x,y,u)$ in $B \wedge u = \varphi(x,y)$ auf ∂B
$s=o$: Dirichletproblem im $\mathbb{R}_2$.

3. Lösungsmethoden

Die Realisation einer Einbettung - d.h. die Wahl einer konkreten Homotopie $T(x,s)$ - liefert noch keine Lösungsidee. In der bisherigen Literatur finden sich folgende wesentliche Vorgehensweisen.

3.1. Stufenverfahren: Man diskretisiert das Parameterintervall $[o,1]$: $o=s_o<s_1<\ldots s_N = 1$ und löst die (endliche) Problemkette $T(x,s_i) = \theta$. Ausgehend von $x(o)=x_o$ - der Lösung des Startproblems $T(x,o)=\theta$ - vollzieht man den Übergang von $x(s_i)$ nach $x(s_{i+1})$ durch ein lokales Iterationsverfahren, etwa dem Newtonverfahren.

Die Stufenbreite $\Delta s_i := s_{i+1} - s_i$ wird dabei so fein gewählt, daß $x(s_i)$ als Startlösung für $T(x,s_{i+1})=\theta$ verwendet werden kann. ([2],[17],[8] u.v.a.)

3.2.Lösung über die Davidenko-Differentialgleichung:

Die formale Differentiation der Identität (2) nach s liefert die implizite Differentialgleichung:

(3) $\frac{\partial T(x(s),s)}{\partial x} \frac{dx(s)}{ds} + \frac{\partial T(x(s),s)}{\partial s} = \theta \wedge x(o)$: Lösung von $T(x,o)=\theta$.

Dies ist ein Anfangswertproblem in einem B-Raum, das sich mit den üblichen Verfahren - z.B. Runge Kutta - behandeln läßt. Unerwünscht vom numerischen Standpunkt ist der implizite Charakter der Differentialgleichung. [11]

3.3 Prädiktor - Korrektor Verfahren:

Die Kette $T(x,s_{i+1}) = \theta$ wird iterativ im Sinne eines Stufenverfahrens gelöst. Als Startwert verwendet man jedoch nicht x_i, sondern berechnet sich mit Hilfe einer Quadraturformel aus der Davidenkodifferentialgleichung eine i.a. wesentlich bessere Näherung (Prädiktor). Anschließend iteriert man mit einem lokalen Verfahren (Korrektor). [16], [15]

3.4. Minimierungsverfahren:

Bei Stufenverfahren können als lokale Iterationsverfahren $:x(s_i) \longrightarrow x(s_{i+1})$ auch Minimierungsverfahren (z.B. das Verfahren des Minimalen Residuums) verwendet werden. Man kann aber auch folgendermaßen vorgehen:

$$T(x)=\theta \Longrightarrow \left\{\begin{matrix} T(x,s) = \theta \\ m(1-s) = o \end{matrix}\right\} =: H(z)=\theta \quad (\mathbb{R} \ni m > o)$$

Man minimiert nun $\|H(z)\|$ (Startlösung x_0).

Der Vorteil dabei besteht darin, daß sich viele Methoden anbieten, die Schrittweite Δs zu steuern. Bei den Stufenverfahren ist die Schrittweite ja im wesentlichen fest. [13] [14]

4. Beispiel einer Globalisierung eines lokalen Verfahrens
Wir betrachten das Verfahren des minimalen Residuums (M.R.) angewendet auf eine nichtlineare Operatorgleichung in einem H-Raum X.

$$(*)\quad x_{n+1} = x_n - \frac{(T(x_n), T'(x_n)\cdot T(x_n))}{\|T'(x_n)\cdot T(x_n)\|^2}\, T(x_n) \qquad n=0,1..$$

Satz 1: Der Operator $T: X \to X$ erfülle mit $x_0 \in X$ in $K(x_0,R) := \{x \in X \mid \|x_0 - x\| \le R\}$ die Voraussetzungen:

(V1) $\|T(x_0)\| \le \delta_0$

(V2) (a) $\bigvee_{a>0} \bigwedge_{x\in K} \|T'(x)\| \le a$

(b) $\bigvee_{b>0} \bigwedge_{x\in K} \|T''(x)\| \le b$

(c) $\bigvee_{m>0} \bigwedge_{x\in K} \bigwedge_{h\in X} |(T'(x)h,h)| \ge m^{-1}\|h\|^2$

(V3) $q := (1-\frac{1}{a^2m^2})^{1/2} + \frac{m^2 b\delta_0}{2} < 1$

(V4) $r := \frac{m\delta_0}{1-q} \le R$

Dann gilt:

I. $\bigvee^{1}_{\bar{x}\in K(x_0,R)} \quad T(\bar{x}) = \theta$

II. Die Folge $\{x_n\}$ mit x_0 als Startlösung konvergiert (mindestens) linear gegen $\bar{x}$

III. $\|\bar{x} - x_n\| \le r_0 q^n \wedge \|T(x_n)\| \le \delta_0 q^n$

Beweis (z.B. Krasnoselski) [12]

Satz 2: Der Operator $T(x,s) =: T(z)$ erfülle mit $K\times I := K(x_0,\bar{R})\times I$ und $T(x_0,0) = \Theta$ die Voraussetzungen:

(V1) entfällt

(V2) (a) $\bigvee_{A_1, A_2 > 0} \bigwedge_{z \in K \times I} \|T'_x(z)\| \le A_1 \wedge \|T'_s(z)\| \le A_2$

(b) $\bigvee_{B > 0} \bigwedge_{z \in K \times I} \|T''_x(z)\| \le B$

(c) $\bigvee_{M > 0} \bigwedge_{z \in K \times I} \bigwedge_{h \in X} |(T'_x(z)h, h)| \ge M^{-1} \|h\|^2$

(V3) entfällt

(V4) Mit $R(o) := \dfrac{A_1 A_2 M^2}{1 - \sqrt{1 - \frac{1}{A_1^2 M^2}}}$ gelte: $R(o) < \bar{R}$

Dann gilt: mit $S_0 := 2(1 - \sqrt{1 - A_1^{-2} M^{-2}})/A_2 M^2 B$

$\bigwedge_{\Delta s_i \in (o, S_0)} x(s_i) \xrightarrow{(*)} x(s_{i+1})$, d.h. die stufenweise Lösung von $T(x, s_{i+1}) = o$ mit $x(s_i)$ als Startlösung nach (*) ist stets möglich. Fehlerabschätzungen ergeben sich aus Satz 1 aus der letzten Stufe $x_N^{(k)}$ $(N := 1 + [\frac{1}{\Delta s}])$.

Beweisskizze:

A) lokal: Man untersucht $T(x, s_{i+1}) = \Theta$ mit $x(s_i)$ nach (*). Die lokale Lipschitzkonstante $q(\Delta s)$ liefert S_0.

B) Lokaler Konvergenzradius mal Stufenzahl liefert den globalen Konvergenzradius. [18]

Es erscheint sinnvoll, folgende allgemeine Klasse von lokalen Verfahren zu betrachten:

$$x_{n+1} = x_n - \frac{(T(x_n), T'(x_n)\, U_n T(x_n))}{\|T'(x_n) U_n T(x_n)\|^2} U_n T(x_n)$$

$n = o, 1, \ldots$

dabei ist $U_n \in L(X)$

z.B. (a) $U_n \equiv I$ (Verfahren des minimalen Residuums)

(b) $U_n \equiv T'(x_n)^{-1}$ (Newtonverfahren)

Ziel: Durch geeignete Wahl von U_n soll erreicht werden, daß Konvergenzordnung und Aufwand in einem günstigen Verhältnis zueinander stehen. [7]

5. Aufwandsminimierung

5.1. Bei realer Rechnung ist neben obigen theoretischen Konvergenzbedingungen noch zu berücksichtigen:
Der Diskretisationsfehler bei der Projektion des Problems in einen endlich-dimensionalen Raum, die Rundungsfehler, sowie der Abbrechfehler, der dadurch entsteht, daß man nur endlich viele Iterationen $x_i^{(k)}$ pro Zwischenstufe berechnen kann. Wir beschränken uns hier auf letzteres Problem: Der Aufwand bei einem Stufenverfahren z.B. vom Typ (M.R.) ist etwa proportional der Zahl der Iterationen für das verwendete lokale Verfahren. Je größer die Stufenbreite ist, desto weniger Stufen müssen berechnet werden, desto mehr Iterationen werden aber i.a. für den Stufenübergang notwendig sein. Umgekehrt erlaubt ein kleines Δs zwar sparsame Stufenübergänge, die Stufenzahl steigt jedoch.

Wir nehmen an, pro Stufe würden genau $k=k(\Delta s)$ Iterationen notwendig sein. An das Residuum der numerischen Lösung bei $s=1$ stellen wir die Forderung:
$\|T(x_N^{(k)},1)\| \le \varepsilon$. Wir nehmen an $\Delta s_i = \Delta s$ für alle i.
Dann läßt sich die Gesamtzahl der Iterationen $N \cdot k = N(\Delta s)k(\Delta s)$ minimieren. Im Falle (M.R.) etwa ergibt sich für das optimale $k(\bar{\Delta}s)$: $k(\bar{\Delta}s) =$
$= [\ln(\varepsilon)-\ln(A_2\bar{\Delta}s+\varepsilon)]/\ln[\frac{B}{2}M^2(A_2\bar{\Delta}s+\varepsilon)+(1-A_1^{-2}M^{-2})^{1/2}]$, $\bar{\Delta}s$ ergibt sich aus einer transzendenten (skalaren) Gleichung. Für Einzelheiten vgl. [19].

5.2. Verbesserung der lokalen Starlösung
Verwendet man $x(s_i)$ als Näherung für $x(s_{i+1})$, so erhält man: $\|T(x(s_i),s_{i+1})\| = O(\Delta s)$.
Zur Verbesserung der Approximationsord=
nung liegt die Verwendung von Interpolations- (genauer Extrapolations-) formeln nahe.
Lineare Interpolation liefert: $\|T(\hat{x}(s_i),s_{i+1})\| = O((\Delta s)^2)$
[19]

Bem.2.: Die Ordnung der Näherung wächst mit dem Grad des Interpolationspolynoms; gleichzeitig sinkt i.a. die zulässige Stufenbreite. Bei den von uns durchgeführten Testbeispielen ergab sich bei linearer Interpolation der minimale Aufwand.

6. Das Problem der Verzweigung

6.1. Singularität von $T_x'(\bar{x},\bar{s})=:T_x'(\bar{z})=:B$

Wir betrachten $T(x,s)=\theta$ unter dem Aspekt eines Stufenverfahrens und nehmen an, die Lösung sei bereits für $s\in[o,\bar{s}]$ berechnet: $T(\bar{x},\bar{s})=\theta$. Mit dem Ansatz $x(s):=\bar{x}+\bar{u}$ für $s=\bar{s}+\Delta s$ erhält man:

$$(4)\quad T_x'(\bar{x},\bar{s})\bar{u} = [T_x'(\bar{x},\bar{s})\bar{u}-T(\bar{x}+\bar{u},\bar{s}+\Delta s)]=:f(\bar{u},\Delta s)$$

Fall 1: $T_x'(\bar{z})$ regulär. Dann erlaubt der Satz über implizite Funktionen eine lokale Fortsetzung der Lösung $(\bar{x},\bar{s})$ nach $(\bar{x}+\bar{u},\ \bar{s}+\Delta s)$ mit $\Delta s>o$.

Fall 2: $T_x'(\bar{z})\in L(X)\wedge T_x'(\bar{z})$ singulär.

Im folgenden nehmen wir an: $B\in L(X)$, sei singulär und

(1) normal lösbar ($\Leftrightarrow R(B)$ abgeschlossen)

(2) B habe endlichen Nötherindex ($:=$def $R(B)$-dim $\mathrm{Ker}(B)=$ $= n<\infty$, o.B.d.A. $n=o$).

In X sollen zwei stetige lineare Projektoren P und Q existieren. Dann gilt für B die Matrixdarstellung

$$(*)\quad B=\begin{pmatrix}B_{11} & B_{12}\\ B_{21} & B_{22}\end{pmatrix}:=\begin{pmatrix}QBP_{|P(X)} & QB(I-P)_{|(I-P)(X)}\\ (I-Q)BP_{|P(X)} & (I-Q)B(I-P)_{|(I-P)(X)}\end{pmatrix}$$

Diese Darstellung $(*)$ heißt nicht ausgeartet: $\Leftrightarrow$ Es existiert $B_{22}^{-1}:(I-Q)(X)\to(I-P)(X)$.

$(*)$ heiß regulär : $\Leftrightarrow$ $(*)$ ist nicht ausgeartet $\wedge\ B_{11}=B_{12}B_{22}^{-1}B_{21}$. [12]

Wir diskutieren folgende wichtigen Fälle: ([4])

6.2. Lineare Einbettung: $T(x,s) \equiv A_2(x)+s[A_1(x)-A_2(x)]$

Wir beschränken uns auf den Fall: $T(x,s) \equiv x-sA(x)$,

(Wegen $s \in [o,1]$ braucht der kritische Wert o ($\hat{=} s=\infty$) nicht diskutiert werden!)

a) Verwendung des einfachen Nullraums von $I-\bar{s}A'(\bar{x})$

Wegen Nötherindex = n (=o) $<\infty$ folgt: B ist zerlegbar, d.h. es existieren stetige Projektoren

$$P := P_N : X \to \mathrm{Ker}\ (B)$$

$$Q := I-P_R \quad \text{mit} \quad P_R : X \to R(B) = B(X)$$

Für die Matrixdarstellung (*) ergibt sich:

$$B = \begin{pmatrix} (I-P_R)B\,P_N|_{P_N(X)} & (I-P_R)B(I-P_N)|_{(I-P_N)(X)} \\ P_R\,B\,P_N|_{P_N(X)} & P_R\,B(I-P_N)|_{(I-P_N)(X)} \end{pmatrix} =$$

$$= \begin{pmatrix} O|_{N(B)} & O|_{(I-P_N)(X)} \\ O|_{N(B)} & B_{22}|_{(I-P_N)(X)} \end{pmatrix}$$

$B_{22}|_{(I-P_N)(X)}$ ist stetig, bijektiv $\wedge$ (Homomorphiesatz)

$\Rightarrow B_{22}^{-1}$ existiert und ist stetig.

Dann wird aus (4): $Bu = f(u,\Delta s)$ mit $n := P_N u \wedge r := (I-P_N)u$

(5). (a) $(I-P_R)\ f\ (n+r,\ \Delta s) = \theta$

(5) (b) $\underbrace{P_R\ B\ (I-P_N)}_{B_{22}}\ r = P_R\ f(n+r,\ \Delta s)$

Aus (5b) folgt mit dem Satz über implizite Funktionen:

$$\bigwedge_{\|n\|+|\Delta s|<\delta}\ \bigvee_{r}\ r = F(n,\Delta s)$$

$r = F(n,\Delta s)$ in (5a) eingesetzt, liefert die sog. Bifurkationsgleichung.

$$(I-P_R)\ f\ (n+F(n,\Delta s),\Delta s) = o$$

Wegen def $R(B)$ $<\infty$ ist diese Gleichung endlichdimensional mit Parameter Δs.

b) Verwendung des verallgemeinerten Nullraums:
$I-sA'(x)$ habe Rieszindex ν [5]
Es existieren stetige Projektoren $P:=P_N:X\to N_\nu(B)$
(N_ν, R_ν abgeschlossen) $Q:=I-P_R$ mit $P_R:X\to R_\nu(B)$

Für die Matrixdarstellung (*) ergibt sich wegen:
$X = N_\nu \oplus R_\nu \wedge Q := I-P_R = P_N$:

$$B = \begin{pmatrix} P_N B|_{N_\nu} & P_N B|_{R_\nu} \\ (I-P_N)B|_{N_\nu} & (I-P_N)B|_{R_\nu} \end{pmatrix}$$

Aus der Riesz-Schaudertheorie folgt: $P_R B$ ist auf R_ν regulär.
Weiters sind die Projektoren P_N, $(I-P_N)$ mit B vertauschbar ($n:= P_N u$, $r:=(I-P_N)u$) $\Longrightarrow$

(5a) $Bn = P_N\, f(n+r,\, \Delta s)$

(5b) $Br = (I-P_N)\, f(n+r, \Delta s)$

Wieder folgt mit dem Satz über implizite Funktionen die Existenz von $r = F(n,\Delta s)$ aus (5b)

Die Bifurkationsgleichung: $Bn = P_N\, f(n+F(n,\Delta s),\Delta s)$
hat die Dimension $\dim N_\nu$ ($>\dim N_1$ für $\nu>1$)

Numerik:
Zur Lösung der Bifurkationsgleichung schlägt Trenogin-Vainberg das Newtonsche Polygonzugverfahren vor. Obwohl sich diese Methode auch für höhere Dimensionen (theoretisch) anwenden läßt, ist die praktische Durchführbarkeit doch sehr in Frage zu stellen.

Man kann die nichtlineare Bifurkationsgleichung jedoch selbst wieder einbetten. Neben dem Aufwand kann im Zuge dieser "Einbettung zweiter Stufe" selbst wieder Bifurkation auftreten: "Bifurkation zweiter Stufe". Wegen der streng fallenden Dimension der verallgemeinerten Nullräume der jeweils entstehenden Hilfsprobleme der Stufe 2,3... usw. kann schließlich eine Entscheidung auf Fortsetzung nach rechts getroffen werden. (Beispiel siehe Teil 7).

Wegen $\dim N_\nu > \dim N_1$ für $\nu > 1$ stellt sich die Frage, ob die Verwendung des algebraischen Nullraums überhaupt sinnvoll ist.

Die praktische Rechnung spielt sich in endlich dimensionalen Räumen ab, die man durch geeignete Projektionen erhält. Verwendet man solche Folgen von Projektoren, die im Sinne von Stummel diskret konvergieren, so gilt nach Jeggle für sog. approximationsreguläre Operatoren, daß zwar die Dimension der verallgemeinerten Eigenräume $N_\nu(I-\bar{s}A'(\bar{x}))$ stets erreicht wird, die des einfachen Nullraums N_1 jedoch nicht notwendig.[9]

Man beachte: Die bisherigen Lösungsmethoden liefern nur 1-dimensionale Mannigfaltigkeiten (Zweige) von Fortsetzungen. Liegt keine höherdimensionale Lösungsmannigfaltigkeit vor, so können im Prinzip alle Zweige berechnet werden.

6.3. Nichtlineare Einbettung:
Wir betrachten Einbettungen vom Typ $T(x,s) \equiv x-A(x,s)$. Ist $B := I-A_x'(\bar{x},\bar{s})$ regulär, so ergibt sich kein Mehraufwand bei der Fortsetzung gegenüber der linearen Einbettung. Die Behandlung der Bifurkation ist jedoch u.U. - vergleiche 6.3.c - wesentlich aufwendiger. Es erhebt sich deshalb die Frage, ob man nicht grundsätzlich lineare Einbettungen bevorzugen sollte.

a) Motivation nichtlinearer Einbettungen

Beispiel: Lösung nichtlinearer Fredholmscher Integralgleichungen 2.ter Art

$$x(t) = \int_0^1 K(t,\tau,x(\tau))\, d\tau$$

E_1: lineare Einbettung $\quad x(t) = s \int_0^1 K(t,\tau,x(\tau))d\tau$

E_2: nichtlineare Einbettung $\quad x(t) = \int_0^s K(t,\tau,x(\tau))d\tau$

Bei Verwendung des Newtonverfahrens als lokalem Verfahren bei der Stufenmethode ergeben sich bei (E_1) vollbesetzte Matrizen (für das diskretisierte Problem) und bei (E_2) teilgestaffelte Systeme. Für $n \gg 1$ ergibt sich für den Rechenaufwand (E_1): (E_2) $\lesssim$ 4:1 ($n=10$: (E_1) : (E_2) = 3.3:1; dabei wurden nur Multiplikationen und Divisionen gezählt). [5]

b) Sei $B := I - A'_x(\bar{x},\bar{s})$ singulär
Unter analogen Voraussetzungen an A wie bei linearer Einbettung lassen sich alle Ergebnisse von 6.2.a) übertragen (Trenogin/ Vainberg)

c) Der Zugang von Friedman -Shinbrot [6]
Dabei wird das Eigenwertproblem in einem Raum behandelt, der sich für lineare Einbettungen auf den verallgemeinerten Nullraum reduziert.
Wir schreiben $T(\bar{x}+u,\bar{s}+\Delta s) = o$ in der Form:

$$D(s)u := \left(I - \sum_{k=0}^{\infty} \frac{\partial^k A'_x(\bar{x},s)}{\partial s^k}\Bigg|_{s=\bar{s}} \frac{(\Delta s)^k}{k!} \right) u =$$

$$= [A(x,s) - A(\bar{x},\bar{s}) - A'_x(\bar{x},s)u] =: f(u,\Delta s)$$

Bei Abbruch der Reihe links läßt sich die Theorie von Friedmann-Shinbrodt anwenden. Der "Nullraum" N wird dabei aufgebaut aus den Paketen verallgemeinerter Eigenvektoren zu $D(s) \subset L(X)$:

Ist r die Ordnung des Poles von $D^{-1}(s)$ bei $s=\bar{s}$, so heißt $(u^o,\dots u^{r-1})$ ein Paket verallgemeinerter Eigenvektoren von D(s) bei $s=\bar{s}$: $\Longleftrightarrow$ $(u^o,\dots u^{r-1})$ löst

$$o = D(\bar{s})u^o$$
$$o = D'(\bar{s})u^0 + D(\bar{s})u^1 \qquad (\text{"}'\text{": Ableitung nach s})$$
$$\vdots$$
$$o = \frac{1}{(r-1)!} D^{(r-1)}(\bar{s})\, u^0 + \ldots + D(\bar{s})u^{r-1}$$

Für $D(s) := sI-A$ erhält man die Hauptvektoren.
Eine äquivalente Definition geben Wendland/Jeggle. [10]

Es gilt nun: $\dim N<\infty$;
Damit existiert ein stetiger Projektor $P_N : X \longrightarrow N$ und ein stetiger Projektor (zu einem endlich dimensionalen Raum existiert ein abgeschlossener Komplementärraum R) auf den Komplementärraum R.

Im linearen Fall konnte man (5) dadurch vereinfachen, daß man die Gleichung $Du = f(u,\Delta s)$ in die Räume N_ν und R_ν projizierte. Dabei half die Riesztheorie ($DR_\nu \subseteq R_\nu$ und $DN_\nu \subseteq N_\nu$), die die Vertauschbarkeit von D und P_{R_ν}, P_{N_ν} sicherte. Leider hat man im nichtlinearen Fall die Aussage $DN \subseteq N$ und $DR \subseteq R$ (wie man beim Bsp. v.

$$A(\lambda) := \begin{pmatrix} 1-\lambda^3 & o & o & o \\ o & \lambda^2 & o & \lambda \\ 1 & o & \lambda-1 & o \\ o & -\lambda & o & -\lambda \end{pmatrix} \qquad \text{sieht)}$$

nicht mehr zur Verfügung und damit fällt auch die Vertauschbarkeit.

Umgeht man diese Schwierigkeit, indem man den Urbildraum in einer von der obigen Zerlegung abweichenden Form aufspaltet [2o], so wäre jedenfalls zu fordern:
Die Aufspaltung ist nicht ausgeartet.
Auf Grund der angestellten Überlegungen (Wegfall der Vertauschbarkeit) ist dann allerdings nicht mehr $B_{21} = o$ zu erwarten.

Man wählt die Aufspaltung im Urbildraum (erzeugt durch die Projektion Q) derart, daß $B_{22} = (I-P_N)DQ$:

$:Q(X) \rightarrow (I-P_N)(X)$ bijektiv wird.
(Also Ker $D \cap Q(X) = (o) \wedge$ Ker $(I-P_N) \dot{+} D(Q(X)) = X$) [20]

6.4. Parameterwechsel

Wir betrachten wieder die Gleichung: $T(x,s) = \theta$ und sei $T'_x(\bar{x},\bar{s})$ singulär. Für den sehr speziellen Fall, daß dim Ker $(T'_x(\bar{z})) = 1$ ist, haben Anselone/Moore 1966 [1] durch Parameterwechsel eine Fortsetzungsmöglichkeit aufgezeigt. Engl [3] hat die Ergebnisse auf beliebige endlich Kerndimension verallgemeinert.

> Es gilt der Satz: Sei dim $N(B)$ = codim $R(B)$ = $=: k < \infty \wedge T'_s(\bar{x},\bar{s}) \notin R(B)$.
> Dann existiert ein regulärer Parameterwechsel der Ordnung k.

Die Grundidee besteht dabei darin, daß durch einen Parameterwechsel der singuläre Operator $T'_x(\bar{x},\bar{s})$ in einen regulären Operator $Q'_x(\bar{x},\bar{t}=o)$ mit t als neuem Homotopieparameter übergeführt wird. Für $\bar{t}=1$ gilt $Q(x,\bar{t}) \equiv T(x,1)$. Wir verzichten auf eine ins Einzelne gehende Definition (vergleiche dazu [3]) und bringen ein einfaches Beispiel:

Beispiel

$$T(x,s) := \begin{pmatrix} x_1 \\ x_2 \\ x_3 \end{pmatrix} - s \begin{pmatrix} 2x_1 - x_1^3 x_2^4 - x_1^2 \\ 2x_2 - x_1^2 x_2^3 - x_1 x_3 \\ 2x_3 - 3x_1^3 x_3 - 4x_1^2 x_2^2 \end{pmatrix} \Longrightarrow$$

Bei $\bar{s} = \frac{1}{2} \wedge \bar{x} = (o,1,2)^T \Longrightarrow$

$$T'_x(\bar{x},\bar{s}) = \begin{pmatrix} o & o & o \\ 1 & o & o \\ o & o & o \end{pmatrix}$$

Es gilt: dim $N(T'_x)$ = codim $R(T'_x) = 2 \wedge T'_s(\bar{x},\bar{s}) \notin R(T'_x)$

Damit ist die Anwendung der Konstruktion von Engl möglich:

Ergebnis: $T(x,s) \rightarrow Q(x,t) := T(x,\gamma_1(x,t)) + \gamma_2(x,t)(1,o,o)^T +$
$+ (t-1)(1,o,o)^T$

mit $\gamma_1(x,t):=(1-t)[-\frac{1}{2}+x_1+x_2]+t$

$\gamma_2(x,t):=(1-t)[-1+x_1+x_3]$

Es gilt: $T(\bar{x},\bar{s}) = Q(\bar{x},o) = \theta$

$$Q'_x(\bar{x},o) = \begin{pmatrix} 1 & o & 1 \\ -1 & -2 & o \\ -4 & -4 & o \end{pmatrix}$$

7. Beispiel:

Wir betrachten folgendes Beispiel, bei dessen Lösung die Bifurkationsgleichung ebenfalls durch "Wiedereinbettung" gelöst wird

$$\left.\begin{aligned} x_1 &= 2x_1+x_2-x_3x_4-2x_1x_2 \\ x_2 &= -5x_1^2+2x_2+x_3^2+x_4^2 \\ x_3 &= 6x_1^2+6x_2^2+3x_3-3x_4^2 \\ x_4 &= 2x_1x_2+x_1x_3-8x_3^2+4x_4 \end{aligned}\right. \iff : x = A(x)$$

Vorgangsweise bei der Lösung:

Lineare Einbettung: x=sA(x), Stufenverfahren, Übergang zwischen den Stufen durch Newtonverfahren, Lösung der Bifurkation durch Projektion der Gleichung für den Zuwachs in den verallgemeinerten Nullraum und verallgemeinerten Wertebereich (Riesztheorie) (6.2.b)

Abzweigung von der Nullösung an den Stellen

o.25 $\quad$ $o.3\dot{3}$ $\quad$ und o.5.

(Fortsetzung an den ersten beiden Stellen ist die Nulllösung). Wir betrachten nun die Abzweigung an der Stelle o.5. Die Dimension des verallgemeinerten Nullraumes des Operators $D(=I-o.5A'(\bar{x}))$ ist 2 (Rieszindex 2).

Bei Approximation bis zu Gliedern 2. Ordnung erhält man die Bifurkationsgleichung

$$(*) \quad \left.\begin{aligned} x_1 &= 2x_1x_2+o.2x_1-1.2x_2 \\ x_2 &= 2.5x_1^2-o.4x_2 \end{aligned}\right. \iff : x = A_1(x)$$

Zur Lösung dieser verwenden wir wieder die Methode der Einbettung. $x = tA_1(x)$.

Abzweigung von der Nullösung an der Stelle t=o.8333333.

Verfolgt man nach Auflösen der erneut entstehenden Bifurkationsgleichung 2. Stufe (beachte die Dimension ist jetzt nur noch 1): $4.166666x^2 + 0.12x = 0$ den sich abspaltenden Zweig, so erhält man als Lösung der zweidimensionalen Bifurkationsgleichung (*)

$$\begin{pmatrix} -0.0255764 \\ -0.0040884 \end{pmatrix}$$

Kehren wir zurück und verfolgen mit diesem Resultat den Lösungszweig des ursprünglichen Problems ab s=0.5 so erhält man schließlich einen Fixpunkt dieser Gleichung

$$\bar{x} = \begin{pmatrix} -0.1658391 \\ 0.1203667 \\ -0.1229148 \\ 0.0451480 \end{pmatrix}$$

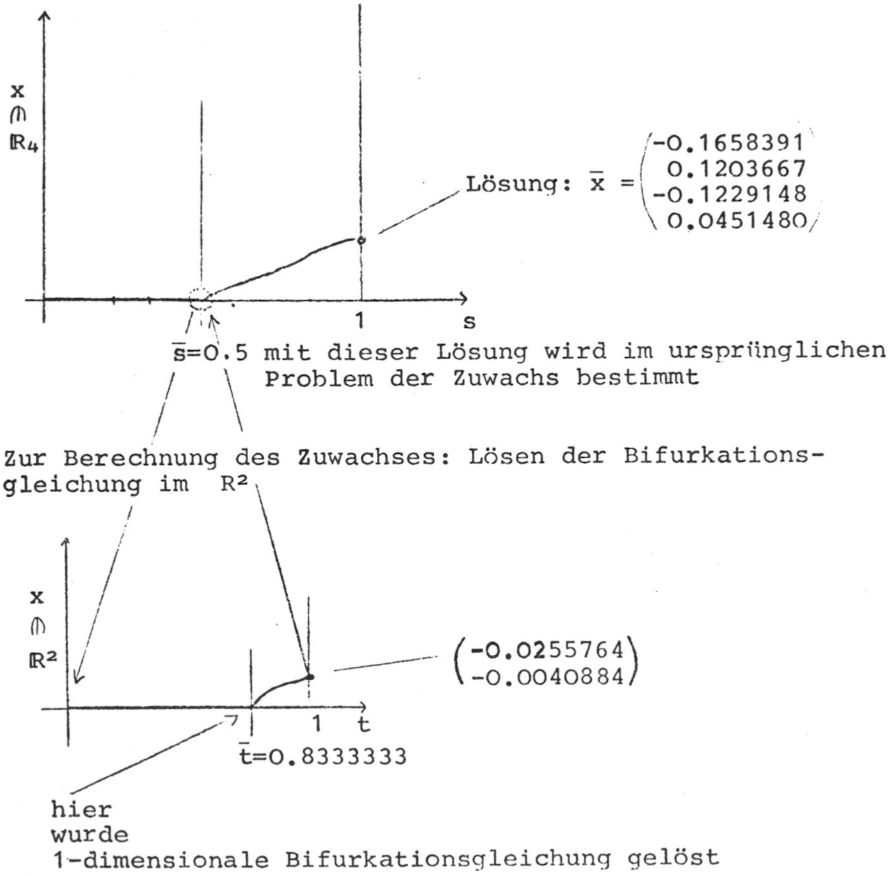

References

[1] Anselone, P., Moore, R.: An Extension of the Newton-Kantorovich Method for Solving Nonlinear Equations. J. Math. Anal. Appl. 13(1966), 476-5o1.

[2] Avila, J.H.: Continuation Methods for Nonlinear Equations. Techn. Report TR-142(1971), Univ. of Maryland. Comp. Sc. Center.

[3] Engl, H.: On the Change of Parameters in Continuation Methods. Institutsbericht Nr. 58 (1976), Universität Linz.

[4] Engl, H., Wacker, Hj., Zarzer, E.: Verzweigungsprobleme und Einbettung. Institutsbericht Nr. 25 (1975), Universität Linz.

[5] Feilmeier, M., Lory, P., Scheuring, H., Wacker, Hj.: Einbettung. DFG-Bericht Nr. 1(1973), Institut für Angewandte Mathematik, TU München.

[6] Friedman, A., Shinbrot, M.: Nonlinear Eigenvalue Problems. Acta Math. 121(1968), 75-125.

[7] Gietl, H.: Lösung nichtlinearer Gleichungssysteme mit der Methode des minimalen Residuums und der Einbettung. Diplomarbeit 1973, TU München.

[8] Hackl, J. und Drexler, F., Engl, H., Wacker, Hj., Zarzer, E.: 1. Zwischenbericht des Projekts Nr. 2811 (Einbettung), Österreichischer Forschungsfonds 1976.

[9] Jeggle, H.: Über die Approximation von linearen Gleichungen 2. Art und Eigenwertproblemen in Banach-Räumen. Math. Z. 124(1972), 319-342.

[1o] Jeggle, H., Wendland, W.: Zur diskreten Approximation von Eigenwertproblemen bei holomorpher Parameterabhängigkeit. Preprint 22o, Universität Darmstadt 1975.

[11] Kleinmichel, H.: Stetige Analoga und Iterationsverfahren für nichtlineare Gleichungen in Banach-Räumen. Math. Nachr. 37(1968), 313-344.

[12] Krasnoselskii, M.A. et al.: Näherungsverfahren zur Lösung von Operatorgleichungen. Akademieverlag, Berlin 1973.

[13] Leder, D.: Automatische Schrittweitensteuerung bei globalkonvergenten Einbettungsmethoden. ZAMM 54(1974), 319-324.

[14] Leder, D.: Zur Lösung nichtlinearer Gleichungssystme mittels diskreter Einbettungsmethoden. Dissertation TU Dresden 1975.

[15] Menzel, R., Schwetlick, H.: Über einen Ordnungsbegriff bei Einbettungsalgorithmen zur Lösung nichtlinearer Gleichungen. TU Dresden, Sektion Mathematik, 1974.

[16] Schwetlick, H.: Ein neues Prinzip zur Konstruktion implementierbarer, globalkonvergenter Einbettungsalgorithmen. Beiträge Num. Math. 4(1975).

[17] Wacker, Hj.: Ein Iterationsverfahren zur Lösung spezieller nichtlinearer Randwertaufgaben. Computing 9(1972), 275-291.

[18] Wacker, Hj.: Globalisierung lokaler Verfahren. Springer Lecture Notes Nr. 395: Numerische Behandlung nichtlinearer Integrodifferential- und Differentialgleichungen. Springer Verlag 1974, 3o1-3o7.

[19] Wacker, Hj.: Minimierung des Rechenaufwands für spezielle Iterationsverfahren vom Typ Minimales Residuum. Erscheint in Computing.

[2o] Wacker, Hj., Hackl, J., Zarzer E., Zulehner W.: Über die Aufspaltung eines singulären Operators beim Bifurkationsproblem. Institutsbericht Nr. 72, Universität Linz 1977.

Hansjörg Wacker
Heinz W.Engl
Erich A.Zarzer

Institut für Mathematik
Universität Linz
A-4045 Linz/Auhof

ISNM 38 Birkhäuser Verlag, Basel und Stuttgart, 1977

VERZWEIGUNGSPROBLEME BEI KREISFÖRMIGEN ELASTISCHEN PLATTEN

Hubertus J. Weinitschke

In this paper some problems of finite elastic deformation of thin circular plates are studied. For the problem of a plate without bending stiffness subjected to lateral pressure p and a radial edge force f_0, it is shown that there exists a unique solution for all $f_0>0$ (tension). In the case $f_0<0$ (compression), the solutions are not necessarily unique and branching of solutions takes place. The more complex problem of a plate with bending stiffness is briefly discussed for $p = 0$ and $f_0<0$, generalizing a result of small finite deflection theory concerning branching of solutions near the classical buckling loads.

1. Einleitung

In diesem Beitrag wird über einige einfache Anwendungen von Verzweigungsproblemen in der Theorie dünner elastischer Platten berichtet. Eine ausführliche Darstellung soll an anderer Stelle gegeben werden.

Eine kreisförmige Platte der Dicke h, mit dem Radius a, werde durch axialsymmetrischen Druck p(r), $0 \leq r \leq a$ senkrecht zur Platte und durch eine radial gerichtete Kraft f_0 in der Plattenebene belastet. Die Verformung sei axialsymmetrisch, u, w seien die Verschiebungen in radialer bzw. axialer Richtung, Φ der Winkel der Tangente an die die verformte Drehfläche erzeugende Kurve.

Wie durch Intuition nahegelegt und durch Erfahrung bestätigt wird, läßt sich bei $h/a \ll 1$ der Deformations- und Spannungszustand näherungsweise durch eine zweidimensionale Theorie beschreiben. Es gibt mehrere solche Theorien:

(1) Die klassische lineare Theorie gilt unter der Voraussetzung, daß die Verschiebungen klein sind im Verhältnis zu den geometrischen Parametern, also $u/h \ll 1$ und $w/h \ll 1$. Bei sehr geringer Dicke ist der Geltungsbereich dieser Theorie außerordentlich klein.

(2) Die bekannteste nichtlineare Theorie ist die VON KARMANsche Theorie, sie wird weitgehend zur Berechnung von Platten mit großen Verschiebungen benutzt. In den letzten Jahren sind ferner eine Reihe von Untersuchungen zur mathematischen Theorie der durch die von Kármán'schen Gleichungen implizierten Randwert- und Verzweigungsaufgaben durchgeführt worden. Die Voraussetzungen für die Gültigkeit der Theorie sind $u/h \ll 1$ und $w/h = O(1)$. Bei sehr dünnen Platten (Membranen) kann auch dieser Bereich der Verschiebungen leicht überschritten werden.

(3) Eine Theorie für kreisförmige Platten ohne einschränkende Voraussetzungen über die Größenordnung von u und w wurde erstmalig von E.REISSNER gegeben [1]. Dabei werden wie in (1) und (2) lediglich die Dehnungen e_{ik} als hinreichend klein angenommen, also ein linear-elastisches Stoffgesetz zugrunde gelegt, die Verschiebungen können beliebig groß sein.

(4) Im Fall beliebig großer Dehnungen ist auch das Stoffgesetz nichtlinear. Eine solche Theorie ist für elastische Membranen erstmals von ADKINS und RIVLIN aufgestellt worden [2], ihre Anwendung liegt fast ausschließlich bei Membranen aus sehr weichem gummiarten Material (siehe etwa den Übersichtsartikel von A.J.M.SPENCER [3]).

Die Theorie (3) scheint bisher wenig auf Plattenprobleme angewandt worden zu sein, Untersuchungen der mathematischen Eigenschaften der sich aus (3) ergebenden nichtlinearen Randwertprobleme scheinen bisher noch gar nicht vorzuliegen. Der vorliegende Beitrag befaßt sich mit einigen Beispielen aus dieser Theorie. Die Übertragung von Ergebnissen der Theorie (2) stößt im allgemeinen auf technische Schwierigkeiten, es sollen daher zunächst einige einfache Probleme hier behandelt werden.

2. Grundgleichungen

In diesem Abschnitt werden die bekannten Grundgleichungen für die Theorie (3) zusammengestellt, und zwar zunächst für extrem dünne Platten unter Vernachlässigung der Biegesteifigkeit in einer von CLARK und NARAYANASWAMY angegebenen Form [4]. Diese Gleichungen, bestehend aus den Gleichgewichtsbedingungen, dem linear-isotropen Stoffgesetz und den Beziehungen zwischen Dehnungen und Verschiebungen, lassen sich auf ein System von zwei gekoppelten nichtlinearen Differentialgleichungen in zwei Variablen $\hat{F}$, $\hat{G}$ reduzieren:

$$
\begin{aligned}
r\,\frac{d\hat{F}}{dr} &= \hat{G} - r^2 q_r \\
r\,\frac{d\hat{G}}{dr} &= \hat{F} + Cr\,\{\hat{F}(Z^2+\hat{F}^2)^{-1/2} - 1\} - \nu r^2 q_\phi ,
\end{aligned}
\qquad (2.1)
$$

wobei $$Z := Z_o - \int_{r_o}^{r} s q_z \, ds ,$$

$C = Eh$, Z_o, ν sind Konstanten, q_r, q_ϕ , q_z sind die Belastungen in den angegebenen Richtungen. Zu beachten ist, daß die letzteren Größen von der Deformation abhängig sein können, z.B. ist $q_z = q_\phi \sin\Phi - q_n \cos\Phi$ (der Winkel Φ wurde anfangs definiert). Ist dies der

Fall, benötigt man noch eine dritte Gleichung, etwa

$$\cos\Phi = \hat{F}(Z^2 + \hat{F}^2)^{-1/2}.$$

Wir betrachten den Fall, daß q_z gegeben ist (dead load) und $q_r = 0$, dann ist Z bekannt. Es ist

$$q_\phi = q_z \sin\Phi = q_z Z(Z^2 + \hat{F}^2)^{-1/2}$$

und wegen $q_r = 0$ läßt sich $\hat{G}$ eliminieren:

$$\frac{d}{dr}\left(r\,\frac{d\hat{F}}{dr}\right) - \frac{\hat{F}}{r} = C\left\{\frac{\hat{F}}{(Z^2+\hat{F}^2)^{1/2}} - 1\right\} - \nu r q_z \frac{Z}{(Z^2+\hat{F}^2)^{1/2}} \qquad (2.2)$$

Für biegesteife kreisförmige Platten erhält man ein Gleichungssystem in zwei Variablen Φ und Ψ, wieder für den Fall $q_r = 0$

$$\Phi'' + \frac{1}{r}\,\Phi' - \frac{1}{r^2}\cos\Phi\,\sin\Phi = \frac{1}{Dr}\,(\Psi \sin\Phi - rV\cos\Phi\,)$$

$$\Psi'' + \frac{1}{r}\,\Psi' - \left(\frac{1}{r^2}\cos^2\Phi - \frac{\nu}{r}\,\Phi'\sin\Phi\,\right)\Psi + \frac{C}{r}\,(1 - \cos\Phi\,) = \qquad (2.3)$$

$$= \frac{1}{r}\,(V\cos\Phi\,\sin\Phi + \nu(rV\sin\Phi)')\quad ,$$

wobei

$$V := V_0 - \frac{1}{r}\int_{r_0}^{r} (q_z \sin\Phi\,)\,s\,ds,\quad C,D,\nu \quad \text{Konstanten}$$

D ist die Biegesteifigkeit, D = 0 liefert also ein System äquivalent zu Gleichungen (2.1). Ersetzt man für hinreichend kleines Φ die Größen $\sin\Phi$, $\cos\Phi$ durch Φ bzw. $1 - \Phi^2/2$, und vernachlässigt man alle Terme von höherer als zweiter Ordnung, so erhält man aus (2.1) die Gleichungen der FÖPPL-HENCKYschen Membrantheorie und aus (2.3) die VON KARMANschen Gleichungen für die axialsymmetrische Deformation einer Kreisplatte.

3. Membranprobleme

Die Gleichung (2.2) der senkrecht belasteten Kreismembran wird zunächst durch Einführung geeigneter Größen auf eine dimensionslose Form gebracht. Bei gleichförmigem Druck $q_z = -p$ ergibt sich

$$F'' + \frac{3}{x} F' = \frac{4}{k^2 x^2} \left(\frac{F + \nu x^2 k^4 / 2}{\sqrt{F^2 + k^2 x^2}} - 1 \right), \quad 0 \leq x \leq 1 \qquad (3.1)$$

mit $x = r/a$, $k = (2ap/hE)^{1/3}$, $F(x) = 4(x\,haEk^2)^{-1}\hat{F}$. Die Randbedingungen sind bei radialer Belastung S gegeben durch

$$F'(0) = 0, \qquad F(1) = S \qquad (3.2)$$

Wird am Rande $r = a$ statt der Spannung die radiale Verschiebung H vorgeschrieben, so erhält man die folgenden Randbedingungen

$$F'(0) = 0, \qquad F'(1) + F(1) - \nu\sqrt{F^2(1) + k^2} = H \qquad (3.3)$$

Aus physikalischen Gründen ist zu erwarten, daß die Lösung der Randwertaufgaben (3.1), (3.2) bzw. (3.1), (3.3) bei positiven Werten von S bzw. H eindeutig ist, bei negativen Werten kann dagegen Verzweigung der Lösungen eintreten. Die Stabilität negativer Lösungen soll hier nicht untersucht werden.

Eine einfache Rechnung bestätigt, daß Gleichung (3.1) für $k^2 \to 0$ in die bereits mehrfach untersuchte Membrangleichung von FÖPPL-HENCKY übergeht (siehe Modell (2) der Einleitung). Die Lösungen dieser Gleichung haben gezeigt, daß der Einfluß der Zahl ν im physikalisch sinnvollen Bereich $0 \leq \nu < 1/2$ sehr gering ist [5, 6]. Wir betrachten daher den Fall $\nu = 0$. (Die Ergebnisse lassen sich mit einigen

Einschränkungen für die Größen k, S, H, ν auch auf den Fall $\nu \neq 0$ erweitern, worauf hier nicht näher eingegangen werden soll.

Für die Randwertaufgabe (3.1), (3.2) ergibt sich der folgende Eindeutigkeitssatz:

LEMMA: Das Problem (3.1), (3.2) besitzt für $S > 0$ höchstens eine Lösung $F(x)$, sie hat die Eigenschaften $F(x) \geq S$, $F'(x) \leq 0$.

BEWEIS: Gleichung (3.1) wird umgeformt und von 0 bis x integriert:

$$\frac{1}{x^3}(x^3F')' = -4\left[\sqrt{F^2+k^2x^2}\,(F+\sqrt{F^2+k^2x^2})\right]^{-1} = -R(x,F)$$

$$F'(x) = -x^{-3}\int_0^x t^3 R(t,F)\,dt \leq 0, \tag{3.4}$$

da $R(x,F)$ nicht negativ ist. Wegen $F(1) = S$ ist also $F(x) \geq S$, also $F(x)$ eine positive Lösung. Angenommen, es gäbe zwei Lösungen F_1, F_2, dann erhält man für $f=F_1-F_2$ nach kurzer Rechnung

$$Lf = f'' + \frac{3}{x}f' = A(F_1,F_2)f, \qquad A(u,v) = \frac{4\,(u+v)}{q(u)q(v)(uq(v)+vq(u))}$$

wobei $q(y) = (y^2+k^2x^2)^{1/2}$. Wegen $F_i>0$ $i = 1,2$ ist A positiv. Die Eigenaufgabe

$$Lf + \lambda A f = 0, \quad f'(0) = 0, \quad f(1) = 0 \tag{3.5}$$

kann aber nicht den Eigenwert $\lambda=-1$ haben, also ist $f \equiv 0$.

Die Randwertaufgabe (3.1), (3.2) wird nun mit Hilfe der Greenschen Funktion $G(x,t)$ von $(-L)$ mit den in (3.5) angegebenen Randbedingungen in eine äquivalente Integralgleichung umgeformt:

$$F(x) = S + \int_0^1 G(x,t)R(t,F(t))dt =: T(F) \qquad (3.6)$$

Dabei ist

$$G(x,t) = \begin{cases} (t - t^3)/2 & x \leq t \\ (x^{-2} - 1)t^3/2 & x \geq t \end{cases}$$

Wegen der Positivität von $G(x,t)$ ist der Operator T antiton, die Folge $F_o = S$, $F_{n+1} = T(F_n)$ ist daher alternierend, sofern $F_o \leq F_2 \leq F_1$ gilt [7]. Diese Bedingung ist hier für alle $S > 0$ erfüllt. Die Folge F_n konvergiert gegen die Lösung der Gleichung (3.6), falls T kontrahierend ist. Dies ist nur für hinreichend große $S > S_o$ zutreffend, z.B. im Falle $k = 0$ (FÖPPL-HENCKY-Theorie) kontrahiert T für $S > 0.648$ [5]. Man erhält jedoch für beliebiges $S > 0$ die Existenz einer Lösung von (3.6) mit Hilfe des SCHAUDER'schen Fixpunktsatzes, indem man benutzt, daß T für beliebiges $S > 0$ antiton ist [7]:

SATZ: Die Randwertaufgabe (3.1), (3.2) besitzt mit $\nu = 0$ für beliebiges $S > 0$ genau eine Lösung.

BEWEIS: Aus $F_o \leq F_2 \leq F_1$ folgt für alle n :

$$F_o \leq F_2 \leq \dots \leq F_{2n} \leq F_{2n+1} \leq \dots \leq F_1$$

Die Funktionenmenge $M_n = \{F(x) | F_{2n} \leq F(x) \leq F_{2n+1}\}$ wird daher durch T in sich abgebildet: $TM_n \subseteq M_n$. Da T vollstetig ist, hat T nach dem Satz von SCHAUDER mindestens einen Fixpunkt $F(x)$, dieser ist Lösung von (3.6). Die Eindeutigkeit folgt aus dem Lemma.

BEMERKUNG: Aus dem Satz ergibt sich sofort eine Fehlerabschätzung für die Lösung: $S \leq F(x) \leq T(S) = F_1(x)$.

Ganz entsprechend läßt sich im Falle $\nu = 0$ die Randwertaufgabe (3.1), (3.3) behandeln. Da die Greensche Funktion wieder positiv ist, folgt, daß T antiton ist, und daraus ergibt sich die Eigenschaft $TM_n \subseteq M_n$, da $H = F_0 \leq F_2 \leq F_1$ gilt.

<u>SATZ</u>: Die Randwertaufgabe (3.1), (3.3) besitzt mit $\nu = 0$ für beliebiges $H > 0$ genau eine Lösung.

<u>BEMERKUNGEN</u>: Der Fall $\nu \neq 0$ führt beim Problem (3.1),(3.3) auf eine nichtlineare Randbedingung, die sich nur für k=0 auf eine lineare Bedingung reduziert. Die hier angewandte Methode scheint den Fall der am Rande festgehaltenen Membran ($H = 0$) nicht zu erfassen. Im Falle $S = 0$ existiert keine Lösung.

Aus numerischen Lösungen der Gleichungen (3.1) und (3.2) bzw. (3.3) ergibt sich, daß mit abnehmendem S die Ringspannung $N_\Theta = (Ek^2/4)d(Fx)/dx$ kleiner wird und schließlich negative Werte annimmt. Damit ist physikalisch der Verlust der Stabilität gegeben, und zwar durch Ausknicken in Umlaufsrichtung, d.h. von der axialsymmetrischen Lösung F(r) zweigen bei bestimmten (positiven) Werten von S neue asymmetrische Lösungen ab. Solche Verzweigungspunkte sind in einer früheren Arbeit berechnet worden [8], von der Theorie her ist die Existenz dieser Verzweigungen jedoch bisher nicht abgesichert.

Es soll noch kurz auf die Existenz negativer Lösungen eingegangen werden. Hierzu ist notwendig, daß $S < 0$ bzw. $H < 0$. Das Ergebnis $F'(x) \leq 0$ gilt unabhängig vom Vorzeichen von S bzw. H, also sind auch negative Lösungen monoton nichtwachsend. Im Falle hinreichend kleiner Verschiebungen im Sinne der Theorie (2) kann man bei der gleichförmig belasteten Membran die Multiplizität der Lösungen genau angeben, da man durch eine Substitution eine autonome Differentialgleichung erster Ordnung erhält, deren Trajektorien in der Phasenebene man gut überblickt [9]. Im vorliegenden Falle beliebiger Verschiebungen im Sinne der Theorie (3) ist eine solche Substitution offenbar nicht möglich, man erhält daher entsprechend schwächere Aussagen.

LEMMA: Hat das Problem (3.1), (3.2) für $S = S_1 < 0$ eine Lösung $F_1(x) < 0$, dann existieren für alle $S < S_1$ Lösungen $F(x) < 0$.

BEWEIS: Mit $F(0) = a$ sei $F(x,a)$ die Lösung von (3.1) mit $F(0,a) = a$, $F'(0,a) = 0$, $0>a>S$. Wegen der Monotonie von F gibt es ein eindeutig bestimmtes x_0 mit $F(x_0,a) = S$, also $x_0 = x_0(a,S)$. Existiert für S_1 eine Lösung, so ist $x_0(a_1, S_1) = 1$ für ein a_1. Wegen der Monotonie ist aber $x_0(a_1,S) > 1$ für $S < S_1$. Aus $x_0(S,S) = 0$ folgt die Existenz eines a^* mit $x_0(a^*,S) < 1$ für $S < S_1$. Da x_0 stetig in beiden Variablen ist, gibt es ein a mit $x_0(a,S) = 1$, was gleichbedeutend mit der Existenz einer Lösung für S ist. Der Beweis verläuft völlig analog dem in [9] behandelten Fall $k = 0$.

FOLGERUNG: Hat das Problem (3.1), (3.2) für $S = S_2 < 0$ keine Lösung $F(x) < 0$, dann existiert auch für $0 > S > S_2$ keine Lösung mit $F(x) < 0$ (Beweis: Umkehrung des Lemmas).

SATZ: Es existiert ein kritischer Wert $S^* < 0$ derart, daß die Randwertaufgabe (3.1), (3.2) Lösungen für alle $S < S^*$ besitzt, dagegen keine Lösungen für S mit $0 > S > S^*$.

BEWEIS: Das Ergebnis ist analog dem Fall $k = 0$ für nicht konstanten Druck $p = p(x)$ in [9], man hat lediglich nachzuweisen, daß die Beweistechnik auf die nichtlineare rechte Seite der Gleichung (3.1) für $k \neq 0$ anwendbar ist. Dabei ist wegen der Beziehung $\cos\Phi = -\hat{F}(Z^2+\hat{F}^2)^{-1/2}$ jetzt der Ausdruck $F + (F^2+k^2x^2)^{1/2}$ durch $-F+(F^2+k^2x^2)^{1/2}$ zu ersetzen.

Sei $G_A(x,t)$ die Greensche Funktion für die Anfangswertaufgabe der Gleichung (3.1) mit $F(0) = a < 0$, $F'(0) = 0$, dann hat man

$$F(x) = a - \int_0^x G_A(x,t)\, R(t,F(t))dt, \quad \text{für } x = 1 \text{ also}$$

$$\int_0^1 G_A(1,t)\, R(t,S) \leq a - S, \qquad S < - \int_0^1 G_A(1,t)\, R(t,S)dt,$$

da $G_A \geq 0$. Ferner ist

$$R(t,F(t)) \geq 4(S^2 + k^2)^{-1}, \qquad \text{und daher}$$

$$4\, S\, (S^2 + k^2) < - \int_0^1 G_A(1,t)dt = - b, \quad \text{mit } b > 0.$$

Definiert man daher $S_o<0$ so, daß $S_o^3 + k^2 S_o = - b/4$, so existiert für $0 > S > S_o$ sicher keine Lösung mit $F(x) < 0$. Ebenso zeigt man, daß ein $S_1 < S_o$ existiert, so daß für jedes $S < S_1$ Lösungen $F < 0$ existieren. Wegen des Lemmas muß es dann ein S^* mit $S_1 < S^* < S_o$ geben mit den im Satz behaupteten Eigenschaften, q.e.d.

Aufgrund numerischer Rechnungen wird vermutet: Es gibt ein $S'< 0$, so daß für $S < S'$ die Lösung eindeutig ist, bei $S = S'$ und weiteren Werten im Intervall $S' < S < S^*$ treten Verzweigungen auf. Die 'Endbifurkation' in S^* ist nach dem obigen Satz gesichert, das angegebene S_o ist eine obere Schranke für S^* , die bei gegebenem k leicht berechnet werden kann.

Die in diesem Abschnitt furmulierten Sätze lassen sich sofort auf den Fall <u>ungleichförmigen</u> Drucks $p = p(x)$, p stückweise stetig für $0 \leq x \leq 1$, übertragen, solange $\nu = 0$ ist. Es ändert sich lediglich der Integrand $R(x,F)$ wie folgt.

$$R(x,F(x)) = 4\,Q^2\left[\sqrt{F^2+k^2x^2Q^2}\left(\pm F+\sqrt{F^2+k^2x^2Q^2}\right)\right]^{-1}$$

wobei

$$p(x) = p_0 z(x), \quad p_0 = \underset{[0,1]}{\mathrm{Max}}|z(x)|, \quad Q(x) = \frac{2}{x^2}\int_0^x s\,z(s)ds,$$

und $k = (2a\,p_0/hE)^{1/3}$. Bei $p = p_0$ ist also $z = Q = 1$.

Ist $\nu \neq 0$, so lassen sich die Ergebnisse für $p = p_0$ nur unter der zusätzlichen Annahme $z(x)Q(x) \geq 0$ auf den Fall nichtkonstanten Drucks übertragen, d.h. $p(x)$ darf nicht zu stark oszillieren.

4. Biegesteife Platten

Das Problem der gleichzeitig durch Normaldruck $p(r)$ und Radialkraft $N_r(a)$ belasteten biegesteifen Kreisplatte ist offenbar auch im Rahmen der von Kármánschen nichtlinearen Theorie (2) ungelöst. Das Problem ist in Theorie (2) im wesentlichen gelöst bei reinem Normaldruck, und zwar für mehrere Fälle der Randlagerung (eingespannt, frei, einfach gelagert). Betreffend die Existenz und Eindeutigkeit von axialsymmetrischen Lösungen, sowie asymptotisches Verhalten für großes p, sind zahlreiche Arbeiten erschienen (siehe etwa DICKEY [10]). Die entsprechenden Probleme für beliebige Verschiebungn nach Theorie (3) sind offenbar bisher nicht behandelt worden.

Hier soll nur der Fall $p = 0$, $N_r(a) < 0$, also eine radial gedrückte Kreisplatte ohne Normaldruck betrachtet werden (der Fall $p = 0$, $N_r > 0$ ist trivial). Auch für diesen Fall liegen zahlreiche Untersuchungen nach Theorie (2) über Verzweigung der Lösungen in den Knicklasten vor (siehe etwa [10] und die dort angegebene Originalliteratur), nicht jedoch für die Theorie (3). Im folgenden wird die Existenz von Verzweigungspunkten von Lösungen der Gleichungen (2.3) nachgewiesen, und zwar mit der Methode von POINCARE, die auch im Fall der von Kármánschen Theorie anwendbar ist [11] .

Wir beschränken uns wieder auf den Fall $\nu = 0$, im vorliegenden Problem ist ferner $r_0 = q_z = 0$, also $V = 0$. Man führt dimensionslose Variable $F(x), G(x)$ ein und erhält aus (2.3)

$$F'' + \frac{1}{x} F' - \frac{1}{x^2} R(F) \cos(\alpha F) = \frac{1}{x} (G + k x) R(F) \qquad (4.1)$$

$$G'' + \frac{1}{x} G' - \frac{1}{x^2} (G+kx) \cos^2(\alpha F) + \frac{k}{x} + \frac{2}{x} [R(\tfrac{F}{2})]^2 = 0$$

mit $x = r/a$, $F = \Phi/\alpha$, $G = (\Psi - \Psi_0)/\beta$, $\Psi_0 = rN_r(a)$,

$\alpha = 3^{-1/2} h/2a$, $\beta = \alpha^2 Eha$ und $R(F) = (\sin\alpha F)/\alpha$.

Die Wahl dieser Variablen ist so getroffen, daß die Gleichungen (4.1) für hinreichend kleine F, G in eine dimensionslose Form der von Kármánschen Gleichungen übergehen. Man sieht $R(F)/F \to 1$ für $F \to 0$, α fest oder für $\alpha \to 0$, F fest. Ausgenommen für sehr großes F hängen daher die Gleichungen (4.1) nur "schwach" vom Parameter α ab. Die Konstante k ist proportional zur radialen Belastung, sie geht hier in beide Gleichungen (4.1) ein.

Bei eingespanntem Rand lauten die Randbedingungen

$$F(0) = G(0) = 0 \qquad F(1) = G(1) = 0 \qquad (4.2)$$

Ist F, G eine Lösung von (4.1), (4.2), so ist es auch -F, G. Im folgenden ist unter einer Lösung immer ein solches Lösungspaar zu verstehen. Das Randwertproblem (4.1), (4.2) besitzt für alle k die triviale Lösung $F = G = 0$. Gesucht sind diejenigen Werte von k, bei denen nichttriviale Lösungen von der Nullösung abzweigen. Diese Werte k_n sind die Eigenwerte des linearisierten Problems, mithin die bekannten Eigenwerte der klassichen Theorie, mit den Eigenfunktionen $F_n = J_1(k_n x)$, $G_n = 0$, $n = 1,2,\ldots$, $k_n = j_{1,n}$ die n-te Nullstelle der Besselfunktion $J_1(z)$.

Nun wird die Methode von POINCARE angewandt. Man entwickelt die trigonometrischen Funktionen in (4.1); die in F, G linearen Terme liefern dann mit $L(.) := (.)'' + (.)'/x - (.)/x^2$ die linearisierten Gleichungen $LF = kF$, $LG = 0$, für die nichtlinearen Gleichungen (4.1) schreiben wir kurz

$$LF - kF = \hat{N}_1(F,G), \qquad LG = \hat{N}_2(F,G),$$

$\hat{N}_1$, $\hat{N}_2$ stellen die nichtlinearen Terme dar (in denen auch k auftritt). Man setzt nun $F = \varepsilon f$, die Gleichungen für f, G sind dann in ε analytisch. Die Lösungen des Anfangswertproblems

$$\begin{aligned} &Lf - kf = N_1(f,G,\varepsilon), \qquad LG = N_2(f,G,\varepsilon) \\ &f(0) = G(0) = 0, \quad f'(0) = 1, \quad G'(0) = \delta \end{aligned} \tag{4.3}$$

bezeichnen wir mit $f(x) = f(x;k,\varepsilon,\delta)$, $G(x)=G(x;k,\varepsilon,\delta)$. Dann sind $F = \varepsilon f$, G Lösungen des Randwertproblems, wenn k, ε, δ so gewählt sind, daß gemäß (4.2)

$$f(1;\, k,\varepsilon,\delta) = 0 \qquad G(1;\, k,\varepsilon,\delta) = 0 \tag{4.4}$$

Nun ist die Lösung von (4.3) für $\varepsilon = \delta = 0$ bekannt. Wegen $N_2(f,G,0) = 0$ ergibt sich $G = 0$, und die erste der Gleichungen (4.3) liefert dann für $k > 0$, $f(x)=J_1(kx)$, welches für $x = 1$ genau dann verschwindet, wenn $k=k_n=j_{1,n}$ ist. Damit hat man für $(k, \varepsilon, \delta) =(k_n,0,0)$ $n = 1,2,\ldots$ Lösungen gefunden, nämlich die trivialen Lösungen $F=G=0$.

Gesucht sind weitere Lösungen von (4.) in der Umgebung von $(k_n, 0, 0)$. Nach dem Satz über implizite Funktionen existieren solche Lösungen, falls die Jacobische Determinante von (4.4)

$$J = \frac{\partial(f,G)}{\partial(k,\delta)} \neq 0 \text{ in } (1;\, k_n,\, 0,\, 0).$$

Zunächst benötigt man das folgende

LEMMA: Die Anfangswertaufgabe (4.3) besitzt für beliebiges k und hinreichend kleine Werte von ε, δ eine eindeutige Lösung im Intervall $0 \leq x \leq 1$.

Wegen der Singularität in $x = 0$ beweist man zunächst die Existenz einer Lösung für ein hinreichend kleines Intervall $0 \leq x \leq x_0$, indem man ähnlich wie in [6] und [11] für Potenzreihen der Form $f = \sum_{n=0}^{\infty} f_n x^{2n}$, $G = \sum_{n=0}^{\infty} g_n x^{2n}$ Majoranten konstruiert. Die Fortsetzung der Lösung bis x=1 beweist man dann mit klassischen Sätzen über reguläre Anfangswertprobleme.

Die partiellen Ableitungen $\partial f/\partial k$ usw., die für die Berechnung von J benötigt werden, ergeben sich als Lösungen linearer Anfangswertaufgaben in der bekannten Weise. Die Einzelheiten des Beweises, daß $J \neq 0$, verlaufen dann ganz ähnlich wie in [11] und man erhält den folgenden

<u>SATZ</u>: Zu jeder natürlichen Zahl n gibt es ein $e_n > 0$ und Funktionen $k_n(\varepsilon)$, $\delta_n(\varepsilon)$ für $|\varepsilon|<e_n$, so daß das Randwertproblem (4.1), (4.2) Lösungen der Form

$$F_n(x) = \varepsilon f(x;\, k_n(\varepsilon), \varepsilon,\, \delta_n(\varepsilon))$$

$$G_n(x) = G(x;\, k_n(\varepsilon), \varepsilon,\, \delta_n(\varepsilon))$$

für alle ε mit $|\varepsilon|<e_n$ besitzt, wobei $k_n(0) = k_n$, $\delta_n(0) = 0$. Diese Lösungen sind in ε analytisch. Sie zweigen bei $k = k_n$ von der trivialen Lösung $F = G = 0$ ab.

Im Falle hinreichend kleiner Deformation im Sinne der Theorie (2) weiß man, daß die Lösungen F_n, G_n für alle $k > k_n$ existieren (siehe etwa [10]), während hier nur die schwächere Aussage gemacht wird, daß die Lösungen in hinreichend kleinen Umgebungen der Knicklasten $k = k_n$ existieren. Über den weiteren Verlauf der Lösungen im Nachbeulbereich ist bisher nichts bekannt.

5. Einige numerische Ergebnisse

Für die gleichförmig belastete Kreismembran wurden die Randwertprobleme (3.1), (3.2) sowie (3.1), (3.3) numerisch gelöst, um insbesondere die Lage des Verzweigungspunktes S^* (siehe letzter SATZ, Abschnitt 3) zu approximieren; ebenso um einen entsprechenden Wert H^* für das Problem (3.1), (3.3) zu ermitteln.

Die folgende Tabelle zeigt untere Schranken $\underline{S}$, $\underline{H}$ für S^* bzw. H^* .

k^2	0	0.5	1.0	1.5	2.0
$\underline{S}$	-1.03	-.98	-.88	-.74	-.66
$\underline{H}$	-1.21	-1.1	-.91	-.78	-.68

Für diese Werte sind Lösungen (auf etwa 4 Stellen genau) der Randwertaufgaben iterativ erst nach Schrittzahlen der Größenordnung 30 bis 40 zu erhalten, vorausgesetzt, daß dieAnfangswerte hinreichend genau aus benachbarten Lösungen extrapoliert werden. Die Lösungen wurden daher mit einem zweiten Verfahren (Mehrzielmethode von BULIRSCH und STOER) kontrolliert. Werden die angegebenen Schranken um weniger als 0.1 überschritten, tritt starke Divergenz der Iteration ein, vermutlich wegen Überschreitung des Wertes S^*. Über umfangreichere numerische Ergebnisse soll an anderer Stelle berichtet werden.

Literatur

1. Reissner, E.: On finite deflections of circular plates. Proc.Sympos.Applied Mathematics 1 (1949), 213-219.

2. Adkins, J.E. and Rivlin, R.S.: Large elastic deformations of isotropic materials, IX. The deformation of thin shells. Phil.Trans.Roy. Soc.Lond. A 244 (1952), 505-531.

3. Spencer, A.J.M.: The static theory of elasticity. J.Inst.Maths.Applics. 6 (1970), 164-200.

4. Clark, R.A. and Narayanaswamy, O.S.: Nonlinear membrane problems for elastic shells of revolution. Seventieth Anniversary Symposium on the Theory of Shells to honor Lloyd Hamilton Donnell, Houston, Texas, (1967), 79-110.

5. Dickey, R.W.: The plane circular elastic surface under normal pressure. Arch.Rat.Mech.Anal.26 (1967), 219-236.

6. Weinitschke, H.J.: Existenz- und Eindeutigkeitssätze für die Gleichungen der kreisförmigen Membran. Meth.u.Verf.d.math.Phys. 3 (1970), 117-139.

7. Collatz, L.: Funktionalanalysis und Numerische Mathematik. Berlin-Göttingen-Heidelberg, Springer-Verlag 1964.

8. Weinitschke, H.J.: Endliche Deformationen elastischer Membranen. ZAMM 53 (1973), 89-91

9. Callegari, A.J., Reiss, E.L. and Keller, H.B.: Membrane buckling: a study of solution multiplicity. Comm.Pure Appl.Math. 24 (1971), 499-527

10. Dickey, R.W.: Bifurcation problems in nonlinear elasticity. Research Notes in Mathematics 3. London-San Francisco-Melbourne, Pitman Publishing 1976.

11. Keller, J.B., Keller, H.B. and Reiss, E.L.: Buckled states of circular plates. Quart. Appl.Math. 20 (1962), 55-65

Professor H. J. Weinitschke, Ph.D.
Institut für Mathematische Methoden der Ingenieurwissenschaften
Technische Universität Berlin
Straße des 17. Juni 135
1000 Berlin 12

ISNM 38 Birkhäuser Verlag, Basel und Stuttgart 1977

QUOTIENTENEINSCHLIESSUNG BEI EIGENWERTAUFGABEN MIT PARTIELLER DIFFERENTIALGLEICHUNG

Wolfgang Wetterling

The application of the quotient inclusion theorem to eigenvalue problems with partial differential equation is considered. Given an elliptic differential operator L on a region Ω in R^m, the main problem is the construction of functions u with satisfy u = Lu = 0 on the boundary of Ω.

1. Einleitung. In diesem Beitrag werden einige Hinweise darauf gegeben, wie der Quotienteneinschliessungssatz bei Eigenwertaufgaben mit partieller Differentialgleichung angewendet werden kann. Zunächst wird ein Prinzip angegeben, nach dem man geeignete Ansatzfunktionen konstruieren kann. Anschliessend werden verschiedene Möglichkeiten zur numerischen Berechnung von Eigenwertschranken diskutiert. Andere Möglichkeiten der Eigenwerteinschliessung wurden 1967 von Fox, Henrici und Moler [4] und Nickel [6] angegeben.

2. Der Quotienteneinschliessungssatz. Sei Ω eine offene, zusammenhängende und beschränkte Menge im R^m. Betrachtet wird die Eigenwertaufgabe

$$LU = \lambda d(x)U \qquad (x\in\Omega),$$
$$U = 0 \qquad (x\in\Gamma=\partial\Omega).$$

Dabei sei L ein linearer Differentialoperator

$$LU = \sum_{i,j} a_{ij}(x)U_{x_i x_j} + \sum_i b_i(x)U_{x_i} + c(x)U.$$

Unter geeigneten Voraussetzungen über Ω, L und d, unter anderem der gleichmässigen Elliptizität von L,

$$- \sum_{i,j} a_{ij}(x)\xi_i\xi_j \geq \gamma \sum_i \xi_i^2 \qquad (x\epsilon\Omega, \xi\epsilon R^m), \tag{1}$$

wobei $\gamma > 0$ und $a_{ij}(x) = a_{ji}(x)$ ist, und

$$d(x) \geq \delta > 0 \qquad (x\epsilon\Omega),$$

existiert ein reeller Eigenwert λ_1 mit in Ω positiver Eigenfunktion U_1, und es gilt die Einschliessungsaussage: Ist $u \in C^2(\Omega) \cap C(\bar{\Omega})$, $u(x) > 0$ für $x \in \Omega$, $u(x) = 0$ für $x \in \Gamma$ und

$$\lambda_- \leq \frac{Lu(x)}{d(x)u(x)} \leq \lambda_+ \quad \text{für } x \in \Omega, \tag{2}$$

so ist

$$\lambda_- \leq \lambda_1 \leq \lambda_+ .$$

Collatz beweist in [2], S. 159 den Einschliessungssatz für selbstadjungierte, volldefinite Probleme. Einzelheiten zur Existenz und Kompaktheit des Greenschen Operators zu L findet man bei Voigt und Wloka [7] und zur Existenz und Einschliessung von λ_1 bei Bohl [1].

3. Konstruktion von Ansatzfunktionen. Für u wird der Ansatz $u = \alpha_1 u_1 + \ldots + \alpha_n u_n$ gemacht mit Funktionen $u_k \in C^2(\Omega) \cap C(\bar{\Omega})$, für welche $u_k(x) = 0 \quad (x\epsilon\Gamma)$ gilt. Die α_k sollen dann so bestimmt werden, dass $u_k(x) > 0$ ist in Ω und die Schranken λ_-, λ_+ in (2) möglichst eng werden. Um überhaupt endliche Schranken λ_-, λ_+ zu erhalten, muss man auch $Lu(x) = 0 \quad (x\epsilon\Gamma)$ fordern. Bei gewöhnlichen Differentialgleichungen $(m=1)$ besteht im Rahmen der Voraussetzungen von Abschnitt 2 der Rand Γ aus zwei Punkten und die Bedingung $Lu(x) = 0 \quad (x\epsilon\Gamma)$ führt auf zwei homogene lineare Gleichungen für die Koeffizienten α_k. Bei partiellen Differentialgleichungen $(m\geq 2)$ ist aber $Lu(x) = 0$ eine Differentialgleichung auf Γ. Um sie zu erfüllen, sollte man $u_k(x) = Lu_k(x) = 0 \quad (x\epsilon\Gamma,\ 1\leq k\leq n)$ fordern.

In diesem Abschnitt wird beschrieben, wie man für eine recht allgemeine Klasse von Gebieten Ω solche Ansatzfunktionen u_k konstruieren kann. Wir nehmen an, dass mit einer 4-mal stetig differenzierbaren Funktion $f\colon R^m \to R$

$$\Omega = \{x;\ f(x) > 0\}$$

bezw. Ω eine Zusammenhangskomponente dieser Menge ist, also $f(x) = 0$ für $x \in \Gamma$. Zum Beispiel ergibt $f(x) = x_2(1-x_1^2-x_2^2)$ den halben Einheitskreis in R^2.

Wir setzen $u_k = v_k f + w_k f^2$ und versuchen, zu gegebenem v_k ein w_k so zu finden, dass ausser $u_k(x) = 0$ auch $Lu_k(x) = 0$ wird für $x \in \Gamma$. Die Differentialgleichung für $u_k(x)$ wird dadurch auf eine gewöhnliche Gleichung $w_k(x)$ zurückgeführt. Der Index k wird im folgenden häufig weggelassen. Die angegebenen Gleichungen gelten dann sowohl für die einzelnen Funktionen u_k, v_k, w_k als auch für deren lineare Kombinationen $u = \sum\alpha_k u_k$, $v = \sum\alpha_k v_k$, $w = \sum\alpha_k w_k$. Mit $u = f(v+wf)$ wird

$$\begin{aligned} Lu = f\{Lv + fLw + 2\sum_{i,j} a_{ij}(w_{x_i} f_{x_j} + w_{x_j} f_{x_i} + wf_{x_i x_j}) + 2\sum_i b_i wf_{x_i}\} \\ + \sum_{i,j} a_{ij}[v_{x_i} f_{x_j} + v_{x_j} f_{x_i} + vf_{x_i x_j} + 2wf_{x_i} f_{x_j}] + \sum_i b_i vf_{x_i}. \end{aligned} \tag{3}$$

Der Ausdruck in der zweiten Zeile dieser Formel sollte $= 0$ sein auf Γ. Es liegt nahe, zu fordern, dass w der hierdurch gegebenen Gleichung in $\Omega \cup \Gamma$ genügt. Der Faktor von w, nämlich $2\sum a_{ij} f_{x_i} f_{x_j}$, ist $\neq 0$ wegen (1), falls grad $f \neq 0$ ist. Da $f(x) = 0$ ist auf Γ und $f(x) > 0$ in Ω, hat f aber ein Maximum in Ω mit grad $f = 0$. Darum setzen wir

$$w = \frac{1}{2}\,\frac{\sum a_{ij}[v_{x_i} f_{x_j} + v_{x_j} f_{x_i} + vf_{x_i x_j}] + \sum b_i vf_{x_i} + rf}{-\sum a_{ij} f_{x_i} f_{x_j} + pf} \tag{4}$$

mit gewissen Faktoren $p > 0$ und r. Der Term rf ist hier nicht unbedingt erforderlich; er ist aus Gründen der Symmetrie hinzugenommen. Der Nenner in (4) ist für $x \in \Omega$ positiv. Wir betrachten hier nur den Fall, dass der Nenner auch auf Γ positiv ist. Dann ist $w(x)$ durch (4) in $\Omega \cup \Gamma$ definiert, und auf Γ ist $Lu(x) = 0$.

Es ist zweckmässig, p und r nicht konstant zu wählen, sondern $p = \sigma Lf$, $r = \rho Lv$ mit Konstanten $\sigma > 0$ und ρ, die im folgenden Sinne dimensionslos sind: Wenn man das gegebene Problem dadurch abändert, dass man x, f, v mit Skalierungsfaktoren multipliziert, bleiben σ und ρ unverändert. Um die Bedingung $p > 0$ zu erfüllen, sollte man zu gegebenem Ω die Funktion f so wählen, dass $Lf > 0$ ist in $\Omega \cup \Gamma$. Bei inversmonotonem L ist das stets möglich.

Wenn man nun w in (3) einsetzt, wird

$$Lu = f\{(1-\rho)Lv + fLw + 2(1+\sigma)wLf - 2cwf + 2\sum a_{ij}(w_{x_i}f_{x_j} + w_{x_j}f_{x_i})\}. \quad (5)$$

Im Quotienten $Lu/(du)$ kann der Faktor f gekürzt werden und daher der Grenzwert dieses Quotienten auf Γ bequem berechnet werden. Es ist anzumerken, dass oben f 4-mal stetig differenzierbar gewählt wurde, weil w zweite Ableitungen von f und Lu zweite Ableitungen von w enthält. Die Funktionen v_k, zu denen man w_k nach (4), $u_k = f(v_k+w_kf)$ und Lu_k nach (5) berechnet, sollten entsprechend 3-mal stetig differenzierbar sein. Bei der numerischen Anwendung kann man zum Beispiel als v_k Potenzen von Produkten der x_i wählen, $v = \sum \alpha_k v_k$ wird dann ein Polynom.

Der Ansatz $u = vf + wf^2$ kann als Anfang einer Entwicklung nach Potenzen von f gesehen werden. Es liegt nahe, zf^3 und vielleicht weitere Terme hinzunehmen. Mit $u = zf^3$ wird zum Beispiel

$$Lu = f\{f^2(Lz-3cz) + 3zfLf + 3\sum_{i,j} a_{ij}[f(z_{x_i}f_{x_j} + z_{x_j}f_{x_i}) + 2zf_{x_i}f_{x_j}]\},$$

hier gilt also von vornherein schon $Lu(x) = 0$ auf Γ.

4. Berechnung der Koeffizienten. Im Ansatz $u = \alpha_1 u_1 + \ldots + \alpha_n u_n$, wo die u_k also vom Typ $v_k f + w_k f^2$ oder vom Typ $z_k f^3$ sind, sollen nun die Koeffizienten α_k so bestimmt werden, dass mit $q(x,\alpha) = Lu(x)/(d(x)u(x))$ die Einschliessung (2) gilt und dabei die Schranken λ_- und λ_+ möglichst eng werden. Sei $\lambda_+(\alpha) = \sup q(x,\alpha)$, $\lambda_-(\alpha) = \inf q(x,\alpha)$ (jeweils $x \in \Omega$). Man kann nun versuchen $\lambda_+(\alpha) - \lambda_-(\alpha)$ minimal zu machen unter der Nebenbedingung $u(x) > 0$ $(x \in \Omega)$; dies ist als nichtlineare Approximationsaufgabe zu interpretieren. Oder man versucht, den Koeffizientenvektor α einmal so zu bestimmen, dass $\lambda_+(\alpha)$ minimal wird, und ein zweites Mal so, dass $\lambda_-(\alpha)$ maximal wird, jeweils auch unter der Nebenbedingung $u(x) > 0$ $(x \in \Omega)$; das sind dann zwei semi-infinite Optimierungsprobleme. Die Nebenbedingung

$u(x) > 0 \quad (x \in \Omega)$ wird zweckmässig durch die Forderung ersetzt, dass u_k/f bezw. der Grenzwert dieses Quotienten positiv ist auf $\bar{\Omega}$.

Eigentlich könnten auch die Parameter σ und ρ im Anschluss an (4) neben den α_k als Approximations- bezw. Optimierungsparameter verwendet werden. Bei den numerischen Experimenten mit beiden Methoden wurden jedoch σ und ρ fest gewählt.

Hier folgen einige Resultate, die mit der Approximationsmethode erhalten wurden. Dabei wurde die Aufgabe zunächst durch Wahl von endlich vielen Punkten in $\bar{\Omega}$ diskretisiert, ein finites Approximationsproblem gelöst (im wesentlichen nach der von L. Cromme in [3] angegebenen Methode) und anschliessend das eigentliche Approximationsproblem mit der Newton-Methode (wie bei R. Hettich [5] beschrieben) gelöst. Die Lösung des diskretisierten Problems diente dabei als Anfangsnäherung.

Als Testbeispiel wurde die Eigenwertaufgabe $\Delta U + \lambda U = 0$ mit Randwerten $U = 0$ in dem durch $f(x,y) = 2 \cos 2x + 4 \cos 2y - 3 > 0$ beschriebenen Oval Ω in R^2 gewählt. Der erste Eigenwert ist $\lambda_1 = 10$. Man erhält f, wenn man die Eigenfunktionen $\cos x \cos 3y$ und $\cos 3x \cos y$ zum Eigenwert $\lambda = 10$ des Quadrats $-\pi/2 \le x,y \le \pi/2$ kombiniert:

$$\cos x \cos 3y + 2 \cos 3x \cos y = \cos x \cos y [2 \cos 2x + 4 \cos 2y - 3]$$

und den Faktor $\cos x \cos y$ weglässt.

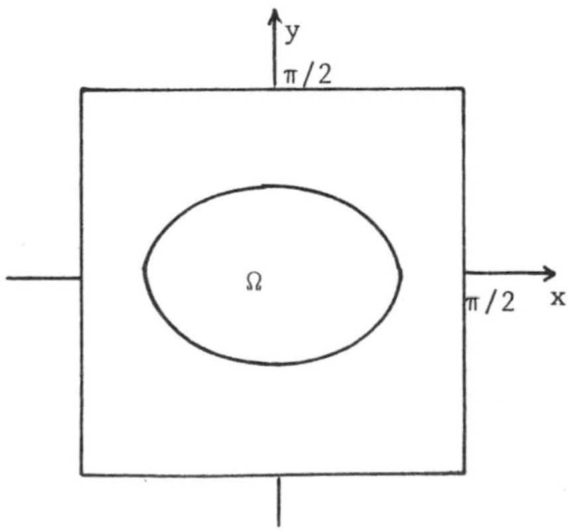

In der folgenden Tabelle sind die berechneten Eigenwertschranken für einige Werte von n_1 (Anzahl der Ansatzfunktionen des Types $v_k f + w_k f^2$) und n_2 (Anzahl der Ansatzfunktionen des Types $z_j f^3$) angegeben. Die beiden Parameter σ und ρ waren: $\sigma = 1$, $\rho = 0$.

n_1 \ n_2	0	1	3	6
3	16.67 6.98	16.61 7.64	11.15 7.95	
6	11.414 9.329	10.444 9.638	10.219 9.866	10.077 9.864
10	10.113 9.844	10.035 9.981	10.021 9.973	
15	10.011 9.992			

Literatur

1. Bohl, E.: Monotonie: Lösbarkeit und Numerik bei Operatorgleichungen. Berlin-Heidelberg-New York, Springer 1974.

2. Collatz, L.: Eigenwertaufgaben mit technischen Anwendungen. Leipzig, Geest u. Portig 1963.

3. Cromme, L.: Eine Klasse von Verfahren zur Ermittlung bester nichtlinearer Tschebyscheff-Approximationen. Numer. Math. 25 (1976), 447-459.

4. Fox, L., Henrici, P., Moler, C.: Approximations and bounds for eigenvalues of elliptic operators. SIAM J. Numer. Anal. 4 (1967), 89-102.

5. Hettich, R.: A Newton-method for nonlinear Chebushev approximation. In Approximation Theory, Bonn 1976, Lecture Notes in Mathematics 556, Berlin-Heidelberg-New York, Springer 1976, 222-236.

6. Nickel, K.: Extension of a recent paper by Fox, Henrici and Moler on eigenvalues of elliptic operators. SIAM J. Numer. Anal. 4 (1967) 483-488.

7. Voigt, A., Wloka, J.: Hilberträume und elliptische Differentialoperatoren. Mannheim-Wien-Zürich, Bibliographisches Institut 1975.

W. Wetterling
Technische Hogeschool Twente
Onderafdeling TW
Postbus 217
Enschede-Drienerlo
Niederlande